Alain Boissinot

Les textes argumentatifs

Collection DIDACTIQUES

Bertrand-Lacoste
CRDP de TOULOUSE

ISBN 2-7352-0759-5 (Bertrand-Lacoste)
ISBN 2-86565-043-X (CRDP Toulouse)

Maquette couverture : V. Aboucaya.

Avant-propos

Les analyses que nous proposons dans cet ouvrage se situent dans le cadre de la *didactique*, conçue comme «réflexion sur ce que l'on nomme les «savoirs savants» et la façon de les transposer – pour tout ou partie – afin de les rendre accessibles aux élèves.»[1]

La didactique ne peut se développer que si l'on accepte deux postulats. Le premier est qu'elle ne se confond pas avec la pédagogie ; celle-ci «définit des méthodes, des démarches qui permettent de guider les élèves dans des apprentissages variés (...) et l'on parle par exemple de "pédagogie différenciée" ou de "pédagogie par objectifs"».[2] La pédagogie, nécessaire mais non suffisante, est largement transdisciplinaire ; la didactique au contraire s'inscrit dans le cadre d'une discipline et cherche le meilleur moyen d'y former les élèves – ce qui bien sûr n'exclut pas de prendre en compte la perspective interdisciplinaire.

Mais, et c'est là le second postulat, si la didactique se réfère à une discipline, c'est-à-dire à un ensemble de savoirs et de savoir-faire, elle part de l'idée que ces savoirs ne sont pas transparents et que leur transmission ne va pas de soi : il ne suffit pas de maîtriser un domaine théorique pour l'enseigner. Il y a donc bien un problème de «transposition» des savoirs savants.

Cette notion de transposition n'est pas exempte d'ambiguïtés. Elle peut suggérer, entre savoirs savants et savoirs enseignés, une relation qui serait seulement d'*application*, au sens où l'on a pu parler, par exemple, de linguistique appliquée : la didactique se réduirait alors à un art de la vulgarisation, et l'on passerait du savoir des chercheurs à celui de l'élève, en passant par celui du maître, au prix d'une série de simplifications successives.

A cette conception quelque peu réductrice on peut opposer l'idée qu'il y a un espace propre et une autonomie relative de la didactique. Dans le domaine des lettres et des sciences humaines tout particulièrement, on n'a pas affaire en effet à un savoir constitué qu'il s'agirait de vulgariser, mais à des théories concurrentes, à des recherches dont le renouvellement est

---

1 - Rapport de l'agrégation interne de Lettres modernes 1989.
2 - ibid.

incessant. Cette situation ne doit pas susciter un repli frileux sur les pratiques traditionnelles, présumées plus stables, mais inciter le didacticien à construire, par simplifications et combinaisons, des «modèles» dont la valeur sera appréciée autant en termes d'efficacité pédagogique qu'en termes d'orthodoxie théorique. Et il faut espérer qu'à partir de là puisse s'instaurer, entre savoir théorique et didactique, une relation dialectique : la didactique questionne en retour les théories, signale des champs de recherche à défricher ; de ce dialogue peut naître, en classe, une culture vivante.

La réflexion sur les textes argumentatifs illustre parfaitement, nous semble-t-il, cette situation. Si l'on peut à la rigueur concevoir qu'un enseignement des textes narratifs se conçoive comme une «narratologie appliquée», rien de tel n'est possible en matière d'argumentation. La réflexion didactique doit puiser dans divers domaines de référence – philosophie, rhétorique, linguistique...– pour structurer une démarche d'enseignement ; ce faisant, elle questionne ces savoirs et les amène à progresser : rien de plus significatif à ce sujet que l'évocation par les Instructions officielles d'une «nouvelle rhétorique».

Ainsi conçue, la réflexion didactique opère à plusieurs niveaux. Elle doit d'abord, à partir des savoirs établis et des recherches en cours, construire les modèles qui définissent le savoir enseigné. Elle a ensuite à préciser les outils d'analyse nécessaires et les savoir-faire à transmettre. Elle doit enfin tenter de proposer les méthodes et les progressions qui rendront cet apprentissage aussi sûr et stimulant que possible.

Nous avons ici privilégié les deux premiers temps de cette démarche, en tentant d'analyser divers aspects du fonctionnement des textes argumentatifs, et de décrire les techniques de lecture appropriées[3] : elles s'inscrivent délibérément dans la perspective de ce que les Instructions officielles appellent «lecture méthodique», formule qui a entre autres le mérite de rappeler que l'enseignement du français, s'il veut échapper au risque de l'impressionnisme élitiste, doit tenter de tirer au clair les *méthodes* qu'il met en œuvre.

Mais par delà la recherche d'une «grille de lecture» pour l'analyse des textes argumentatifs, nous avons souhaité réfléchir à une certaine façon d'interroger les textes, dans toute leur diversité. Extraits ou œuvres intégrales, textes littéraires ou non littéraires, essais et articles mais aussi poèmes ou récits, passages isolés ou pris dans le jeu des groupements, il s'agit alors de se demander de quoi tous ces discours veulent nous convaincre, et comment ils s'y prennent pour le faire, afin que l'argumentation soit bien le lieu du dialogue et non le terrain d'une manipulation[4].

---

3 - Cette insistance sur la lecture appelle bien sûr d'autres travaux qui porteraient plutôt sur la production d'une argumentation. Mais nous pourrions la justifier en reprenant ces remarques de C. Kerbrat-Orecchioni (*L'Implicite*) : «Un énoncé veut dire ce que ses récepteurs estiment qu'il veut dire, c'est-à-dire que nous nous situons délibérément dans une perspective de décodage, et que nous considérons que l'entreprise linguistique consiste essentiellement à comprendre comment les énoncés sont compris. (...) Cette focalisation sur la phase de décodage peut sembler excessive. Mais elle l'est beaucoup moins si l'on pense d'abord que tout émetteur est en même temps son premier récepteur...»

4 - Certains passages de cet ouvrage reprennent des articles parus dans *Le français aujourd'hui* . C'est pour nous l'occasion de reconnaître notre dette envers la réflexion collective menée au sein de l'Association Française des Enseignants de Français et de sa revue.

CHAPITRE I

Approches de l'argumentation

L'objet de ce premier chapitre sera de tenter de préciser le cadre théorique auquel peut se référer une réflexion sur les textes argumentatifs. La situation est en effet ici plus complexe que dans le cas des textes narratifs ou descriptifs, pour lesquels les démarches d'enseignement prennent appui sur des champs de recherche théorique clairement constitués en tant que tels : la narratologie, depuis le célèbre numéro 8 de la revue *Communications*, propose les savoirs de référence.

Rien de tel en ce qui concerne le texte argumentatif ; il nous faudra construire notre démarche en nous situant au croisement de plusieurs domaines théoriques qui fournissent tous de nombreuses pistes de travail mais dont aucun ne peut, à lui tout seul, sous-tendre un enseignement : le problème de la transposition didactique en paraît d'autant plus délicat.

Avant d'aborder, dans le chapitre suivant, la question de la définition d'un *type de texte argumentatif,* nous allons évoquer des recherches qui portent plutôt sur l'*argumentation.*

Les premières relèvent d'une réflexion philosophique qui, autour des travaux de Ch. Perelman, cherche à définir le champ et les moyens de l'argumentation.

Elles rejoignent un domaine de référence plus familier sans doute aux enseignants de français puisque, jusqu'à une époque récente, il inspirait tout l'enseignement littéraire : celui de la rhétorique.

D'autres recherches enfin participent de la linguistique contemporaine – et plus précisément de la pragmatique ; elles portent sur ce qu'on appellera ici, avec O. Ducrot, «l'argumentation dans la langue».

LE CHAMP DE L'ARGUMENTATION

Démontrer et agréer

On sait l'opposition établie par Pascal dans les premières lignes de l'opuscule *De l'art de persuader* :

«Personne n'ignore qu'il y a deux entrées par où les opinions sont reçues dans l'âme, qui sont ses deux principales puissances, l'entendement et la volonté. La plus naturelle est celle de l'entendement, car on ne devrait jamais consentir qu'aux vérités démontrées ; mais la plus ordinaire, quoique contre la nature, est celle de la volonté ; car tout ce qu'il y a d'hommes sont presque toujours emportés à croire non pas par la preuve, mais par l'agrément. Cette voie est basse, indigne, et étrangère : aussi tout le monde la désavoue.»

Une telle opposition (mais aussi bien la distinction kantienne entre persuader et convaincre) ne laisse guère de place à l'argumentation. D'un côté on a un art de démontrer, dont le modèle est la géométrie et qui relève de démarches logiques ; de l'autre un art d'agréer, immédiatement déprécié parce qu'il n'est pas rationnel. Prise entre la rigueur scientifique d'un côté, des techniques manipulatoires de l'autre, l'argumentation n'a plus ni espace propre ni légitimité.

L'argumentation ne peut en effet se ramener à la démarche scientifique. D'une part, parce qu'elle ne se réduit pas à des procédures logiques [1]. D'autre part, parce qu'elle est le lieu du désaccord entre des points de vue affrontés. Or, comme le rappelle Ch.Perelman,

«Une science rationnelle ne peut (...) se contenter d'opinions plus ou moins vraisemblables, mais élabore un système de propositions nécessaires qui s'impose à tous les êtres raisonnables, et sur lesquels l'accord est inévitable. Il en résulte que le désaccord est signe d'erreur. "Toutes les fois que deux hommes portent sur la même chose un jugement contraire, il est certain, dit Descartes, que l'un d'eux se trompe. Il y a plus, aucun d'eux ne possède la vérité; car s'il en avait une vue claire et nette, il pourrait l'exposer à son adversaire, de telle sorte qu'elle finirait par forcer sa conviction".»[2]

La victoire du rationalisme cartésien explique donc, selon Perelman dont nous suivons l'analyse, le déclin de la rhétorique, qui était précisément, depuis Aristote, la science de l'argumentation [3].

Tout l'effort de Perelman consiste alors, en reprenant la tradition aristotélicienne, à repenser une «nouvelle rhétorique» qui ne soit ni l'art de démontrer, ni un simple art d'agréer. Cela suppose que l'on remplace l'opposition pascalienne à deux termes par un système à trois termes : démontrer, argumenter, persuader.

---

1 - Voir par exemple C. Kerbrat-Orecchioni, *L'Implicite,* p. 170, et J.C. Anscombre - O. Ducrot, *L'argumentation dans la langue*, p. 79 et 112.

2 - Ch. Perelman - L. Olbrechts-Tyteca, *Traité de l'argumentation,* p. 2.

3 - Perelman associe constamment rhétorique et argumentation ; de façon significative, son *Traité de l'argumentation* est sous-titré *La nouvelle rhétorique,* et *L'Empire rhétorique* est sous-titré *Rhétorique et argumentation.*

Démontrer, argumenter, persuader

La nouvelle rhétorique est «l'étude des moyens d'argumentation, autres que ceux relevant de la logique formelle, qui permettent d'obtenir ou d'accroître l'adhésion d'autrui aux thèses qu'on propose à son assentiment»[4]. Si elle exclut la logique formelle, cette nouvelle rhétorique refuse aussi, précise plus loin Perelman, la «suggestion pure et simple» ; elle se définit donc par un double système d'oppositions, qui fait intervenir à la fois les moyens utilisés, l'image de l'émetteur, et le public visé (Perelman parle de «l'auditoire»).

Les moyens utilisés

Pour définir le champ de l'argumentation par rapport à celui de la démonstration, Perelman reprend les distinctions d'Aristote. On sait en effet que si Platon rejetait la rhétorique, Aristote au contraire lui ménage une place en admettant, à côté des raisonnements analytiques, des raisonnements dialectiques.

Le raisonnement analytique est celui qui, usant de procédures logiques comme le syllogisme, permet de transférer de façon incontestable la vérité des prémisses sur la conclusion ; impersonnel et contraignant, il exclut les ambiguïtés ; il vise à établir une vérité.

Le raisonnement dialectique part de ce qui est accepté pour faire admettre d'autres thèses à l'aide d'arguments ; il n'est ni impersonnel (sa valeur dépend de l'action qu'il exerce sur l'esprit de l'auditeur), ni dépourvu d'ambiguïtés, ni contraignant : en effet, si une seule preuve pertinente suffit pour une démonstration, une argumentation a toujours besoin de plusieurs arguments. Le domaine du raisonnement dialectique est celui de l'opinion, il porte sur le vraisemblable et non sur le vrai. Perelman parle parfois à ce sujet de «logique du préférable».[5]

L'argumentation relève donc du raisonnement dialectique et non du raisonnement analytique. Mais elle ne consiste pas pour autant à persuader par n'importe quel moyen ; elle a en effet le souci d'obtenir une conviction rationnelle en faisant appel à l'*entendement*, pour reprendre les termes pascaliens, et non d'obtenir une persuasion irrationnelle qui joue sur la *volonté*. En cela elle ne saurait se réduire aux diverses formes de propagande et de marketing commercial ou idéologique.

Emetteur et auditoire

Une autre série de différences fait intervenir l'image de l'émetteur et la représentation de l'auditoire.

De la démonstration à la persuasion, le rôle de la personnalité de l'émetteur va croissant : indifférente à la validité d'une démonstration, elle est essentielle dans les techniques de persuasion (on sait que le souci essentiel des agences de marketing commercial ou politique

---

4 - Ch.Perelman et L. Olbrechts-Tyteca, «Nouvelle rhétorique-Logique et rhétorique», in *L'homme et la rhétorique* p. 117.

5 - Si le syllogisme est le procédé type du raisonnement analytique, le raisonnement dialectique en utilise plutôt diverses formes dérivées et moins rigoureuses, comme l'enthymème, ou syllogisme simplifié, le sorite, l'épichérème etc. Voir à ce sujet A. Kibedi Varga, *Rhétorique et littérature*.

est de construire une «image»). L'argumentation occupe à cet égard une position intermédiaire, puisque la personnalité de l'argumentateur y joue incontestablement un rôle : qu'on songe aux arguments dits «d'autorité» ou à ce qui dans la rhétorique classique relève de l'éthos, c'est-à-dire l'image de lui-même que l'orateur propose dans le discours.

Même situation en ce qui concerne l'auditoire : la démonstration vise un auditoire universel (un raisonnement scientifique vaut pour l'humanité entière) ; les techniques de persuasion au contraire ne valent que pour des auditoires particuliers (les «cibles» publicitaires). L'argumentation, elle, tient bien compte d'un auditoire particulier, hic et nunc ; mais dans ses formes les plus hautes (par exemple en philosophie) elle a le souci, à travers lui, de toucher un auditoire universel : les arguments auront d'ailleurs d'autant plus de poids qu'ils supposeront une représentation plus large de l'auditoire [6].

Autre différence essentielle : si la persuasion s'exerce sur un auditoire passif, l'argumentation implique l'auditoire dans la recherche du préférable ; elle est le lieu d'un dialogue/débat avec l'autre, non d'une contrainte.

DÉMONTRER	ARGUMENTER	PERSUADER
- logique formelle excluant les ambiguïtés (raisonnements analytiques)	- démarche dialogique qui met en œuvre des jugements de valeur ; non dépourvue d'ambiguïtés (raisonnements dialectiques)	- art de la suggestion ou de la manipulation
- démarche rationnelle s'adressant à l'entendement	- vise la conviction rationnelle en faisant appel à l'entendement	- vise la persuasion par tous les moyens, même irrationnels
- raisonnements impersonnels et contraignants	- raisonnements non impersonnels et non contraignants	- rôle essentiel de l'image de celui qui cherche à persuader
- domaine de la vérité (alèthéia)	- domaine de l'opinion, du vraisemblable (doxa)	
- une seule preuve peut être décisive	- argumentation plus ou moins abondante	
- auditoire universel	- auditoires particuliers, mais vise souvent un auditoire universel	- auditoires particuliers («cibles»)
	- auditoire impliqué dans la recherche du préférable	- auditoire passif

6 - Voir à ce sujet Ch. Perelman et L. Olbrechts-Tyteca in *L'homme et la rhétorique* p. 147.

Le champ propre de l'argumentation

Le remplacement d'un système dualiste de type pascalien (convaincre/agréer) par un système à trois termes (démontrer/argumenter/persuader) permet donc de ménager un champ propre de l'argumentation et d'étudier ensuite les moyens que celle-ci met en œuvre (voir notamment les ouvrages de Perelman cités en bibliographie).

On peut penser avec Perelman qu'il y a là un enjeu essentiel si l'on veut retrouver «le sens de la responsabilité et de la liberté» dans de nombreux domaines des affaires humaines qui échappent à la rigueur scientifique et qu'il serait périlleux d'abandonner aux techniques manipulatoires. Enjeu d'autant plus essentiel en un temps où le reflux des systèmes de valeurs classiques et des légitimités traditionnelles élargit d'autant le champ du débat [7].

D'un point de vue plus strictement didactique, nous situerons notre définition du texte argumentatif dans la perspective de Perelman, en insistant notamment sur les points suivants :

– le texte argumentatif ne se ramène pas au modèle de la démonstration logique, même si dans une certaine mesure il en mime les procédures ; cela nous amènera notamment à relativiser la notion souvent utilisée de «connecteurs logiques» [8].

– le texte argumentatif est le lieu d'un dialogue avec «l'auditoire» ; au cœur du dialogue argumentatif, il y a la relation avec l'autre [9]. Cette relation peut prendre des formes diverses – et l'enjeu n'est pas indifférent – selon que l'argumentation ambitionne de viser un «auditoire universel» ou se rapproche des techniques de persuasion.

PASCAL ET L'ART DE PERSUADER

Le raisonnement de Pascal dans «De l'art de persuader» (*Opuscules*, troisième partie, *De l'esprit géométrique*, section 2 – édition Brunschvicg) débute, on l'a vu plus haut, par l'opposition entre «les deux entrées par où les opinions sont reçues dans l'âme», à savoir l'entendement (qui consent aux vérités démontrées et aux preuves) et la volonté (qu'on touche par l'agrément) – ce second pôle étant immédiatement dévalorisé.

Pascal fait ensuite un détour pour mettre à part ce qui relève des «vérités divines» : celles-ci n'entrent pas dans le champ de l'art de persuader, puisque «Dieu seul peut les mettre dans l'âme, et par la manière qu'il lui plaît». Et – paradoxe qui humilie l'esprit humain – «il a voulu qu'elles entrent du cœur dans l'esprit, et non pas de l'esprit dans le cœur» : dans l'ordre divin, la hiérarchie établie précédemment entre l'entendement et la volonté se renverse donc...

7 - Voir à ce sujet L. Bellenger, *La persuasion*, p. 38.

8 - Voir ci-dessous chap. III. Nous rejoignons tout à fait de ce point de vue H. Portine qui dans *L'argumentation écrite* préfère parler d'articulations rhétoriques plutôt que de connecteurs logiques (p. 39).

9 - P. Oléron (*L'argumentation* p. 33), commentant Aristote, souligne que le dialogue argumentatif, en tant que relation compétitive avec l'autre, serait premier par rapport au raisonnement formel du monologue logique.

Revenant ensuite à l'ordre humain, Pascal reprend et développe le jeu des oppositions initiales :

«Il paraît de là que, quoi que ce soit qu'on veuille persuader, il faut avoir égard à la personne à qui on en veut, dont il faut connaître l'esprit et le cœur, quels principes il accorde, quelles choses il aime ; et ensuite remarquer, dans la chose dont il s'agit, quels rapports elle a avec les principes avoués, ou avec les objets délicieux par les charmes qu'on lui donne. De sorte que l'art de persuader consiste autant en celui d'agréer qu'en celui de convaincre, tant les hommes se gouvernent plus par caprice que par raison !»

Persuader, c'est donc aussi bien agréer et convaincre ; mais Pascal ne développe ensuite que le second terme, en suivant les principes de la méthode géométrique, et il renonce à étudier «la manière d'agréer». En effet, explique-t-il, les moyens qui permettent de convaincre sont universels et donc théorisables, alors que «les principes du plaisir ne sont pas fermes et stables. Ils sont divers en tous les hommes, et variables dans chaque particulier avec une telle diversité, qu'il n'y a point d'homme plus différent d'un autre que de soi-même dans les divers temps. (...) comme (...) hors de la géométrie, qui ne considère que des figures très simples, il n'y a presque point de vérités dont nous demeurions toujours d'accord, et encore moins d'objets de plaisir dont nous ne changions à toute heure, je ne sais s'il y a moyen de donner des règles fermes pour accorder les discours à l'inconstance de nos caprices.»

L'exigence d'une rigueur géométrique dans la démonstration chargée de convaincre renvoie donc tout le reste dans le domaine indéfinissable de l'agrément et, condamnant implicitement la rhétorique, ferme la voie à un «art d'argumenter».

LA RHETORIQUE

L'ambition de Ch. Perelman est de fonder une «nouvelle rhétorique». Sa réflexion s'inscrit en effet explicitement dans le prolongement de cette rhétorique qui, depuis le cinquième siècle grec, a nourri toute étude et toute pédagogie de la parole efficace, voire du discours en général. On sait pourtant le discrédit qui la frappe au XXème siècle : devenue, selon l'expression de G. Genette [10], une «rhétorique restreinte», elle ne cesse de reculer dans un enseignement du français qui fait la part belle à l'histoire littéraire (ou plutôt à l'histoire de la littérature) et à l'étude des «grands auteurs» menée dans une perspective (trop) souvent sainte-beuvienne et infrarhétorique.[11]

---

10 - G. Genette «Rhétorique et enseignement», *Figures II*, Seuil 1969 ; «La rhétorique restreinte», *Figures III*, Seuil 1972.

11 - Voir *Le Français aujourd'hui*, numéros 72 et 73, 1985-1986.

Plus récemment, elle a été battue en brèche par une idéologie néo-romantique de la spontanéité du sujet parlant, de la libération de la parole, incompatible avec une approche technique et méthodique de l'art du discours.

Enfin la dichotomie malsaine introduite dans notre système d'enseignement entre le littéraire et le scientifique, amenant les littéraires, dans un réflexe de défense suicidaire, à revendiquer comme leur domaine «l'âme» et la «sensibilité» contre une rigueur scientifique supposée impérialiste et desséchante, les a éloignés davantage encore de la tradition rhétorique : il a fallu attendre une période récente pour qu'apparaisse, y compris dans les Instructions officielles, le mot d'ordre d'une «rhétorique moderne».[12]

Nouvelle rhétorique : il n'est pas question en effet de reprendre tel quel l'héritage de la rhétorique ancienne, née dans une société différente de la nôtre, liée à des pratiques éducatives différentes des nôtres, antérieure à des travaux linguistiques que nous ne pouvons ignorer. Il s'agit plutôt de la revisiter en tentant de l'articuler avec des recherches contemporaines, d'y retrouver la mesure de certains enjeux, le précédent d'un effort exemplaire de classement, d'explicitation des formes de discours, et d'une démarche systématique et efficace d'enseignement.

Les enjeux de la rhétorique

Il est classique, mais important, de rappeler que dès ses origines la rhétorique a partie liée avec la liberté : elle naît au Vème siècle avant J. C. en Sicile, où la chute de régimes tyranniques provoque des procès, portant notamment sur les droits de propriété, lors desquels il s'agit de convaincre des jurys populaires. Elle se répand ensuite dans le monde grec grâce à l'enseignement des sophistes, et en particulier à Athènes où elle joue un rôle essentiel pendant les Vème et IVème siècles qui sont précisément l'âge d'or du système démocratique. La rhétorique inversement ne peut que dégénérer dans un régime où l'autorité et la contrainte remplacent le libre affrontement des opinions : c'est la thèse du célèbre *Dialogue des orateurs* de Tacite.

Liée à la *liberté*, la rhétorique est en effet aussi liée à l'*affrontement* : dès ses origines grecques, elle est clairement la forme verbale de l'agôn, du duel. Elle suppose qu'on accepte de régler les conflits par la parole, qu'on tente de convaincre plutôt que de contraindre.

CONTRAINDRE ET CONVAINCRE

Si l'argumentation suppose cette reconnaissance de l'autre qu'implique le dialogue, elle exclut la violence : on ne songe à convaincre que si l'on renonce à contraindre ; c'est ce que rappelle ici A. Camus :

«Il n'y a pas de vie sans dialogue. Et sur la plus grande partie du monde, le dialogue est remplacé aujourd'hui par la polémique. Le XXème siècle est le siècle

---

12 - Programmes pour la classe de seconde des lycées (B.O. du 5.2.87).

de la polémique et de l'insulte. Elle tient, entre les nations et les individus, et au niveau même des disciplines autrefois désintéressées, la place que tenait traditionnellement le dialogue réfléchi. Des milliers de voix, jour et nuit, poursuivant chacune de son côté un tumultueux monologue, déversent sur les peuples un torrent de paroles mystificatrices, attaques, défenses, exaltations. Mais quel est le mécanisme de la polémique ? Elle consiste à considérer l'adversaire en ennemi, à le simplifier par conséquent et à refuser de le voir. Celui que j'insulte, je ne connais plus la couleur de son regard, ni s'il lui arrive de sourire et de quelle manière. Devenus aux trois quarts aveugles par la grâce de la polémique, nous ne vivons plus parmi des hommes, mais dans un monde de silhouettes. Il n'y a pas de vie sans persuasion. Et l'histoire d'aujourd'hui ne connaît que l'intimidation...»

(extrait d'une conférence de 1948, in *Actuelles 1*, Gallimard)

Nous reprendrons cette idée de la joute verbale en insistant sur le caractère fondamentalement *dialogique* des textes argumentatifs : explicitement ou implicitement, ceux-ci sont toujours le lieu d'une vision contradictoire du monde, et s'organisent autour de deux thèses affrontées (même si, pour des raisons stratégiques, l'une d'entre elles peut être occultée).

Le texte argumentatif opposera donc deux pôles énonciatifs :

tenant de la thèse proposée ≠ tenant(s) de la thèse refusée,

voire trois si l'on prend en compte l'existence d'une opinion indécise qu'il s'agit de faire basculer du côté de la thèse proposée (le jury du tribunal populaire, en quelque sorte) :

tenant de la thèse proposée ≠ tenant(s) de la thèse refusée

↖ ↙

opinion indécise

Notons au passage que, si certaines formes de texte argumentatif sont proches du modèle triangulaire du «procès» (il s'agit de faire passer le jury du côté de l'une des thèses, l'autre étant rejetée), dans d'autres cas il s'agit de convaincre l'interlocuteur, de l'amener, lui, à changer de position, donc à se dédoubler ; on retrouve alors le schéma triangulaire :

tenant de la thèse proposée ≠ interlocuteur en tant qu'il est le tenant de la thèse refusée

↖ ↙

interlocuteur en tant qu'il est visé par l'argumentation

Cette pluralité des pôles dans les textes argumentatifs en constitue une caractéristique essentielle ; les textes narratifs ou descriptifs, même s'ils présentent parfois des traits de «polyphonie», peuvent être monologiques ; les textes argumentatifs, eux, sont nécessairement dialogiques et posent toujours le problème du statut de la parole de l'autre.

Les domaines de la rhétorique

Les frontières de la rhétorique ne sont pas toujours évidentes. Il n'est pas inutile de tenter d'y voir plus clair, ne serait-ce que parce que nombre d'ambiguïtés renvoient à des difficultés auxquelles se heurte sans cesse aujourd'hui encore l'enseignement littéraire.

Un art de convaincre

En un premier sens du terme, la rhétorique est l'art de convaincre, le domaine de la parole efficace, et se définit donc en fonction de l'action qu'elle exerce sur autrui. Prise en ce sens, elle laisse le champ libre à une *poétique* (chez Aristote par exemple), qui, elle, étudiera le discours en tant qu'il rend compte du réel selon diverses procédures (d'où l'importance, pour la poétique, de la problématique de l'imitation, «mimésis»). D'un côté on aura donc l'éloquence, de l'autre la poésie épique ou tragique, etc.

On sait qu'à partir de là les anciens distinguaient trois genres de discours :

– le *judiciaire*, qui consiste à débattre, devant un tribunal, sur des faits passés ;

– le *délibératif*, qui consiste à débattre, dans une assemblée, sur ce qu'il est préférable de faire ;

– le genre *épidictique*, qui se manifeste surtout dans le discours d'apparat (éloge funèbre, glorification d'une cité, etc.).

Si la nature argumentative des deux premiers genres ne fait guère de doute, celle du troisième est plus ambiguë, dans la mesure où il se définit moins nettement par un effet à obtenir sur l'auditoire. Ch. Perelman en a pourtant souligné la dimension argumentative [13] : il s'agit de convaincre l'auditoire du bien-fondé de valeurs, dans le respect desquelles il est censé communier avec l'orateur.

En fait, l'éloquence d'apparat est devenue le refuge de la rhétorique lorsque, pour des raisons sociales et politiques, la prise de parole devant l'assemblée populaire a cessé d'être un enjeu essentiel. Se souciant moins d'être efficace, la parole s'est préoccupée davantage d'être belle : par là le genre épidictique prépare le glissement de la rhétorique vers des valeurs esthétiques et «littéraires», au détriment de sa dimension argumentative[14].

C'est cette rhétorique qui, se cantonnant progressivement dans l'étude des «figures», deviendra la «rhétorique restreinte» dont parle G. Genette[15] et sombrera peu à peu dans le discrédit.

---

13 - «Nouvelle rhétorique : logique et rhétorique», in *L'homme et la rhétorique*, p. 129.

14 - On trouvera l'histoire de cette évolution dans T. Todorov, *Théories du symbole*, Seuil 1977.

15 - Voir note 10.

Un art de bien parler

Pris en un sens plus large, le terme de rhétorique désigne aussi un art du bien dire ; la rhétorique vaut en ce cas pour tout discours littéraire, au sens classique du terme, c'est-à-dire pour tout discours travaillé, et elle déborde sur le champ de la poétique. Celle-ci apparaît alors comme un savoir au second degré, qui se superpose à la rhétorique comme la poésie versifiée se surajoute à la prose : d'où l'expression de «rhétorique seconde» utilisée aux XVème et XVIème siècles pour désigner la poétique.[16]

A. Kibedi Varga a montré comment cette conception, appuyée sur le rôle essentiel de la rhétorique dans l'enseignement, fait de celle-ci le modèle qui, au moins à l'époque classique, sous-tend de nombreuses productions littéraires bien au delà du domaine de l'éloquence : c'est aussi bien le théâtre ou la poésie lyrique qui empruntent à la rhétorique des schémas organisateurs et des procédés d'expression. Situation ambiguë : d'une part, elle implique une dilution de la notion de rhétorique et une esthétisation qui entraîne celle-ci fort loin de ses origines argumentatives, mais d'autre part et inversement, elle colore plus ou moins fortement d'argumentation des textes qu'a priori on ne songerait pas à considérer comme argumentatifs.[17]

Une science des discours

Un autre élargissement, plus récent, du mot rhétorique, consiste à voir en celle-ci la science des discours en général – c'est-à-dire de toutes les productions textuelles, littéraires ou non (on sait qu'il n'est guère commode de poser les frontières de la «littérarité»). Complémentaire de la linguistique – dont la rapproche cette zone frontalière qu'est la «grammaire textuelle»[18] –, cette «nouvelle rhétorique», dont relève la notion de texte argumentatif, devrait jouer un rôle essentiel dans l'enseignement du français : on y reviendra au chapitre suivant à propos de la problématique des «genres» et des «types de textes». C'est sans doute en tout cas le signe d'un (juste) retour des choses que cette nouvelle vogue d'un terme naguère dévalorisé.

Les outils de la rhétorique

Ce n'est pas le lieu ici de reprendre les catégories classiques de la rhétorique : on trouvera en bibliographie les références d'ouvrages aisément accessibles qui font le point sur la question.

Notons simplement l'importance d'outils qui sont à la fois utiles pour l'analyse et pour la production des discours, et tout spécialement des textes argumentatifs ; ainsi les distinctions qui correspondent aux trois premières parties de la rhétorique : l'*invention* (rassembler idées et arguments), la *disposition* (agencer les éléments et construire un plan), l'*élocution* (mettre en forme le discours).

---

16 - Voir A. Kibedi Varga, *Rhétorique et littérature*, Didier 1970.

17 - Voir ci-dessous chap. V.

18 - B. Combettes, *Pour une grammaire textuelle*, De Boeck-Duculot, 1983.

Chacune de ces parties suppose des savoirs et des savoir-faire : comment débuter une argumentation, comment articuler la narration (des faits) et l'argumentation proprement dite, comment développer et utiliser un exemple...

En même temps qu'un art du discours, la rhétorique est en effet un enseignement. Certes celui-ci reste fortement marqué à nos yeux de connotations négatives. Déjà l'article «Collège» de l'*Encyclopédie*, rédigé par d'Alembert, dénonçait la sclérose et l'artifice de pratiques purement formelles :

«En rhétorique, on apprend d'abord à *étendre* une pensée, à *circonduire* et *allonger* des périodes, et peu à peu l'on en vient enfin à des discours en forme, toujours ou presque toujours en latin. On donne à ces discours le nom d'*amplifications* ; nom très convenable en effet, puisqu'ils consistent pour l'ordinaire à noyer dans deux feuilles de verbiage ce qu'on pourrait et ce qu'on devrait dire en deux lignes. Je ne parle point de ces figures de rhétorique si chères à quelques pédants modernes, et dont le nom même est devenu si ridicule, que les professeurs les plus sensés les ont entièrement bannies de leurs leçons...»

On peut pourtant trouver dans la tradition rhétorique l'idée d'exercices qui, dissociant les différentes difficultés de l'argumentation, permettent un entraînement progressif. Ainsi l'amplification, dénoncée par d'Alembert, présente l'intérêt d'habituer l'élève au travail de composition et d'élocution sans qu'il ait à affronter en même temps l'invention. De même la pratique de l'éloge ou du blâme, du parallèle, le développement d'un lieu commun, le travail sur le récit ou la description en tant qu'ils sont nécessaires à l'exposé d'une cause, etc.[19] : autant d'entraînements qui ont le mérite d'expliciter des savoir-faire et qui évitent de s'en remettre à une hypothétique créativité spontanée[20].

L'ARGUMENTATION DANS LA LANGUE

Les travaux de Perelman et de son école, s'inscrivant dans une tradition de recherche philosophique, définissent un champ propre et une légitimité de l'argumentation. Un autre domaine de recherche est aussi concerné par l'argumentation : il s'agit de la linguistique, et plus précisément de cette conception de la linguistique qui, depuis les travaux célèbres de E. Benveniste[21], se soucie de prendre en compte la perspective de l'énonciation.

---

19 - On trouvera la description de ces exercices dans M. Patillon, *Eléments de rhétorique classique*. Voir aussi le Que sais-je ? de J. Senger, *L'art oratoire*, qui emprunte notamment au *Traité des études* de C. Rollin (1726) un exemple d'amplification: on donne à l'élève un résumé d'un passage d'une oraison funèbre de Bossuet à développer ; le texte original sert ensuite de modèle et de corrigé...

20 - Nous ne développons pas ici cet aspect qui concerne plus directement la production d'une argumentation que la lecture des textes argumentatifs. Nous avons tenté de présenter dans cet esprit la préparation à la discussion écrite dans A. Boissinot - M. M. Lasserre, *Techniques du français 1-Lire-Argumenter-Rédiger* (Bertrand-Lacoste 1986).

21 - E. Benveniste, *Problèmes de linguistique générale* 1& 2, 1966 et 1974.

Enonciation et pragmatique

De nombreux travaux de linguistique contemporaine se caractérisent en effet par un double refus :

– refus de réduire la réflexion sur la langue à une étude du code envisagé dans sa transparence, en dehors de sa mise en œuvre (en termes saussuriens, étudier la langue et non la parole). On se reportera à ce sujet à la critique du célèbre schéma de la communication de Jakobson, telle que la mène C. Kerbrat-Orecchioni au début de son ouvrage sur *L'Enonciation ;*

– refus de privilégier la fonction référentielle du langage et de voir seulement en lui un moyen d'informer, de dire le réel ou d'exprimer des idées.

Il s'agit au contraire d'étudier le discours :

– en tant qu'il manifeste la présence de l'émetteur, qu'il constitue une *énonciation ;*

– en tant qu'il est acte et qu'il cherche à agir sur le récepteur : d'où le nom de *pragmatique,* du grec pragma (action).

DÉFINITIONS

«L'énonciation est (la) mise en fonctionnement de la langue par un acte individuel d'énonciation» (E. Benveniste, «L'appareil formel de l'énonciation», 1970, in *Problèmes de linguistique générale 2*).

La problématique de l'énonciation sera donc :

«La recherche des procédés linguistiques (shifters [22], modalisateurs, termes évaluatifs, etc.) par lesquels le locuteur imprime sa marque à l'énoncé, s'inscrit dans le message (implicitement ou explicitement) et se situe par rapport à lui (problème de la «distance énonciative»).»

C. Kerbrat-Orecchioni
L'Enonciation

Quant à la pragmatique, elle étudie le langage comme action au lieu de prendre seulement en compte sa dimension sémantique ; elle étudie *le dire* et pas seulement *le dit*, voire refuse de séparer les deux :

«Il y a pragmatique linguistique si l'on considère que l'utilisation du langage, son appropriation par un énonciateur s'adressant à un allocutaire dans un contexte déterminé, ne s'ajoute pas de l'extérieur à un énoncé en droit autosuffisant, mais que la structure du langage est radicalement conditionnée par le fait

22 - Les shifters, ou embrayeurs, sont les termes qui articulent l'énoncé sur la situation d'énonciation.

qu'il est mobilisé par des énonciations singulières et produit un certain effet à l'intérieur d'un certain contexte, verbal et non-verbal.»

D. Maingueneau
Pragmatique pour le discours littéraire

Cette double perspective est essentielle pour une réflexion sur les textes argumentatifs,

– où l'argumentateur prend parti pour une thèse et manifeste (plus ou moins) cette implication : d'où le rôle essentiel des indices énonciatifs[23] ;

– où il cherche à agir sur le récepteur, soit pour l'éloigner d'une thèse adverse, soit pour l'amener à changer d'avis : d'où l'importance de la dimension pragmatique.

Nous reviendrons au chapitre III sur la question des indices énonciatifs ; la perspective pragmatique demande quelques précisions. Elle est étudiée notamment par O. Ducrot ; sans entrer dans la discussion détaillée de thèses d'ailleurs en constante évolution, nous retiendrons quelques aspects qui nous paraissent particulièrement pertinents pour l'étude des textes argumentatifs.

Le dire et le dit

Un énoncé, d'un point de vue sémantique, a un contenu informationnel (ou propositionnel) ; mais il a aussi, au niveau pragmatique, ce qu'on appelle une valeur illocutoire, qui en fait un acte de langage, un dire et pas seulement un dit. En cela, il donne au propos ce que Ducrot nomme une *orientation argumentative*. Certains exemples mettent bien en évidence ces deux aspects et la nécessité de les distinguer :

«Deux énoncés peuvent fort bien avoir la même valeur de vérité sans avoir la même orientation argumentative (ex. : «la bouteille est à moitié pleine/la bouteille est à moitié vide»), et inversement, deux énoncés peuvent avoir la même orientation argumentative sans avoir le même contenu informationnel (ex. : «il a peu bu»/«il n'a pas bu»).»[24]

Dans l'exemple suivant, la valeur argumentative inverse en quelque sorte le contenu informationnel :

(1) «Il est presque en retard»

(2) «Il est à peine en retard»

En (1) en effet, il n'y a pas en fait de retard, et pourtant il y a reproche ; en (2), il y a bien retard, mais pas reproche.

23 - Ou «énonciatèmes» ; voir C. Kerbrat-Orecchioni, *L'énonciation*, p. 144. Voir aussi ci-dessous chap. III.
24 - C. Kerbrat-Orecchioni, L'*Enonciation*, p. 186.

Le problème qui se pose à partir de là est de savoir comment on articule ces deux aspects. Ducrot refuse l'idée que les valeurs pragmatiques viendraient simplement se surajouter, en fonction des situations d'énonciation, à une valeur sémantique première (un «sens littéral»). Autrement dit, pour lui, le *sens* d'un énoncé ne saurait se réduire à la *signification* de la phrase complétée par des valeurs pragmatiques empruntées à la situation d'énonciation :

«Je pose, entre le sens et la signification, une différence de nature. Je veux par là prendre le contre-pied de la conception habituelle selon laquelle le sens de l'énoncé, c'est la signification de la phrase assaisonnée de quelques ingrédients empruntés à la situation de discours. Selon cette conception, on trouverait donc dans le sens, d'une part la signification, et d'autre part les ajouts qu'y apporte la situation. Pour moi, je refuse – sans que je puisse ici justifier ce refus – de faire de la signification une partie du sens. Je préfère la représenter comme un ensemble d'instructions données aux personnes qui ont à interpréter les énoncés de la phrase, instructions précisant quelles manœuvres accomplir pour associer un sens à ces énoncés. Connaître la signification de la phrase française sous-jacente à un énoncé «Il fait beau», c'est savoir ce qu'il faut faire, quand on est en présence de cet énoncé, pour l'interpréter. La signification contient donc par exemple une instruction demandant de chercher de quel endroit parle le locuteur, et d'admettre que celui-ci affirme l'existence du beau temps dans cet endroit dont il est en train de parler. Ce qui implique qu'un énoncé du type «Il fait beau» ne puisse pas avoir pour sens qu'il y a du beau temps quelque part dans le monde, mais signifie toujours qu'il fait beau à Grenoble, ou à Paris, ou à Waterloo, etc., c'est-à-dire à l'endroit dont parle le locuteur, et qui se trouve souvent, mais pas toujours, être l'endroit où il parle.» [25]

Ce qui revient à dire, en termes saussuriens, «qu'une linguistique de la langue est impossible si elle n'est pas aussi une linguistique de la parole»[26]. Par là, la dimension argumentative se trouve inscrite dans la langue elle-même :

«Le sens d'un énoncé comporte, comme partie intégrante, constitutive, cette forme d'influence qu'on appelle la force argumentative. Signifier, pour un énoncé, c'est orienter. De sorte que la langue, dans la mesure où elle contribue en première place à déterminer le sens des énoncés, est un des lieux privilégiés où s'élabore l'argumentation.»[27]

Le dernier chapitre de *L'Argumentation dans la langue* radicalise encore cette thèse ; de l'idée que la dimension argumentative n'est pas seconde par rapport au contenu informationnel, on passe, même si c'est avec quelques précautions, au rapport inverse, et la valeur informative du langage est qualifiée d'«illusoire» :

«Nous voudrions arriver à dire que l'informativité est en fait seconde par rapport à l'argumentativité. La prétention à décrire la réalité ne serait alors qu'un travestissement d'une prétention plus fondamentale à faire pression sur les opinions de l'autre.»

---

25 - O. Ducrot, *Le dire et le dit*, p. 180.
26 - Ibid. p. 67.
27 - J. C. Anscombre - O. Ducrot, L'*Argumentation dans la langue*, p. 5.

Sans entrer dans la discussion de cette conception très extensive de l'argumentation, notons avec C. Kerbrat-Orecchioni[28] que si tout relève de l'argumentation, l'opposition sémantique/pragmatique cesse d'être décidable. D'autre part, «parler, c'est agir sans doute, mais c'est aussi dire (ce que l'on croit être) le vrai ; c'est tenter d'avoir raison de l'autre, mais aussi d'avoir raison tout court»[29].

On ne retiendra donc ici que quelques outils d'analyse particulièrement utiles pour la lecture des textes argumentatifs - au sens plus restreint de ce terme.

La notion d'orientation argumentative

La notion d'orientation argumentative met en évidence la relation avec l'autre qui se joue dans l'argumentation. Elle rejoint – si l'on pense au texte argumentatif – les conceptions de la lecture qui ont donné naissance à la «lecture méthodique». D'une part l'énoncé guide, dirige le décodage opéré par le récepteur ; d'autre part, ce décodage est une activité de déchiffrement, un travail, non une réception passive :

«Un locuteur fait une argumentation lorsqu'il présente un énoncé E 1 (ou un ensemble d'énoncés) comme destiné à en *faire admettre* un autre (ou un ensemble d'autres) E 2. Notre thèse est qu'il y a dans la langue des contraintes régissant cette présentation.» [30]

On trouvera dans les travaux de Ducrot de nombreuses analyses mettant en évidence ce fonctionnement de la langue. Ainsi «une phrase comme *Pierre a peu mangé*, bien qu'on puisse déduire d'elle que Pierre a mangé, est orientée vers des conclusions «négatives», en désignant par là les conclusions qu'autoriserait aussi l'affirmation négative *Pierre n'a pas mangé*, et non pas les conclusions «positives» qu'autoriserait l'affirmation positive *Pierre a mangé* (la phrase *Pierre a un peu mangé*, bien qu'elle indique, autant que celle formée avec *peu*, la faiblesse de la quantité absorbée, a, elle, une orientation positive).» [31]

Ces mécanismes appellent une attitude active du récepteur : «ce qui est important pour la compréhension d'un texte, ce sont non seulement les indications qu'il apporte au destinataire, mais tout autant les manœuvres auxquelles il le contraint, les cheminements qu'il lui fait suivre.» [32]

Les «connecteurs argumentatifs» jouent un rôle essentiel dans ces orientations argumentatives : *mais, eh bien !, d'ailleurs, car, parce que, puisque...* seront donc pour Ducrot les objets privilégiés d'analyses souvent subtiles.[33]

---

28 - *L'Enonciation*, p. 200.
29 - Ibid. p. 218.
30 - *L'Argumentation dans la langue*, p. 8.
31 - O. Ducrot, *Les mots du discours*, p. 27. On trouvera d'autres exemples dans *Le dire et le dit* p. 80 et p. 105.
32 - Ibid. p. 11.
33 - Voir notamment *Les mots du discours*. On trouvera des exemples d'analyse des connecteurs dans D. Maingueneau, *Pragmatique pour le discours littéraire*.

UN EXEMPLE : PARCE QUE ET PUISQUE

Si l'on se place exclusivement en termes de relation logique, on dira que *parce que* et *puisque* indiquent tous deux une relation de causalité. Ils ne sont pourtant pas équivalents, comme le montrent certains tours syntaxiques où il est impossible de remplacer *parce que* par *puisque* :

– *Pourquoi réussit-il ? Parce qu'il est intelligent.*

– *Est-ce qu'il réussit parce qu'il est intelligent ?*

– *C'est parce qu'il est intelligent qu'il réussit.*

H. Bonnard, dans son *Code du français courant* (Magnard 1981), indique que *puisque* introduit «une cause censée connue» («Reste au lit, puisque tu es malade»), alors que *parce que* introduit «une cause non donnée pour connue» («L'eau de mer est salée parce que les fleuves qui s'y déversent apportent tous les sels de la terre»).

O. Ducrot explique peut-être plus nettement la distinction en montrant que la différence de comportement syntaxique est liée à un statut énonciatif différent. *Parce que* articule, dans une relation de subordination syntaxique, deux assertions qui relèvent du même énonciateur. *Puisque* suppose au contraire deux énonciateurs (voir ci-dessous la notion de polyphonie) ; il renvoie la responsabilité de l'assertion subordonnée à l'autre ou à une opinion générale :

– *Je t'écoute, puisque* (comme tu le prétends) *tu as toujours raison.*

– *Il fera beau, puisque la pression atmosphérique monte* (et on admet en général que c'est un signe de beau temps).

Notons de ce point de vue le rôle de la virgule, plutôt utilisée avant *puisque* et accompagnant le changement d'énonciateur.

Le rôle de *puisque* est donc important dans un texte argumentatif : il permet d'introduire une assertion qui, présentée comme admise d'avance, échappe à la contestation.

L'exemple de *parce que* et *puisque* appelle notre attention sur un premier point essentiel en ce qui concerne la lecture des textes argumentatifs (voir chapitre III). Il confirme que l'on ne peut aborder l'étude des connecteurs uniquement en termes de relation logique : il faut notamment faire intervenir aussi la stratégie énonciative de l'argumentateur. Aucun relevé de «connecteurs logiques» ne peut donc, à lui tout seul, donner la clé d'un texte.

Une seconde raison oblige à être prudent dans l'analyse des connecteurs argumentatifs : rien n'indique quels sont exactement les éléments qu'ils articulent ; Ducrot le souligne à propose de *mais* :

«La phrase ne dit même pas d'une façon précise *quels* sont les segments qui fournissent les entités opposées par le connecteur *mais*. Certes (...) il semble s'agir nécessairement (...)

des propositions grammaticales précédant et suivant directement le *mais*. Cependant, il ne faut pas croire que ce soit là une règle constante. Il peut s'agir de segments beaucoup plus vastes. Quelquefois, c'est tout le développement qui précède ou qui suit *mais*, la conjonction reliant par exemple un paragraphe à un autre. Il peut également s'agir de segments qui ne précèdent pas directement le *mais*.»[34]

Nous proposerons ici un passage de Perelman comme exemple de cette difficulté ; dans *L'Empire rhétorique,* celui-ci se réfère à un article de G. Genette et précise :

«Je me permets de citer cet extrait, assez long, mais significatif».

Il paraît clair qu'ici le *mais* ne saurait opposer, sur le plan logique, les deux adjectifs qui l'encadrent : rien n'empêche – au contraire – un extrait long d'être significatif ! L'analyse du *mais* devra donc déborder son encadrement immédiat et prendre en compte le début de la phrase. D'autre part, elle devra faire intervenir des considérations pragmatiques ; le *mais* n'articule pas des propriétés de l'extrait inscrites au niveau informationnel (comme s'il y avait «une fleur belle mais fragile»), il participe d'une stratégie argumentative et s'inscrit dans un mouvement concessif par lequel le locuteur justifie sa citation («je reconnais que cet extrait est assez (trop ?) long, mais je me permets de le citer malgré tout parce qu'il est significatif»).

Implicite, sous-entendu, présupposé

La dimension argumentative de la langue, et la différence entre démonstration logique et argumentation, apparaissent également quand on aborde le rôle de l'implicite :

«Les contenus implicites (présupposés et sous-entendus) ont en commun la propriété de ne pas constituer en principe (...) le véritable objet du dire, tandis que les contenus explicites correspondent, en principe toujours, à l'objet essentiel du message à transmettre.» (C. Kerbrat-Orecchioni, *L'Implicite*, p. 22)

Sous-entendu et présupposé

A l'intérieur de la catégorie générale de l'implicite, on est amené à distinguer le *sous-entendu* et le *présupposé.*

Nous reprendrons là encore les formulations de C. Kerbrat-Orecchioni, qui définit ainsi le sous-entendu :

«toutes les informations qui sont susceptibles d'être véhiculées par un énoncé donné, mais dont l'actualisation reste tributaire de certaines particularités du contexte énonciatif» [35].

Ainsi «Il est huit heures» pourra sous-entendre, selon les circonstances d'énonciation, «dépêche-toi» mais aussi bien «prends ton temps». L'interprétation du sous-entendu, dans la mesure où il n'est pas véritablement inscrit dans l'énoncé, reste donc toujours fragile et discutable : en argumentation, il permet un dire qu'on pourra toujours ensuite refuser d'assumer.

---

34 - *Les mots du discours*, p. 17.
35 - *L'Implicite*, p. 39.

Le présupposé est au contraire [36] inscrit dans l'énoncé :

«Nous considérerons comme présupposées toutes les informations qui, sans être ouvertement posées (i.e. sans constituer en principe le véritable objet du message à transmettre), sont cependant automatiquement entraînées par la formulation de l'énoncé, dans lequel elles se trouvent intrinséquement inscrites, quelle que soit la spécificité du cadre énonciatif»[37].

Ainsi, selon l'exemple canonique, dans «Pierre a cessé de fumer», l'énoncé véhicule, à côté de l'information mise en avant, le présupposé (Auparavant Pierre fumait).

Analyse et rôle du présupposé

O. Ducrot a successivement mis en évidence plusieurs façons d'analyser le présupposé ; elles ont en commun d'en souligner le rôle argumentatif.

Un premier critère (nuancé par la suite) permettant d'identifier le présupposé est que le présupposé d'un énoncé est encore affirmé lors de la négation de cet énoncé ou de sa transformation en question [38] : ainsi le présupposé (Auparavant Pierre fumait) est maintenu aussi bien dans : «Il est faux que Pierre ait cessé de fumer» que dans : «Est-ce que Pierre a cessé de fumer ?»

Du point de vue argumentatif, le présupposé apparaît donc, dans l'énoncé, comme mis à l'abri de la réfutation ou de la contestation.

Un deuxième critère est celui d'enchaînement [39], tel que Ducrot le définit dans *Le dire et le dit* (voir ci-dessous). Il fait apparaître la nécessité de prendre en compte les problèmes de cohérence textuelle et de progression de l'argumentation ; il souligne également que le présupposé, étant mis «en marge de la ligne argumentative du discours», est d'une certaine manière soustrait au champ de la discussion, ce qui lui donne un pouvoir d'autant plus redoutable.

PRÉSUPPOSÉ ET ARGUMENTATION

Je passe maintenant à une autre motivation dont j'ai dit tout à l'heure qu'elle était à l'origine de la «conception ancienne». Il s'agissait du fait que le présupposé est décelé par les critères de négation et d'interrogation, et que ces critères ne peuvent concerner que les phrases, et non pas les énoncés. Or il se trouve que j'ai

36 - Mais l'opposition n'est pas toujours si tranchée (C. Kerbrat-Orecchioni, *L'Implicite* p. 42).
37 - C. Kerbrat-Orecchioni, *L'Implicite*, p. 25.
38 - O. Ducrot, *Le dire et le dit*, p. 18.
39 - Une autre analyse fait intervenir la notion de polyphonie ; voir *Le dire et le dit* p. 231.

été de plus en plus amené, non pas à refuser ces critères, mais à constater qu'ils ont une applicabilité relativement restreinte (assez peu de phrases peuvent être niées ou interrogées). Un autre critère m'est apparu en revanche de plus en plus important, celui de l'*enchaînement*. Si une phrase présuppose X, et qu'un énoncé de cette phrase est utilisé dans un enchaînement discursif, par exemple quand on argumente à partir de lui, on enchaîne sur ce qui est posé, et non sur ce qui est présupposé. Cette formulation, qui demanderait à être affinée et nuancée, suffit pour faire apparaître le trait qui, de mon actuel point de vue, est le plus important. Ce critère, qui peut, comme les critères «classiques», être employé à propos de phrases, garde un sens, à la différence de ceux-ci, lorsqu'il s'agit d'énoncés (il faut bien sûr, dans ce cas, modifier un peu sa formulation). Alors qu'on ne peut pas transformer, négativement ou interrogativement, un *énoncé*, on peut enchaîner sur lui. On peut donc se demander, mis en présence d'une suite d'énoncés, «Sur quoi se fait l'enchaînement ?». Et j'appellerai «présupposés» d'un *énoncé* les indications qu'il apporte, mais sur lesquelles l'énonciateur ne veut pas (c'est-à-dire fait comme s'il ne voulait pas) faire porter l'enchaînement. Il s'agit d'indications que l'on donne, mais que l'on donne comme étant en marge de la ligne argumentative du discours. Si l'on admet cette conception, il devient possible de reconnaître comme présupposés, au niveau de l'énoncé, des éléments sémantiques qui, dans les théories classiques, n'auraient pas eu droit à cette étiquette – car ils ne sont pas décelables, au niveau des phrases, au moyen des critères traditionnels. Un exemple. Considérons la phrase :

Je suis allé en Allemagne avec Pierre.

Il est impossible, en lui appliquant les critères applicables aux phrases, de lui donner des présupposés du type de «Je suis allé en Allemagne» ou «J'ai voyagé avec Pierre». Car aucun de ces éléments n'est nécessairement maintenu par la négation ou l'interrogation. Cela apparaît facilement dans le cas du critère de négation. Car la phrase *Je ne suis pas allé en Allemagne avec Pierre* peut s'utiliser aussi bien dans des contextes où le locuteur annonce qu'il n'est pas allé en Allemagne (alors que Pierre y est allé) et dans des contextes où il annonce qu'il n'a pas, lorsqu'il est allé en Allemagne, voyagé avec Pierre. (On trouverait une situation semblable pour un très grand nombre de phrases assertives dont le contenu informatif est multiple). Il me semble pourtant souhaitable de dire que les énoncés de la phrase prise en exemple présupposent tantôt l'un, tantôt l'autre des deux éléments sémantiques que j'ai distingués ; c'est souhaitable dans la mesure où ces deux éléments, dans un énoncé donné, ne sont jamais présentés de la même façon, avec le même poids, avec la même fonction. Or il est possible de le dire si l'on utilise la notion d'enchaînement. Lorsque le type de continuation que j'envisage pour mon énoncé concerne le comportement de Pierre en Allemagne, ou la chance qu'il a eue de faire ce voyage, ce qui est posé, c'est que j'ai emmené Pierre, et ce qui est présupposé, c'est mon voyage en Allemagne. Inversement, si j'envisage de continuer sur ma chance d'être allé en Allemagne, sur ce que j'y ai fait ou vu, ce que je pose, c'est que j'ai accompagné Pierre, et ce qui est présupposé, c'est son voyage. Grâce à cette extension de la notion de présupposition, et en utilisant un critère relatif aux énoncés, il est possible de supprimer un paradoxe souvent signalé à propos de la «théorie ancienne» : quand on l'appliquait à des discours, donc à des énoncés, elle obligeait à refuser le titre de «présupposés» à des éléments qui, en fait, se comportaient exactement comme les présupposés reconnus par les critères traditionnels, et marqués dans la phrase.

O. DUCROT
Le dire et le dit (p. 40 - 41)

Comme le dit très clairement C. Kerbrat-Orecchioni, les présupposés représentent ainsi un niveau «subliminal» de l'argumentation :

«Les présupposés n'ont pas le même statut linguistique (donc juridique, parfois) que les posés. Ils ne se prêtent pas aux mêmes types d'enchaînements (réfutatifs en particulier) : plus enfouis, il n'est pas toujours nécessaire de les «relever». Moins perceptibles, moins «importants» (en apparence), plus discrets : ce sont bien des contenus implicites. Mais cette discrétion en même temps fait leur force, et les dote d'un pouvoir manipulatoire qui n'est pas sans rappeler celui, redoutable comme l'on sait, des signes «subliminaux».»[40]

Le présupposé, lui aussi, manifeste donc la présence, au sein même de la langue, de la dimension argumentative ; il amène à considérer la langue comme lieu de débat et de confrontation ; il met en évidence, dit Ducrot, sa «fonction éristique»[41].

La polyphonie énonciative

Un dernier aspect des recherches de Ducrot apporte un éclairage particulièrement utile pour l'étude des textes argumentatifs : il s'agit de la notion de polyphonie énonciative, telle que la présente notamment *Le dire et le dit* (chap. VIII, «Esquisse d'une théorie polyphonique de l'énonciation»).

Dans ce texte explicitement influencé par les travaux de M. Bakhtine[42] et nourri de références au langage théâtral, il s'agit de mettre en évidence la diversité des voix qui peuvent se faire entendre dans l'énonciation.

Qui parle ?

Ducrot propose de distinguer l'auteur empirique de l'énoncé, le locuteur, et l'énonciateur.

L'*auteur empirique* de l'énoncé, c'est son producteur réel, souvent mais pas toujours confondu avec le locuteur. Ainsi, dans une circulaire que l'élève rapporte à signer à ses parents

---

40 - *L'Implicite*, p. 23.
41 - *Le dire et le dit*, p. 30.
42 - Voir T. Todorov, *Mikhaïl Bakhtine, le principe dialogique*, Seuil 1981.

et qui contient une formule comme: «J'autorise mon fils à quitter le lycée entre les heures de cours», l'auteur empirique du texte est l'administration de l'éducation nationale. Mais si je le signe, j'assume le «je» de l'énoncé qui m'engage désormais et j'en deviens le locuteur.

Le *locuteur,* c'est en effet «un être qui, dans le sens même de l'énoncé, est présenté comme son responsable, c'est-à-dire comme quelqu'un à qui l'on doit imputer la responsabilité de cet énoncé. C'est à lui que réfèrent le pronom *je* et les autres marques de la première personne» (p. 193). Contrairement à l'auteur empirique, le locuteur est donc un «être de discours» (mais la même personne peut naturellement jouer les deux rôles).

Mais il arrive qu'on entende dans le discours la voix de quelqu'un qui n'a pas les propriétés caractéristiques du locuteur (notamment la désignation par la première personne) : Ducrot parle alors d'*énonciateur.*

Ainsi dans la première scène de *Britannicus*, lorsque Agrippine répond à Albine qui évoquait la vertu de Néron,

«Et ce même Néron, que la vertu conduit,
Fait enlever Junie au milieu de la nuit.»

l'hémistiche «que la vertu conduit» n'exprime pas le point de vue du locuteur – Agrippine – sans pourtant renvoyer explicitement à un locuteur différent :

«D'où l'idée que le sens de l'énoncé, dans la représentation qu'il donne de l'énonciation, peut y faire apparaître des voix qui ne sont pas celles d'un locuteur. J'appelle «énonciateurs» ces êtres qui sont censés s'exprimer à travers l'énonciation, sans que pour autant on leur attribue des mots précis ; s'ils «parlent», c'est seulement en ce sens que l'énonciation est vue comme exprimant leur point de vue, leur position, leur attitude, mais non pas, au sens matériel du terme, leurs paroles». (ibid. p. 204)

Cette possibilité pour le locuteur de faire entendre diverses voix énonciatives amène à se représenter l'énonciation comme «une sorte de représentation, où la parole est donnée à différents personnages, les énonciateurs» (p. 231) ; on retrouve alors, élargie au langage comme théâtre, la notion, couramment utilisée à propos du langage théâtral, de double énonciation : le locuteur s'exprime en effet par les énonciations qu'il assume, mais aussi par la façon dont il agence le jeu des diverses énonciations ; il est «le metteur en scène de la représentation énonciative». (ibid.)

Cette approche «polyphonique» de l'énonciation permet notamment de rendre compte de procédés comme l'ironie :

«Parler de façon ironique, cela revient, pour un locuteur L, à présenter l'énonciation comme exprimant la position d'un énonciateur E, position dont on sait par ailleurs que le locuteur L n'en prend pas la responsabilité et, bien plus, qu'il la tient pour absurde. Tout en étant donné comme le responsable de l'énonciation, L n'est pas assimilé à E, origine du point de vue exprimé dans l'énonciation». (p. 211)

Outre l'ironie [43], de nombreux procédés particulièrement fréquents dans les textes argumentatifs (le maniement de la concession, l'utilisation de tournures négatives au lieu des formulations positives, etc.) relèvent de ce type d'analyse. Ils manifestent la nature profondément dialogique de ces textes, rejoignant par là les approches philosophiques évoquées ci-dessus.

D'un point de vue didactique, la notion de polyphonie énonciative présente au moins un triple intérêt :

– elle rend sensible à la diversité des voix qui s'expriment, notamment dans les textes argumentatifs, et donne des outils pour l'analyser. On tentera ainsi d'éviter des confusions fréquentes de la part des élèves et qui consistent par exemple à attribuer à l'argumentateur des points de vue qui ne sont pas les siens, mais qui, évoqués dans des mécanismes ironiques ou concessifs, renvoient à d'autres énonciateurs ;

– reposant sur une conception «théâtrale» du langage, elle s'articule avec des travaux sur le langage théâtral. Ducrot lui-même file avec insistance cette métaphore, qui suggère des progressions possibles et des passerelles entre un travail sur le théâtre et une étude des textes argumentatifs ;

– autre passerelle possible, celle que signale Ducrot, se référant à G. Genette, entre la triade sujet empirique/locuteur/énonciateur et la distinction couramment utilisée en narratologie – et dans de nombreuses pratiques scolaires – entre auteur, narrateur, et «centre de perspective» ou point de vue privilégié («focalisations»). Nous ne ferons ici que renvoyer à ce sujet au chapitre VIII de *Le dire et le dit,* où Ducrot analyse à titre d'exemple la première page de *L'Education sentimentale.*

---

43 - Voir une application pédagogique de cette analyse de l'ironie dans M. Mougenot, *Candide*, collection Parcours de lecture (Bertrand-Lacoste 1991).

CHAPITRE II

Les textes argumentatifs

Parler de texte argumentatif suppose qu'on croie à la possibilité théorique et à l'intérêt didactique de classer les textes et d'identifier des «genres», «types» ou «modèles» dont il serait utile de connaître les caractéristiques.

C'est effectivement dans cette perspective que nous nous situerons ici, en considérant qu'un outil privilégié pour la pratique de la lecture méthodique et la construction de progressions pédagogiques est la notion de type de texte.

Mais celle-ci demande à la fois à être mise en perspective et à être nuancée. Dans le cours de français coexistent en effet de nombreuses manières de classer les textes, venues d'horizons théoriques divers : la notion de genre, héritée de la tradition littéraire, voisine par exemple avec celle de type de texte, provenant de recherches linguistiques et structuralistes plus récentes. En matière de typologie textuelle, une première difficulté est donc le trop-plein, la prolifération de principes de classement souvent délicats à concilier.

Une seconde difficulté tient à ce que chaque typologie, quelle qu'elle soit, laisse vite apparaître ses lacunes et ses insuffisances quand il s'agit de rendre compte de la diversité considérable des textes attestés. La tentation est grande alors de multiplier les cases du système, opération qui peut être féconde sur le plan de la recherche mais qui paraît périlleuse sur le plan didactique, puisqu'on semble compliquer une situation que la typologie devait initialement simplifier.

Le danger est donc celui d'une double prolifération : multiplication désordonnée des systèmes de classement, complexification interne de chaque système. Cette situation appelle un effort de clarification, et éventuellement des choix qui, dans le cadre qui est le nôtre ici, se fonderont sur l'intérêt didactique de chaque typologie et pas seulement sur sa pertinence théorique supposée.

CLASSER LES TEXTES

Une première problématique, familière aux enseignants de français parce qu'elle est l'héritage d'une longue tradition rhétorique et poétique, est celle des *genres*. Nous partirons donc de là pour envisager les problèmes que pose toute tentative de classer les textes.

C'est ainsi que la définition des listes présentées par les candidats à l'oral du bac précise qu'il faut que «chacun des genres littéraires principaux (poésie, théâtre, roman, littérature d'idées) soient représentés»[1]. De même les programmes de seconde[2] recommandent de donner aux élèves «des aperçus sur les genres littéraires, leurs caractéristiques et leur évolution» et, s'agissant des genres poétiques, précisent même : «l'épopée, le lyrisme, la chanson, la poésie dramatique, l'opéra». La situation n'est pourtant pas si simple. Les temps ne sont plus où l'enseignement, fondé explicitement sur la poétique et la rhétorique d'Aristote, s'organisait clairement autour de considérations génériques, comme le programme d'enseignement de la poétique du Père de Jouvency *(De la manière d'apprendre et d'enseigner, 1704)* : «1. ce que c'est que la Poésie ; 2. du Poème épique ; 3. du Poème dramatique ; 4. de la Tragédie ; 5. de la Comédie ; 6. des Mimes et des Danses ; 7. noms des principaux Poètes.»[3]

Cette évolution tient, semble-t-il, à au moins trois facteurs.

D'une part, le développement de l'histoire littéraire depuis la fin du XIXème siècle – notamment sous sa forme restreinte d'histoire de la littérature[4] – a mis en place un autre principe de classement des textes, reposant pour l'essentiel sur la succession chronologique. Malgré les critiques émanant, ces trente dernières années, de courants pédagogiques inspirés par le renouveau de la poétique et de la rhétorique, ce classement chronologique reste aujourd'hui encore déterminant, en tout cas dans le second cycle. Il a même opéré un retour, quelque peu paradoxal, dans les actuels programmes des classes de seconde et première, d'inspiration pourtant très «moderne» : contrairement aux programmes précédents y figure en effet une liste de textes conseillés classés par siècles. L'infléchissement des politiques éditoriales est à ce sujet très significatif : ainsi Nathan qui avait publié l'excellente série de manuels «Littérature et langages», organisée pour l'essentiel autour d'une classification par genres, revient aujourd'hui en force au classement par siècles avec la collection «Littérature».

Notons au passage que le classement thématique des textes, qui avait inspiré plusieurs collections dans les années soixante-dix (par exemple «L'esprit et la lettre» chez Nathan), semble, lui, avoir fait long feu. En mettant l'accent sur le référent des textes, il n'en a pas moins contribué à faire passer au second plan les préoccupations génériques.

Un deuxième facteur d'évolution tient aux difficultés même du classement par genres. Les cadres traditionnels de la poétique (par exemple la triade lyrique/épique/dramatique) ou de la

---

1 - B.O. n° 27 du 7.7.1983.

2 - B.O. spécial n° 1 du 5.2.1987.

3 - Cité par F. Soublin in «La notion de genres en rhétorique classique», *Le français aujourd'hui*, n° 66 et n° 67, 1984. Cf. aussi A. Collinot et F. Mazière, *L'exercice de la parole. Fragments d'une rhétorique jésuite*, éd. des Cendres, 1987.

4 - Voir p. 10.

rhétorique (délibératif/judiciaire/épidictique) ont éclaté, minés de l'intérieur par des évolutions qui multipliaient les textes inclassables (où mettre le poème en prose, du *Spleen de Paris* au *Parti pris des choses*, où placer les textes de Beckett mais aussi et déjà le *Contrat social* ou le *Supplément au voyage de Bougainville ?*). L'avènement du «texte», revendiqué aussi bien par des critiques comme R. Barthes que par des écrivains comme J. M. G. Le Clézio, semble signer l'arrêt de mort des genres.

LA CONTESTATION DES GENRES

«Seul importe le livre, tel qu'il est, loin des genres, en dehors des rubriques, prose, poésie, roman, témoignage, sous lesquelles il refuse de se ranger et auxquelles il dénie le pouvoir de lui fixer sa place et de déterminer sa forme. Un livre n'appartient plus à un genre, tout livre relève de la seule littérature, comme si celle-ci détenait par avance, dans leur généralité, les secrets et les formules qui permettent seuls de donner à ce qui s'écrit réalité de livre. Tout se passerait donc comme si, les genres s'étant dissipés, la littérature s'affirmait seule, brillait seule dans la clarté mystérieuse qu'elle propage et que chaque création littéraire lui renvoie en la multipliant, – comme s'il y avait donc une "essence" de la littérature».

M. Blanchot
Le livre à venir (1959)

«Les formes que prend l'écriture, les genres qu'elle adopte ne sont pas tellement intéressants. Une seule chose compte pour moi : c'est l'acte d'écrire. Les structures des genres sont faibles. Elles éclatent facilement. Les lecteurs et les critiques se laissent abuser par ces formes : ils ne veulent pas juger des individus, mais des œuvres. Des œuvres ! Est-ce que cela existe ?

Evidemment les genres littéraires existent, mais ils n'ont aucune importance. Ils ne sont que des prétextes. Ce n'est pas en voulant faire un roman qu'on fait de l'art. Ce n'est pas parce qu'on appelle son livre «poèmes» qu'on est un poète. C'est en faisant de l'écriture, de l'écriture pour soi et pour les autres, sans autre visée que d'être soi, qu'on atteint l'art.»

J. M. G. le Clézio
L'extase matérielle (1967)

«En matière de critique littéraire, tous les mots qui commandent à des catégories sont des pièges. Il en faut, et il faut s'en servir, à condition de ne jamais prendre de simples outils-pour-saisir, outils précaires, outils de hasard, pour des subdivisions originelles de la création ; que d'énergie gaspillée à baliser les frontières du "romantisme", à répartir les oeuvres d'imagination entre les fichiers du fantastique, du merveilleux, de l'étrange, etc. ! Les œuvres d'art, il est judicieux d'avoir l'œil sur leurs fréquentations, mais de laisser quelque peu flotter leur état-civil.»

J. Gracq
En lisant,
en écrivant (1980)

Contestés par les écrivains et les critiques, les genres classiques se trouvent aussi débordés aujourd'hui par des objets d'étude nouveaux dans l'enseignement du français : l'image et le cinéma, l'article de journal, la chanson... Dès lors la problématique des genres est contournée ; l'existence même d'un champ du littéraire, par opposition au non-littéraire, ne va plus de soi. Les classements par genres doivent s'ouvrir et s'adapter, y perdant forcément leur cohérence. Témoin de cet embarras, la liste des volumes de la collection «Littératures et langages» déjà évoquée plus haut : 1. Le langage, le théâtre, la parole et l'image ; 2. Le conte, la poésie ; 3. Le roman, le récit non romanesque, le cinéma ; 4. La littérature et les idées ; 5. Thèmes et langages de la culture moderne ; 6. La littérature française de Belgique...

Troisième facteur d'évolution : l'apparition dans l'enseignement du français de catégorisations d'origine linguistique, visant à rendre compte de l'ensemble des textes ou discours, et non seulement des œuvres «littéraires». Cette perspective a contribué à renouveler la réflexion sur les genres (quand Genette, par exemple, dans son *Introduction à l'architexte*, fait remarquer que les catégories traditionnelles [mimésis/diégésis, lyrique/épique/dramatique] désignent en fait des modes d'énonciation différents), mais elle a aussi posé le problème de l'articulation des différents classements entre eux : comment situer la notion de texte narratif par rapport à celles de récit, roman, nouvelle...? Peut-on rapprocher le texte argumentatif de l'essai ? etc. Notons au passage que les actuels programmes de second cycle ne tentent pas cette articulation, se référant parfois à la problématique des genres, parfois aux types de textes (narratif, descriptif...), ou à des considérations de ton et de style...

Il semble donc que l'on soit dans une période passablement confuse, où coexistent dans les pratiques pédagogiques plusieurs principes de classement des textes : à côté du critère chronologique (qui appelle des classements par siècles ou par périodes : romantisme, symbolisme, réalisme...), fonctionnent des classifications par genres le plus souvent impures, à la fois concurrencées et renouvelées par des catégorisations d'inspiration linguistique.

Faut-il rejeter cette complexité en y voyant le signe d'impasses théoriques et l'annonce de difficultés didactiques ? Tout dépend en fait de ce que l'on attend d'un classement des textes.

Les genres théoriques

T. Todorov, dans l'article «Genres littéraires» du *Dictionnaire encyclopédique des sciences du langage,* distingue deux façons d'aborder la question des genres : une méthode déductive, qui consiste à postuler l'existence de genres à partir d'une théorie du discours littéraire, et une méthode inductive, qui part de la constatation empirique qu'il existe, en une période donnée, des genres littéraires. Dans le premier cas, on va définir des genres théoriques, ou types ; dans le second, des genres historiques ou genres à proprement parler. Distinction utile, car si la première approche a été quelque peu mise à mal par les évolutions évoquées ci-dessus, la seconde reste peut-être pédagogiquement fructueuse. Le renouveau de la poétique, ces dernières années, a suscité plusieurs études qui permettent d'y voir plus clair[5].

---

5 - Voir bibliographie.

L'*Introduction à l'architexte* de Genette, décrivant l'évolution de la réflexion sur les genres depuis Platon et Aristote jusqu'aux romantiques allemands, met bien en évidence les caractéristiques de la première méthode. Sans reprendre le détail de la démonstration, à laquelle il est facile de se reporter, soulignons quelques aspects essentiels.

Il s'agit d'une activité taxinomique : dans le cadre d'une théorie de la littérature, on cherche à constituer un système de classement du type de ceux que peuvent pratiquer la botanique ou la zoologie, en prévoyant les cadres où viennent s'inscrire les œuvres.

Ce système de classement doit donc reposer sur des critères suffisamment universels pour englober a priori tous les possibles. Dès l'origine, on remonte pour cela au langage lui-même, comme fondement des discours. Genette a beau jeu de montrer que quand Platon ou Aristote distinguent la mimésis et la diégésis, ils distinguent en fait deux modes d'énonciation différents (récit par dialogue, comme au théâtre, ou narration simple). Mais un critère unique ne suffisant pas, tout système de classement doit en combiner plusieurs. Aristote propose comme autres critères le contenu thématique (de quoi parle-t-on ?) et la forme (en prose, en vers, en hexamètres...). Genette lui-même, dans la mesure où il prolonge cette réflexion, reprend les mêmes trois critères, tandis que Todorov, par exemple, propose dans *l'Introduction à la littérature fantastique* d'articuler trois aspects (verbal, syntaxique et sémantique), auxquels il ajoute dans *Les genres du discours* un aspect pragmatique.

L'article de R. Scholes [6] fournit un bon exemple, appliqué à la littérature anglo-saxonne, de classement générique inspiré de ce type de démarche. Mais pour en rester à la littérature française, on sait de quel poids a pesé, dans la tradition classique, cette réflexion a priori sur les genres théoriques, menée sous l'autorité d'Aristote – et quels débats elle a suscités. Pour ses défenseurs, cette approche théorique des genres a en effet un intérêt scientifique, un intérêt heuristique (mettre en évidence une case vide du système, c'est ouvrir la possibilité d'un nouveau genre : ainsi, montre Genette, Aristote imaginant un narratif inférieur annonce le roman réaliste à venir), voire un intérêt pédagogique : R. Scholes argumente en faisant remarquer que, puisqu'on ne peut faire connaître aux étudiants de façon satisfaisante assez de textes littéraires, il faut du moins leur faire étudier «la grammaire des formes littéraires» pour qu'ils aient une vision d'ensemble. Et le Père de Jouvency (cf. ci-dessus) l'aurait approuvé, lui qui prévoyait de faire étudier la Poésie avant «les principaux poètes».

Sans entrer dans le détail de la discussion théorique, il faut pourtant bien noter que cette approche théorique des genres – ou types – présente des difficultés et des inconvénients.

Difficultés, d'abord, en ce que la cohérence de tous les systèmes proposés paraît bien fragile. Ils se constituent toujours plus ou moins sur la base d'exclusions préalables : ainsi Aristote exclut la poésie lyrique ou la prose, pourtant bien attestées de son temps, pour s'intéresser seulement à la poésie représentative. Les systèmes de genres paraissent donc partiels. D'autre part, s'ils parviennent à articuler les catégories principales (par exemple prose/poésie ou lyrique/épique/dramatique), ils s'embrouillent tous peu ou prou dès qu'il s'agit de rendre compte des unités de rang inférieur, ou sous-genres : se multiplient alors les

6 - «Les modes de la fiction», 1974, in *Théorie des genres*, Points-Seuil n° 181.

chevauchements et les imprécisions. De ce point de vue, quel système, plus que celui de N. Frye, pourrait échapper à une critique comme celle que mène Todorov au début de l'*Introduction à la littérature fantastique* ? Genette cite en exemple l'*Art poétique* de Boileau qui, dans le chant 3, reprend une classification claire et aristotélicienne (tragédie, épopée, comédie) mais, dans le chant 2, s'épuise à suivre la diversité des sous-genres : idylle, élégie, ode, sonnet, épigramme, rondeau, madrigal, etc.

Il s'agit là des difficultés inhérentes à toute entreprise de classification, qui finit toujours par faire penser plus ou moins à la classification chinoise illustrée par Borges[7]. Sans doute stimulante intellectuellement, cette situation pose des problèmes, on l'a vu plus haut, du point de vue pédagogique.

Plus grave sans doute est le fait qu'on glisse souvent très vite de la classification à la hiérarchisation. L'activité taxinomique devient alors normative : on valorise tel ou tel genre aux dépens d'un autre. Cette tendance est déjà présente chez Platon, qui valorise la diégésis par opposition à la mimésis, alors qu'Aristote, lui, valorisera le mode dramatique. De même l'époque romantique disputera sur la prééminence, par exemple, du dramatique ou de l'épique.

Autre forme de hiérarchisation, tout aussi normative, celle qui consiste à valoriser les formes pures par rapport aux formes mixtes ou dérivées. Le type est alors conçu comme un archétype, un modèle idéal à reproduire. S'en éloigner, c'est, au sens plein, dégénérer. Le grand écrivain est au contraire celui qui réalise l'essence du genre. C'est la conception classique des doctes, illustrée encore à la fin du XIXème siècle par Brunetière pour qui la littérature française, après avoir connu une période de perfection des genres (sous Louis XIV !) est entrée en décadence. On sait le poids de cette conception dans notre tradition scolaire et universitaire. Ainsi J. Truchet, étudiant *La tragédie classique en France* (PUF, 1975), commence par dégager des «constantes» qui caractérisent l'essence du genre, rejetant dans une 2e partie les «inflexions» qui éloignent le genre de cette essence (tentation de la poésie, de l'opéra, du roman...) et qui sont dès lors inévitablement ressenties comme des dégénérescences, des perversions.

---

7 - Et commentée par M. Foucault dans *Les mots et les choses* :

«Les animaux se répartissent en : «A) appartenant à l'empereur, B) embaumés, C) apprivoisés, D) cochons de lait, E) sirènes, F) fabuleux, G) chiens en liberté, H) inclus dans la présente classification, I) qui s'agitent comme des fous, J) innombrables, K) dessinés avec un très fin pinceau de poils de chameau, L) etc., M) qui viennent de casser la cruche, N) qui de loin semblent des mouches.»»

Bel exemple de classification chinoise, celle que propose la rubrique Littérature du répertoire «Tous les livres en format de poche» ; on y trouve successivement : littérature allemande, anglo-saxonne, autres pays, aventures, critique littéraire, écrivains, érotique, espagnole, espionnage, fantastique, française, etc. (l'ordre alphabétique n'explique pas tout...).

Ce double danger de l'incohérence et de la normativité explique et sans doute justifie largement les critiques portées contre les systèmes des genres, comme moyens d'assurer de façon plus ou moins répressive l'ordre du discours : on songera aux analyses de M. Foucault (*L'ordre du discours*, 1970), à la tradition littéraire de remise en cause des règles et des genres, des romantiques à M. Blanchot en passant par Mallarmé, ou aux analyses de Barthes (par exemple dans *Le bruissement de la langue*, [Seuil, 1984] les parties intitulées «De la science à la littérature» et «De l'œuvre au texte») : refus de la clôture de l'œuvre sur elle-même au profit de l'ouverture d'un texte dont le sens est toujours différé, fruit du travail toujours renouvelé de la lecture, vie incessante qui subvertit tous les classements et condamne à l'avance toute entreprise générique.

Il semble toutefois que ces critiques visent essentiellement la conception déductive des genres théoriques. Or une autre approche est possible, celle qu'évoquait Todorov en parlant d'une recherche inductive et empirique des genres historiques.

Les genres historiques et l'horizon d'attente

Cette conception, qui diffère en effet profondément de la précédente, s'exprime très clairement dans les recherches de H. R. Jauss (cf. *Littérature médiévale et théorie des genres*, 1970, repris dans *Théorie des genres*) ou dans les travaux de Ph. Lejeune (cf. notamment *Le pacte autobiographique*, 1975). Il ne s'agit plus de partir d'une conception théorique de la littérature, mais de constater empiriquement l'existence, à un moment donné, d'un système des genres qui constitue une sorte d'horizon d'attente guidant à la fois la création de l'œuvre par l'auteur et sa réception par le lecteur. Les genres ne sont plus alors des archétypes idéaux mais des catégories empiriques permettant que se noue, entre auteur et lecteur, un contrat de lecture :

«Les genres littéraires ne sont pas des êtres en soi : ils constituent, à chaque époque, une sorte de code implicite à travers lequel, et grâce auquel, les œuvres du passé et les œuvres nouvelles peuvent être reçues et classées par les lecteurs. C'est par rapport à des modèles, à des «horizons d'attente», à toute une géographie variable, que les textes littéraires sont *produits* puis *reçus*, qu'ils satisfassent cette attente ou qu'ils la transgressent et la forcent à se renouveler» (Ph. Lejeune, op. cit. p. 311) et plus loin «Le travail de la théorie n'est donc pas de construire un classement des genres, mais de découvrir les lois de fonctionnement des systèmes historiques des genres.» (ibid. p. 329).

A partir de là s'opère toute une série de déplacements :

– Les genres n'existent plus en soi, mais comme éléments dans un réseau d'interrelations :

«Les genres littéraires n'existent pas isolément, ils constituent les différentes fonctions du système littéraire de l'époque et mettent l'œuvre individuelle en relation avec ce système» (H. R. Jauss, *Littérature médiévale et théorie des genres*[8]). L'intérêt se porte donc, non plus sur l'essence d'un genre, mais sur le système des genres à une époque donnée.

---

8 - in *Théorie des genres*, p. 67.

– Alors que la conception déductive des genres tendait à penser l'évolution en termes de décadence, cette fois c'est au contraire la transgression qui est valorisée. Toute œuvre est prise dans un jeu de confirmation/modification de l'horizon d'attente des lecteurs. Si elle joue au maximum la confirmation de cet horizon d'attente, elle s'inscrira dans cette littérature de consommation qui reproduit confortablement ses modèles (romans d'espionnage, Harlequinades, «paralittérature»). Inversement, l'œuvre «géniale» sera celle qui, jouant la transgression, déplace et renouvelle le système en suscitant une nouvelle attente. On trouvera là-dessus le témoignage éclairant d'un créateur dans les *Travaux d'approche* de M. Butor (Poésie-Gallimard).

– Par là, l'accent est mis délibérément sur la réception des œuvres et sur l'historicité des genres. Il n'y a pas un système idéal et anhistorique, mais des systèmes de genres en évolution qu'on peut tenter d'analyser par coupes synchroniques successives.

Ainsi conçue, la réflexion sur les genres n'est plus élaboration d'un système de classification plus ou moins normatif, mais étude des relations que les textes entretiennent entre eux. Elle devient (sous le nom d'architextualité) l'une des branches de la transtextualité (selon Genette : «tout ce qui met [un texte] en relation, manifeste ou secrète, avec d'autres textes»[9]) :

«La littérature étant par définition institutionnelle, la généricité peut parfaitement être expliquée par un jeu de répétitions, d'imitations, d'emprunts, etc., d'un texte par rapport à un autre, ou à d'autres, et le recours à un postulat aussi «puissant» que celui d'une structure ou matrice de compétence se révèle parfaitement superflu puisqu'il n'explique pas plus de choses que ne le fait une conception transtextuelle de la généricité.» (J. M. Schaeffer, «Du texte au genre», in *Théorie des genres*).

Sur le plan pédagogique, l'intérêt de cette conception est notamment d'attirer l'attention sur la façon dont les œuvres sont reçues, sur le fonctionnement de la lecture (alors que la conception déductive et normative proposait plutôt des modèles de création et d'évaluation des œuvres). Elle met l'accent sur le fait que toute lecture s'inscrit dans l'horizon d'une attente, la satisfaisant pour une part, mais aussi la décevant et la transformant, et que cette attente repose entre autres sur des considérations de genre. Par exemple, lire, au début des *Illuminations* de Rimbaud, le poème intitulé *Conte*, c'est se demander en quoi il est un conte (genre codifié par excellence, et le titre fait donc naître une attente précise partiellement confirmée par le début du poème : «Un prince était vexé...»), mais aussi en quoi il ne l'est pas. De même, Todorov a bien montré (dans *Les genres du discours*) comment le titre même de poème en prose, dans le cas de Baudelaire, fait naître une attente contradictoire qui rend le lecteur sensible, tout au long du recueil, au jeu constant de la dualité et de la contradiction.

---

9 - On se reportera, pour la définition du champ de la transtextualité et des divers aspects qu'elle revêt, à la mise au point de Genette in *Palimpsestes* (Seuil, 1982).

C'est dans cette perspective pragmatique que nous nous situerons pour étudier les textes argumentatifs. Il ne s'agira pas de définir un être en-soi du texte argumentatif (au singulier), mais de voir si l'analyse des textes (reçus comme) argumentatifs permet de dégager un «horizon d'attente» et des outils opératoires. Nous reviendrons dans le chapitre V sur la question de l'articulation de cette notion avec les problématiques littéraires.

LE TYPE DE TEXTE ARGUMENTATIF

Si la notion de genre s'inscrit dans la tradition des études littéraires, celle de type de texte se rattache à la linguistique et aux ambitions classificatrices du structuralisme. Sur le modèle du couple saussurien langue/parole, il s'agit de rechercher, sous-tendant l'ensemble des productions textuelles – voire des discours –, des archétypes relevant d'une description systématique.

Quelle typologie ?

Là encore les approches se sont multipliées, au point que J. L.Chiss, faisant le point de la question dans le n° 74 de *Langue française*, a pu parler de «malaise dans la classification».[10] Suivant l'entrée linguistique retenue, diverses typologies sont en effet possibles. Le célèbre schéma de Jakobson sur les fonctions du langage [11], largement répandu aujourd'hui dans les publications pédagogiques, inspire de nombreuses activités de tri de textes (ce qui ne va pas sans dangers, car on risque souvent d'oublier que si une fonction peut, dans tel énoncé, être dominante, elle ne suffit pas à le caractériser ; et le glissement est tentant, mais périlleux, de la «fonction poétique» à un «type de texte poétique»).

La réflexion sur l'énonciation inspire également des entreprises de classement. La distinction établie par Benveniste entre *histoire* (ou récit historique) et *discours*, reprise en général sous la forme d'une opposition récit/discours, est souvent utilisée en ce sens, non sans difficultés lorsqu'on constate le nombre de réalisations mixtes, par exemple dans l'écriture journalistique contemporaine. B. Combettes, dans son article «Types de textes et faits de langue» (*Pratiques* n° 56) propose à juste titre de voir plutôt dans le système récit/discours, comme dans la structure informative par exemple, un «niveau intermédiaire» d'analyse , en tant que regroupement de faits linguistiques, entre langue et type de textes.

Les critères énonciatifs jouent aussi un rôle déterminant dans la distinction, par J. P. Bronckart et son équipe, de types discursifs fondamentaux, notamment les trois «pôles» que constituent le *discours en situation*, le *discours théorique* et la *narration*. [12]

---

10 - On pourra se reporter, pour un tableau d'ensemble de la question, à trois numéros de revues :
- Langue française n° 74 (mai 1987) : *La typologie des discours*
- Le français aujourd'hui n° 79 (septembre 1987) : *Classes de textes/textes en classe*
- Pratiques n° 56 (décembre 1987) : *Les types de textes*

11 - «Linguistique et poétique» (1960), in *Essais de linguistique générale*. On en trouvera par exemple une application typologique dans F. Vanoye, *Expression-Communication* (Colin 1973).

12 - J. P. Bronckart et al. *Le fonctionnement des discours*, Delachaux et Niestlé, 1985.

Nous privilégierons ici une autre approche, qui repose sur la distinction établie à l'origine par E. Werlich [13] entre cinq types de textes : description, narration, exposition, argumentation, injonction. Reprise et développée en France notamment par les travaux de J. M. Adam et de B. Combettes, elle nous semble présenter, au moins dans le domaine didactique, plusieurs avantages.

Elle se prête en effet particulièrement bien à l'établissement de passerelles entre recherches linguistiques et travaux littéraires : la description est un type de texte, mais aussi une forme littéraire et un enjeu esthétique ; la conjonction des deux domaines est stimulante. De même la notion de texte argumentatif fait passer au premier plan une réflexion linguistique sur l'énonciation, mais en même temps permet, comme on l'a vu plus haut, de renouer avec la rhétorique ou de questionner des genres littéraires comme l'essai. La notion de texte narratif s'articule avec les recherches narratologiques sur le récit. Le texte d'exposition, pour sa part, renvoie à l'exposé didactique tel qu'on le trouve dans les manuels d'histoire ou de sciences et ouvre des perspectives interdisciplinaires...

D'autre part elle rejoint – et questionne en même temps – des pratiques qui existent déjà dans le système scolaire ; narration, description, argumentation, sont des notions relativement familières dans l'enseignement, nourrissant des pratiques pédagogiques (apprendre à raconter, à décrire...), mais aussi inspirant des progressions sans doute contestables (apprendre à raconter et décrire dans les petites classes, puis après seulement à argumenter, c'est-à-dire passer successivement de la narration à la composition française, alors qu'il serait préférable de mener de front le travail sur les divers types de textes).

Enfin elle a déjà inspiré de nombreux ouvrages, à commencer par la collection publiée chez Delagrave par B. Combettes, J. Fresson et R. Tomassone.[14] Elle apparaît dans les Instructions officielles à plusieurs niveaux (voir par exemple dans les instructions de première ce qui concerne la lecture méthodique des textes argumentatifs) et a été l'occasion de plusieurs épreuves de didactique aux concours internes.

Définir le texte argumentatif

Alors qu'on dispose de nombreux modèles formalisant le fonctionnement des textes narratifs ou descriptifs, on se contente trop souvent, s'agissant du texte argumentatif, de le caractériser par sa finalité, c'est-à-dire, en référence au schéma de Jakobson, par sa fonction impressive : le texte argumentatif serait celui qui sert à convaincre le récepteur. Cette approche est contestable : un texte narratif peut aussi bien servir à convaincre, comme le montre l'exemple de la fable. Elle ne devrait d'autre part pas dispenser de tenter d'identifier des traits

---

13 - E. Werlich *Typologie der texte*, Heidelberg, Quelle-Meyer, 1975.

14 - Voir notamment *De la phrase au texte*, classe de 3e, 1980, et le guide pédagogique correspondant.

constants d'organisation des textes argumentatifs[15]. Nous essaierons de le faire en utilisant, dans la mesure du possible, des critères cohérents avec ceux qui sont employés pour caractériser les textes narratifs et descriptifs [16].

Le déroulement du texte argumentatif [17]

De même que le texte narratif fait passer d'un état initial à un état final au moyen d'un processus de transformation, de même le TA fait passer d'un stade de pensée initial (thèse refusée) à un stade de pensée final (thèse proposée) au moyen d'un processus d'argumentation. On peut donc construire les schémas suivants, qui mettent en évidence le caractère dynamique du TA[18] :

Texte narratif

temps 1	processus	temps 2
état initial	de transformation	état final

Texte argumentatif

stade de pensée 1	processus	stade de pensée 2
thèse refusée	d'argumentation	thèse proposée

Il s'agit là naturellement d'un schéma théorique, correspondant à un horizon d'attente des récepteurs. Mais l'une ou l'autre thèse peut très bien demeurer implicite pour des raisons qui tiennent à la stratégie retenue par l'argumentateur. D'autre part, dans le TA comme dans un TN, l'ordre suivi dans la réalisation textuelle peut bien sûr différer de celui du schéma : il est possible d'énoncer d'abord les thèses en présence, puis de présenter l'argumentation, d'affirmer la thèse proposée avant d'évoquer la thèse refusée, etc. Mais précisément toutes ces variations prendront sens, en tant que stratégies argumentatives, par rapport au modèle sous-jacent.

---

15 - Parmi les cinq types proposés par E.Werlich, l'injonction est le plus souvent laissée de côté. Narration et description ont fait l'objet de nombreux travaux. La notion d'exposition a été affinée et subdivisée (texte informatif, explicatif...) : il nous semble pourtant qu'elle reste moins fermement définie que les autres types, sans doute parce que toute typologie a besoin d'un maillon plus faible qui correspond au «reste» des textes (voir bibliographie). Nous verrons plus loin (note 29 p. 48) que certains proposent de rajouter d'autres types de textes.

16 - Ce qui n'empêche pas de constater que les textes argumentatifs (comme, dans une certaine mesure, les textes expositifs) se situent à un niveau plus abstrait que les textes narratifs ou descriptifs, qui relèvent de la problématique de l'imitation de données ou de faits réels ou imaginaires.

17 - Nous abrègerons à l'occasion texte argumentatif en TA, texte narratif en TN, texte descriptif en TD, texte expositif en TE.

18 - Ce caractère dynamique oppose le TA au TE, qui est beaucoup plus proche de ce point de vue de la description.

Le développement du texte argumentatif

Un autre trait rapproche plutôt le texte argumentatif du texte descriptif. Celui-ci, qui inventorie les éléments d'un réel distribué dans l'espace (et non dans le temps comme le TN), peut en effet se développer en énumérant un nombre a priori non limité d'éléments à partir de l'hyper-thème initial. Ce développement, quand par exemple il vient interrompre le déroulement d'une narration, constitue une sorte d'arrêt sur image qui suggère le schéma suivant :

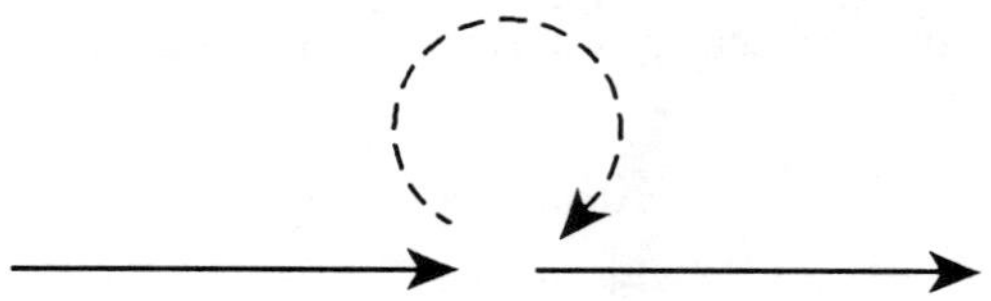

De la même façon, le TA se développe en proposant un nombre a priori non défini d'arguments : on sait que le choix du nombre d'arguments utilisés se détermine de façon empirique, en fonction des circonstances, et oscille entre un trop peu (qui risquerait de n'être pas suffisant pour convaincre) et un trop (qui risquerait de lasser ou de susciter des doutes sur la valeur de chaque argument pris isolément).

Le TA apparaît donc comme la combinaison d'un *déroulement dynamique* (permettant de passer d'une thèse à l'autre) et d'un *développement* qui organise en une sorte de circuit argumentatif un certain nombre d'arguments.

Le dialogisme des textes argumentatifs

Si les traits précédents rapprochent le TA des TN et TD, son caractère dialogique marque au contraire une spécificité[19]. Le texte argumentatif est essentiellement le lieu d'un discours contradictoire sur le réel. Deux points de vue s'y croisent et s'y expriment de façon plus ou moins explicite : celui de l'argumentateur, celui des tenants de la thèse qu'il s'agit de réfuter[20]. Cet affrontement verbal peut être géré de façon plus ou moins symétrique et égalitaire (comme c'est le cas, par exemple, dans la tradition universitaire de la dissertation) ; il peut aussi revêtir des formes beaucoup plus complexes et ambiguës, comme c'est souvent le cas dans l'écriture

---

19 - Qui le distingue aussi des textes d'exposition, qui peuvent exprimer un point de vue unifié.

20 - Cette structure duelle correspond souvent, dans la réalisation textuelle, à trois pôles énonciatifs (voir p. 12) : les tenants de la thèse refusée, celui de la thèse proposée, une opinion (provisoirement) indécise ou un stade intermédiaire de l'opinion, dont l'expression linguistique sera notamment l'indéfini «on» (voir p. 79).

de presse contemporaine[21]. C'est dire de toute façon l'importance, dans la lecture des textes argumentatifs, de tout ce qui relève de l'énonciation (modalisations, concession, discours rapporté, système des pronoms personnels, etc.[22]).

ELOGE DE L'ARGENT

[Nous emprunterons un exemple de texte argumentatif au «log-book» que tient Robinson dans le roman de M. Tournier, *Vendredi ou les limbes du Pacifique* (1967. coll. Folio p. 61). Sa dimension évidemment paradoxale fait d'autant mieux ressortir les procédés],

Je mesure aujourd'hui la folie et la méchanceté de ceux qui calomnient cette institution divine : l'argent ! L'argent spiritualise tout ce qu'il touche en lui apportant une dimension à la fois rationnelle – mesurable – et universelle – puisqu'un bien monnayé devient virtuellement accessible à tous les hommes. La vénalité est une vertu cardinale. L'homme vénal sait faire taire ses instincts meurtriers et asociaux – sentiment de l'honneur, amour-propre, patriotisme, ambition politique, fanatisme religieux, racisme – pour ne laisser parler que sa propension à la coopération, son goût des échanges fructueux, son sens de la solidarité humaine. Il faut prendre à la lettre l'expression l'*âge d'or*, et je vois bien que l'humanité y parviendrait vite si elle n'était menée que par des hommes vénaux. Malheureusement ce sont presque toujours des hommes désintéressés qui font l'histoire, et alors le feu détruit tout, le sang coule à flots. Les gras marchands de Venise nous donnent l'exemple du bonheur fastueux que connaît un État mené par la seule loi du lucre, tandis que les loups efflanqués de l'Inquisition espagnole nous montrent de quelles infamies sont capables des hommes qui ont perdu le goût des biens matériels. Les Huns se seraient vite arrêtés dans leur déferlement s'ils avaient su profiter des richesses qu'ils avaient conquises. Alourdis par leurs acquisitions, ils se seraient établis pour mieux en jouir, et les choses auraient repris leurs cours naturel. Mais c'étaient des brutes désintéressées. Ils méprisaient l'or Et ils se ruaient en avant, brûlant tout sur leur passage.

MICHEL TOURNIER
Vendredi ou les limbes du Pacifique (1967)

Les deux thèses en présence sont ici clairement exprimées : d'abord la *thèse refusée*, formulée d'entrée et vigoureusement dépréciée («Je mesure aujourd'hui la folie et la méchanceté de ceux qui calomnient cette institution divine : l'argent!»), ensuite la *thèse proposée*, resserrée en une formule concise et catégorique : «La vénalité est une vertu cardinale».

---

21 - Voir p. 71. La façon dont est assumé ou au contraire escamoté ce dialogisme détermine, nous semble-t-il, des «modèles» différents à l'intérieur du type de texte argumentatif ; voir ci-dessous p. 41.
22 - Voir p. 51.

Le *circuit argumentatif* se développe en deux temps : un premier argument permet de passer de la thèse refusée à la thèse proposée en soulignant le caractère rationnel et universel de l'argent. Un second argument est rejeté après l'énoncé de la thèse proposée : l'argent est facteur de sociabilité ; formulé d'abord de façon générale, il est développé longuement par des *exemples* (marchands de Venise, inquisiteurs, Huns).

Des *jeux d'oppositions* mettent fortement en évidence la nature contradictoire du texte (par exemple le face à face des «gras marchands de Venise» et des «loups efflanqués de l'Inquisition espagnole»). Ils se lisent constamment dans le lexique, travaillé par des valorisations et dévalorisations qui retournent de façon provocante les valeurs habituellement reconnues ; certaines expressions ambiguës, comme «âge d'or» ou «échanges fructueux», sont le lieu privilégié de ce retournement : l'argumentation opère ici à travers une stratégie de la séduction linguistique.

Du type aux modèles

Nous avons jusqu'ici décrit, à un niveau très général, un «horizon d'attente» correspondant au type de texte argumentatif. Il reste à examiner comment les textes argumentatifs – au pluriel – réalisent ce type. Celui-ci, en tant qu'il réunit diverses caractéristiques, ouvre en effet un certain nombre de possibilités suivant que l'une ou l'autre de celles-ci, en général pour des raisons de stratégie argumentative, est mise en valeur. Ces possibilités peuvent se ramener, nous semble-t-il, à quelques «modèles» principaux.

Nous allons tenter d'en dégager les traits essentiels à partir de quelques textes pris parmi ceux qui ont été proposés à résumer et discuter aux candidats au baccalauréat 1988.[23]

Certains textes, sur lesquels nous ne nous attarderons pas ici, ne sont pas du tout argumentatifs mais *expositifs* : ils apportent des informations ou proposent des affirmations sans jamais engager une problématique globale. Leur organisation est souvent assez lâche et s'analyse en général assez facilement en termes d'articulation thème/propos[24], jouant par exemple d'une progression à thème constant qui permet de se contenter de juxtaposer des remarques.

---

23 - Epreuve anticipée de juin 1987 pour le baccalauréat 1988. Les textes proposés à résumer («premier sujet») devraient en principe être argumentatifs ; ce n'est pas toujours le cas et beaucoup d'entre eux sont en fait expositifs, ce qui en rend la discussion difficile (voir à ce sujet p. 155).

24 - Sur la progression thématique, voir B. Combettes, *Pour une grammaire textuelle*.

A l'intérieur même des textes que l'on peut considérer comme argumentatifs, toute une série de textes relève de ce que nous proposons d'appeler *argumentatif dilué*. Ce sont des textes décousus, constitués d'une suite de variations qui dans le meilleur des cas suggèrent un problème sans que les termes de celui-ci soient jamais clairement formulés. Il s'agit d'une écriture journalistique et éclatée, qui multiplie les éléments centrifuges (anecdotes, glissements vers un autre sujet justifiés par une analogie plus ou moins convaincante). La cohérence de ces textes est faible, souvent assurée seulement par la récurrence de surface d'un thème ou d'un mot (voir exemple 1). Ce modèle de texte reste en deçà d'une problématique, donc d'un dialogisme clairement constitué. Fréquents dans les médias, ces textes donnent l'illusion d'une réflexion qui, en fait, est seulement esquissée : ils sont très éloignés de ce que l'on demande aux élèves de produire dans la tradition scolaire[25].

Restent des textes[26] plus évidemment argumentatifs que nous qualifierons d'*argumentatifs construits*. Des thèses sont clairement constituées (ce qui ne veut pas forcément dire qu'elles sont toujours explicitement affirmées : la stratégie argumentative peut très bien amener à laisser l'une ou l'autre dans l'ombre), un processus d'argumentation va de l'une à l'autre. La façon dont ce processus d'argumentation est mené permet de distinguer trois tendances.

Textes à tendance démonstrative

Jouant de ce qui apparente démonstration et argumentation, le texte peut s'organiser selon une démarche démonstrative et logique. Les «connecteurs logiques» sont alors nombreux et l'on repère assez facilement des procédés de raisonnement connus : inductions et déductions, analogies et distinctions, progression dans le raisonnement aboutissant à la thèse proposée (exemple 2).

Textes à tendance expositive

D'autres textes, tout en proposant bien une thèse, choisissent une stratégie beaucoup plus neutre et tendent à s'organiser selon un modèle proche de celui des textes expositifs. Plus que les connecteurs logiques, c'est alors la progression de l'information qu'il sera utile d'analyser (exemple 3).

Textes à tendance dialogique

D'autres textes enfin (exemple 4) font passer au premier plan l'aspect dialogique de l'argumentation (ce qui leur donne souvent un caractère «polémique»). Autant la catégorie précédente tend à être «monogérée», pour reprendre un terme de J. P. Bronckart[27], autant celle-

---

25 - Voir p. 71 la description détaillée d'un texte relevant de ce modèle.

26 - Environ la moitié du corpus cette année-là.

27 - *Le fonctionnement des discours*, Delachaux et Niestlé 1985.

ci tend à être «polygérée» : il est essentiel d'y repérer et d'y suivre le développement des différentes voix et d'analyser soigneusement tous les procédés énonciatifs.

Au type de texte argumentatif correspondent donc diverses formes de réalisations textuelles qui ne sont pas seulement affaire de goût individuel mais qui sont liées à la fois à l'actualisation de telle ou telle virtualité du texte argumentatif (par exemple mettre l'accent sur le pôle pseudo-logique et démonstratif ou sur le pôle dialogique) et au contexte historico-socio-linguistique : on n'argumente pas de la même façon dans *Le Génie du Christianisme* et dans les médias contemporains.

Cette diversité oblige à varier les outils d'analyse utilisés : le modèle dialogique appelle une démarche attentive plus particulièrement au système d'énonciation, le modèle pseudo-expositif demande une étude de la progression de l'information, etc. Il faut donc se méfier de toute «grille de lecture» réductrice ; la consigne souvent donnée d'encadrer les connecteurs peut parfaitement être inopérante sur certains modèles textuels. Une éventuelle grille doit être assez souple pour combiner plusieurs entrées et permettre de privilégier l'une ou l'autre suivant les cas.

Le tableau suivant, d'où est exclu le type proprement expositif, résume ces distinctions :

Textes argumentatifs

	Argumentatif «Dilué»	Modèles argumentatifs plus construits		
	Modèle 1	Modèle 2 à tendance démonstrative	Modèle 3 à tendance expositive	Modèle 4 à tendance dialogique
Caractéristiques principales	Écriture éclatée, nombreuses digressions, cohérence de surface	Structuration et progression de type logique	Neutralité apparente, apport d'informations	Dialogue argumentatif des voix en présence (réfutation, concession, ironie...)
Outils d'analyse privilégiés		Procédés de raisonnement, connexions logiques	Progression de l'information (thèmes/propos)	Étude du système énonciatif

Exemple 1 (H. Reeves, *A quel prix la connaissance ?* – sujet proposé dans l'Académie d'Orléans-Tours aux séries F, G, H.)

Qui ne se souvient des expériences médicales du Dr Mengele sur les prisonniers des camps d'extermination de l'Allemagne hitlérienne ? A la fin de la guerre, personne n'a protesté, au nom de la connaissance médicale, contre l'arrêt de ces recherches. Aujourd'hui, l'expérimentation sur les animaux, dans les facultés de médecine, est sérieusement remise en cause par bon nombre de nos concitoyens.

Le goût d'explorer est une pulsion fondamentale, aussi bien chez l'être humain que chez le petit chat. Sa justification première est de l'ordre du pur plaisir de découvrir.

Jusqu'où peut-on aller au nom de la connaissance ? Peut-on la considérer comme un but en soi ? Comme une fin ultime, justifiant tous les moyens ? Sinon, où convient-il de mettre la barre ? Quels risques, quelles imprudences sont justifiés ?

La même interrogation se pose par rapport aux prouesses techniques. On appelle «folie technologique» la thèse, défendue par certains scientifiques, selon laquelle tout ce qui *peut* être fait *doit* être fait.

La question est tout à fait à l'ordre du jour dans le domaine des *manipulations génétiques.* Sur les implications à long terme, sur les risques de jouer à l'apprenti sorcier avec les gènes humains, certains se contentent du commentaire traditionnel : «Si vous ne le faites pas, quelqu'un d'autre le fera.»

Le problème n'est pas nouveau. Lucrèce en parle à propos des animaux féroces dressés pour la guerre. Les stratèges de l'armée carthaginoise avaient imaginé de lancer dans la bataille des taureaux ou des éléphants furieux bardés de ferrailles tranchantes. Mais, surprise ô combien désagréable, dans le feu de l'action, les bêtes affolées confondent allègrement amis et ennemis. On a mis rapidement fin à cette «folie technologique». De la même façon, et pour des raisons analogues, on a arrêté l'utilisation des gaz assez tôt pendant la guerre de 1914.

Il existe aujourd'hui entre les grandes puissances de la planète un «moratoire» sur le développement des armes bactériologiques. Les représentants de ces nations ont mis au point et signé un traité où chacun s'engage à interrompre définitivement toutes recherches visant à étudier et à perfectionner ces armes redoutables.

Ces traités sont-ils respectés ? En gros, oui, même s'il y a des infractions. Là encore, il y va de l'intérêt mutuel de tous les participants. Pas plus que les éléphants carthaginois, les virus ne sauraient distinguer les «bons» et les «méchants».

Ces exemples donnent une première limite à la folie technologique : la survie de l'expérimentateur en tant qu'espèce. Cette dimension du problème est nouvelle.

La possibilité pour l'humanité de s'exterminer elle-même, inexistante jusqu'à très récemment, est un des (rares) effets positifs de la puissance des moyens de destruction. Le technicien le plus téméraire est acculé à réfléchir. L'éthique est entrée *de force* dans le domaine aseptisé de la recherche scientifique.

L'exploration, pour le petit chat, n'est que bénéfice. La connaissance du territoire est un avantage précieux pour la conduite de sa vie. Vis-à-vis de la science, l'homme, aujourd'hui, se trouve dans une position beaucoup plus ambiguë.

Ce texte constitue un bon exemple d'«argumentatif dilué»; on notera son caractère éclaté (manifeste jusque dans la présentation typographique) et la difficulté de constituer des thèses (on saute d'une question à l'autre par association d'idées avant que la réflexion ne prenne son essor). La cohérence du texte est superficielle ; seules la référence insistante au temps présent («aujourd'hui», «à l'ordre du jour»...), supposée manifester l'actualité de la réflexion, et la répétition de motifs de surface (noter la récurrence d'allusions qui mêlent les petits chats et les éléphants d'Hannibal) lui donnent un semblant d'unité.

Exemple 2 (Chateaubriand, *Les mathématiques* – sujet proposé dans l'académie d'Aix-Marseille, séries A, B, C, D, E).

Les esprits géométriques sont souvent faux dans le train ordinaire de la vie ; mais cela vient même de leur extrême justesse. Ils veulent trouver partout des vérités absolues, tandis qu'en morale et en politique les vérités sont relatives. Il est rigoureusement vrai que deux et deux font quatre ; mais il n'est pas de la même évidence qu'une bonne loi à Athènes soit une bonne loi à Paris. Il est de fait que la liberté est une chose excellente : d'après cela, faut-il verser des torrents de sang pour l'établir chez un peuple, en tel degré que ce peuple ne la comporte pas ?

En mathématiques on ne doit regarder que le principe, en morale que la conséquence. L'une est une vérité simple, l'autre une vérité complexe. D'ailleurs, rien ne dérange le compas du géomètre, et tout dérange le cœur du philosophe. Quand l'instrument du second sera aussi sûr que celui du premier, nous pourrons espérer de connaître le fond des choses : jusque-là il faut compter sur des erreurs. Celui qui voudrait porter la rigidité géométrique dans les rapports sociaux deviendrait le plus stupide ou le plus méchant des hommes.

Les mathématiques, d'ailleurs, loin de prouver l'étendue de l'esprit dans la plupart des hommes qui les emploient, doivent être considérées, au contraire, comme l'appui de leur faiblesse, comme le supplément de leur insuffisante capacité, comme une méthode d'abréviation propre à classer des résultats dans une tête incapable d'y arriver d'elle-même. Elles ne sont en effet que des signes généraux d'idées qui nous épargnent la peine d'en avoir, des étiquettes numériques d'un trésor que l'on n'a pas compté, des instruments avec lesquels on opère, et non les choses sur lesquelles on agit. Supposons qu'une pensée soit représentée par A et une autre par B : quelle prodigieuse différence n'y aurait-il pas entre l'homme qui développera ces deux pensées, dans leurs divers rapports moraux, politiques et religieux, et l'homme qui, la plume à la main, multipliera patiemment son A et son B en trouvant des combinaisons curieuses, mais sans avoir autre chose devant l'esprit que les propriétés de deux lettres stériles ?

Mais si, exclusivement à toute autre science, vous endoctrinez un enfant dans cette science qui donne peu d'idées, vous courez les risques de tarir la source des idées mêmes de cet enfant, de gâter le plus beau naturel, d'éteindre l'imagination la plus féconde, de rétrécir l'entendement le plus vaste. Vous remplissez cette jeune tête d'un fracas de nombres et de figures qui ne lui représentent rien du tout ; vous l'accoutumez à se satisfaire d'une somme donnée, à ne marcher qu'à l'aide d'une théorie, à ne faire jamais usage de ses forces, à soulager sa mémoire et sa pensée par des opérations artificielles, à ne connaître, et finalement à n'aimer que ces principes rigoureux et ces vérités absolues qui bouleversent la société.

On a dit que les mathématiques servent à rectifier dans la jeunesse les erreurs du raisonnement. Mais on a répondu très ingénieusement et très solidement à la fois, que pour classer des idées, il fallait premièrement en avoir ; que prétendre arranger l'*entendement* d'un enfant, c'était vouloir arranger une chambre vide. Donnez-lui d'abord des notions claires de ses devoirs moraux et religieux ; enseignez-lui les lettres humaines et divines : ensuite, quand vous aurez donné les soins nécessaires à l'éducation du cœur de votre élève, quand son cerveau sera suffisamment rempli d'objets de comparaison et de principes certains, mettez-y de l'ordre, si vous le voulez, avec la géométrie.

En outre, est-il bien vrai que l'étude des mathématiques soit si nécessaire dans la vie ? S'il faut des magistrats, des ministres, des classes civiles et religieuses, que font à leur état les propriétés d'un cercle ou d'un triangle ? On ne veut plus, dit-on, que des choses positives. Hé, grand Dieu ! qu'y a-t-il de moins positif que les sciences dont les systèmes changent plusieurs fois par siècle ?

Ce texte dirigé contre les mathématiques constitue pourtant un bel hommage indirect à l'esprit de géométrie ! Extrait du *Génie du christianisme,* il participe d'une stratégie d'ensemble : pour mieux établir les droits de la religion, il s'agit de contester les prétentions de la science à parvenir à la vérité. L'habileté de Chateaubriand consiste à mener la critique des mathématiques au nom même des principes dont elles se réclament: les esprits géométriques sont «faux» à bien des égards, dit le début du texte, et la fin conteste le caractère «positif» des sciences. Mais c'est aussi la démarche de la démonstration qui est ici reprise: en témoignent les nombreuses articulations logiques et l'organisation du texte en une série de réfutations ou de distinctions/définitions. Cette stratégie va, dans le troisième paragraphe, jusqu'à reprendre le procédé mathématique qui consiste à remplacer par des lettres (A et B) les termes du raisonnement. Une fois cette pseudo-démonstration assurée, la fin du texte peut devenir plus nettement polémique.

Exemple 3 (J. Cazeneuve, *Bonheur et civilisation*, sujet proposé dans les académies de Paris, Versailles, Créteil, séries A, B, C, D, E).

On pourrait ici reprendre la classique distinction établie par Riesman entre trois étapes successives dans l'évolution générale des civilisations. Jusqu'à une époque relativement récente, c'est-à-dire surtout dans les sociétés archaïques antiques et médiévales marquées par une économie de pénurie où l'instinct grégaire et celui de la survie régnaient par nécessité, c'était la tradition qui façonnait l'idéal des individus. Chacun d'eux avait sa place dans le groupe comme l'abeille dans sa ruche, avec sa fonction, son but et, en vérité, il n'avait pas à se poser de problèmes. C'est ce même type de vie collective que Bergson a bien décrite sous le nom de «société close». Dans ce contexte, on n'avait guère à se demander en quoi consistait le bonheur, ou bien si l'on avait le loisir d'y réfléchir, on ne songeait qu'à une sagesse valable pour tous et finalement à une sorte de félicité liée à l'accomplissement de la fonction sociale ou, à la rigueur, humaine telle que la voulait la société.

La seconde phase, selon Riesman, commence à l'époque de la Renaissance, et c'est elle qui se prolonge encore dans la plupart de nos pays, sauf dans ceux où, comme c'est le cas dans les régions les plus hautement industrialisées des États-Unis, la civilisation de masse fait déjà poindre la troisième étape de l'évolution. La différence entre cette seconde forme de civilisation et la première, c'est que l'économie de pénurie y est peu à peu surmontée, en même temps que la population s'accroît. Le poids de la tradition, que justifiaient l'immobilisme du groupe et sa lutte collective pour la survie, est peu à peu rejeté, et quand on entrevoit le règne de l'abondance et de l'expansion, chacun se lance pour soi-même dans l'aventure de la vie. Bref, c'est le triomphe de l'individualisme, que le XVIIIe siècle érigera en doctrine. On comprend que les théories du bonheur y aient fleuri, aussi diverses que prometteuses. Il n'y a plus de règles rigides, plus de ligne de conduite assignée à chacun, de génération en génération, mais seulement des orientations générales données par la famille et qui laissent une bonne marge d'action pour que l'intérêt de chacun s'accommode de celui des autres ; il n'y a plus une collectivité, mais des personnes qui ont à se forger leur propre impératif, leur but et leurs moyens, et à se faire leur place selon leur talent, leur ambition et leur chance (...).

Mais voici que commence la troisième forme de la société humaine, celle qui est au-delà du traditionalisme et de l'individualisme, celle de la masse. Dans les nations hautement industrialisées, plus particulièrement dans les très grandes villes, surtout dans le Nouveau Monde et déjà partiellement chez nous, on en voit se dessiner les traits principaux, et c'est en tout cas, si l'on en croit Riesman, vers ce type de société que nous sommes en marche. L'homme ne sera plus formé par une éducation rituelle stéréotypée comme il l'était dans les sociétés archaïques semblables à la ruche ou à la fourmilière ; il ne sera plus fortifié dans son individualité par une imprégnation familiale comme il l'était dans les sociétés des siècles derniers. Il sera une sorte de robot pensant, soumis à l'action des moyens de communication, à la télévision, à la publicité. Son caractère sera façonné non dans le foyer de ses parents mais dans le milieu social, celui des gens de même âge, de même profession. Modelé sans le savoir par une collectivité apparemment débonnaire, il sera autant que possible semblable à ses voisins, efficace et sociable comme il se doit, et n'aura guère d'autre vocation que de se perdre dans la foule. Son idéal sera d'être intégré dans le monde moderne, d'y acquérir le confort et d'étendre ses relations. Même dans ses loisirs, il renoncera à sa personnalité et «suivra le mouvement». Bref, la formule de l'homme heureux de demain, ce sera le conformisme. La personnalité de base, c'est-à-dire l'empreinte culturelle, est donc en train de redevenir aussi forte qu'elle l'était dans les sociétés archaïques, mais d'une tout autre manière. L'individu, en effet, n'est plus transcendé par le groupe, il n'est pas plus soutenu par le mécanisme des traditions et pas plus arraché à sa solitude qu'il ne l'était dans la phase individualiste ; mais en même temps, il n'a plus vraiment son libre arbitre ni surtout son originalité. Il n'est ni un élément d'une totalité organisée ni un centre de décision personnelle, mais le reflet indéfiniment répété d'un être social anonyme.

Le texte a bien une dimension argumentative, qui apparaît dans le troisième paragraphe où il s'agit de dessiner les traits de la société à venir et d'établir que «la formule de l'homme heureux de demain, ce sera le conformisme». Mais cette thèse n'est présentée qu'au terme d'un exposé qui reproduit la démarche informative du discours savant (références érudites, développements historico-sociologiques, etc.). L'argumentation s'abrite ainsi derrière l'exposition, ce qui relève bien sûr d'une stratégie d'autorité.

Exemple 4 (B. de Jouvenel, *Du Pouvoir*, sujet proposé dans l'académie de Toulouse, séries A, B, C, D, E. Le texte étant rendu assez hétérogène par une coupure, nous n'en citons que la première partie).

C'est sur la confiance que repose toute l'existence de l'homme social. L'inconnu que nous rencontrons n'est pas une menace pour notre personne ou nos biens. Nous voyons en lui, au contraire, un des innombrables anonymes coopérateurs qui nous assurent la satisfaction quotidienne de besoins multipliés graduellement au cours des âges.

Nous n'escomptons pas seulement son abstention, comme lorsque nous laissons des objets de prix à la discrétion d'un voisin d'occasion ; mais encore son actif concours à notre bien-être, comme lorsque nous nous reposons sur la diligence d'une foule d'agents pour faire parvenir un message à destination et pour nous procurer à chaque instant ce qui nous est nécessaire.

Notre sûreté est faite de l'admirable régularité avec laquelle nous sont rendus tant de services, par un nombre incalculable de co-sociétaires qui pourtant nous ignorent et que nous ignorons. Parmi lesquels nous-mêmes jouons notre rôle qui doit son efficacité et sa valeur au concert de tous les autres.

L'esprit n'est que trop enclin à l'acceptation passive de cette harmonie, mais, dès qu'il la médite, s'en étonne, l'admire, et reconnaît qu' «Un pour Tous, Tous pour Un» n'est pas la devise d'une vaine utopie mais la formule de la société existante.

C'est évidemment une vue superficielle et fausse de se représenter la masse des administrés, des usagers, des consommateurs, servie par des «organes» comme la police, les chemins de fer, le commerce, car ces «organes» ne sont à la vérité que des fonctions assurées par des membres de cette masse. De sorte qu'on doit plutôt envisager l'ordre social comme une merveilleuse composition de millions de trajectoires individuelles. Les fonctions sont régulièrement remplies par les agents, et les usagers régulièrement servis, au prix d'une merveilleuse adhérence de chaque atome social à sa trajectoire propre, d'une merveilleuse fidélité à son comportement propre, dans son double rôle d'agent et d'usager.

Qu'un aiguilleur se départisse une heure de sa conduite normale, quelle catastrophe ! Or son cas n'est pas exceptionnel mais seulement l'un des plus éclatants. Chaque dérèglement particulier cause une perturbation et la machine ne saurait fonctionner qu'autant que les conduites aberrantes ne passent point la marge minime qu'elle est capable d'amortir sans trouble apparent. Un dérèglement général causerait la fin de notre espèce dont chaque unité est incapable de subvenir à ses besoins. Nous en avons tous tellement conscience qu'en présence même des causes perturbatrices les plus colossales nous renouons instinctivement et immédiatement les fils que le bombardement ou l'insurrection ont rompus.

Mais comment donc s'est faite la division des fonctions, comment les hommes ont-ils été classés entre elles, et comment s'est réalisé leur nécessaire ajustement ? [...]

L'affrontement de deux thèses se manifeste nettement ici à plusieurs niveaux. Le texte revient à plusieurs reprises, de façon insistante, sur leur opposition («L'inconnu que nous rencontrons n'est pas une menace… nous voyons en lui, au contraire…» ; «*Un pour Tous, Tous pour Un* n'est pas la devise d'une vaine utopie mais la formule de la société existante»). L'accentuation de ce caractère dialogique donne vite au texte un aspect polémique («C'est évidemment une vue superficielle et fausse… on doit plutôt envisager l'ordre social…»). Plus superficiellement, le caractère dialogique se marque aussi dans tout ce qui rapproche le texte d'un échange oral (exclamation, interrogation rhétorique...).

Type et séquence

Nous empruntons le terme de «séquence» à J. M. Adam qui dans un article intitulé «Types de séquences textuelles élémentaires»[28] rappelle l'ambition de M. Bakhtine de fonder une «syntaxe des grandes masses verbales» et, citant des textes comme la fable ou le poème en prose, qui apparaissent comme typologiquement impurs, propose de situer cette syntaxe des grandes masses verbales non au niveau du texte, trop complexe et hétérogène, mais au niveau de la *séquence*.

Nous ne croyons pas qu'il faille pour autant «abandonner toute idée de typologie des textes». Mais si la notion de type de texte correspond à un horizon d'attente virtuel, il est vrai que les réalisations textuelles paraissent souvent plus complexes.[29]

Il est fréquent en effet qu'un texte associe des passages relevant de types différents, et qui justifient pleinement l'emploi du terme de séquence. Cette association peut se faire de plusieurs façons.

Elle peut fonctionner sur le mode de l'*enchâssement* : l'utilisation de l'exemple est une occasion classique d'insertion d'une micro-séquence narrative dans une argumentation, et l'on sait que dans la rhétorique classique la narration est un élément canonique de la disposition (de même que la description fait partie des «topoi» [30]). Les fables de La Fontaine donnent de nombreux exemples de combinaison de ces diverses séquences[31].

Elle peut aussi conjuguer par *succession* deux types séquentiels. Un poème en prose de Baudelaire comme le célèbre *Joujou du pauvre* montre comment, entre une première séquence argumentative (qui relève linguistiquement du système du discours) et une seconde séquence narrative et descriptive (qui semble relever plutôt du système du récit), peuvent se tisser des jeux d'échos qui amènent le lecteur à s'interroger, en un deuxième temps, sur le statut et le sens de l'ensemble du texte. L'hétérogénéité séquentielle, ici, renvoie à cette tension et à ce dualisme fondamental qu'exprime le titre même – oxymoronique, comme l'a souligné T. Todorov[32] – des *Poèmes en prose* et rejoint le caractère dichotomique de l'imaginaire baudelairien, partagé entre spleen et idéal.

---

28 - Paru dans *Pratiques* n° 56, décembre1987 ; cf. p. 35 note 10.

29 - Une des réponses à cette complexité consiste à décrire des types de séquences supplémentaires ; c'est ainsi que J. M. Adam ajoute au cinq types proposés par Werlich une séquentialité dialogale-conversationnelle et une séquentialité poétique-autotélique ; on aboutit ainsi à un système à sept types de séquences fondamentales. Cet élargissement peut sembler discutable, notamment dans le cas du «poétique-autotélique» qui correspond peut-être plus à une fonction, au sens jakobsonien, qu'à un type de texte (ou de séquence).

30 - Voir p. 144.

31 - J. M.Adam (art.cit.) analyse en ce sens *Le loup et l'agneau.*

32 - *Les genres du discours,* Seuil 1978, pp. 116-124.

UN EXEMPLE DE COMPLEXITÉ SÉQUENTIELLE

L'esprit de compétition est probablement ce qui a le plus entravé la marche de la pensée occidentale. Pourquoi vouloir faire *mieux* ? A la limite, ne serait-ce pas tout aussi intéressant de vouloir faire *pire* ? Pourquoi ce respect de la nouveauté, pourquoi ce goût d'ajouter sa bûche au foyer ? S'il y a eu une vérité première dans le monde, il y a longtemps qu'elle doit être enfouie sous l'agglomération de détritus, rebuts, ordures, laissés pour compte, résidus, scories, exégèses, commentaires, fatras, mots, mots. On a fait tant et si bien qu'aujourd'hui le travail n'est plus de comprendre, ou d'apprendre, mais de se dépouiller, de renoncer, de démêler. Depuis des siècles l'obscurité s'est appesantie sur le monde. Où est Dieu ? Sous quel amas d'intelligence et de civilisation humaines se cache-t-il ? Où est la vie ? Comme si la vérité était le résultat d'une addition ! Combien de générations de philosophes, de mathématiciens, de littérateurs, de poètes, de théologiens, il va nous falloir tuer ! Combien de systèmes et de raisons faudra-t-il immoler pour comprendre seulement ce problème :

> Un petit garçon jette des cailloux, à la plage, sur le manche en fer d'un parasol. De temps en temps, il vise juste, et un caillou frappe le métal en résonnant. Quand le jeu sera terminé pourra-t-on considérer qu'il y avait un rythme dans les jets de cailloux ? Qu'un caillou sur douze, par exemple, devait toucher la cible ? Ou bien faut-il seulement dire : «C'était. Puis c'est fini» ?

J. M. G. LE CLÉZIO
L'extase matérielle (1967)

Ce texte forme un ensemble ; encadré par des blancs, il se laisse découper sans trop d'arbitraire. Mais, selon un procédé familier à Le Clézio, la typographie même signale l'hétérogénéité des deux parties : la justification plus étroite marque un resserrement sur l'essentiel (qui est aussi en général le plus profondément enfoui : voir les effets obtenus par le même procédé dans *Désert* ou *Onitsha*). A l'abondance verbale de la première partie, qui rend compte par l'accumulation de «l'agglomération de détritus, rebuts, ordures....», s'oppose le dépouillement de la seconde.

Mais cette opposition se construit aussi sur la différence de nature typologique des deux séquences ; l'insistance même avec laquelle Le Clézio conteste les préoccupations génériques («Des poèmes, des récits, pour quoi faire ? L'écriture, il ne reste plus que l'écriture, l'écriture seule...» écrit-il au début de *La Fièvre*) est bien sûr signifiante. La première séquence est *argumentative*. Elle débute par l'expression d'une «thèse» et amorce un processus d'argumentation. Mais celui-ci se défait peu à peu au fur et à mesure qu'il mène à l'évidence de la vanité de l'intelligence et le raisonnement logique éclate en questions et s'épuise en énumérations : «Combien de générations de philosophes, de mathématiciens, de littérateurs, de poètes, de théologiens, il va nous falloir tuer !»

Il reste alors à renoncer à comprendre pour se contenter de dire ce qui est. La seconde séquence *raconte* une histoire d'une simplicité apparemment dérisoire, mais qui doit faire comprendre que le réel ne fait pas problème : il suffit de le constater ; le langage retrouve alors sa densité en une formule chère à Le Clézio : «c'était ainsi..»

Reste que l'agencement même des deux séquences, bien sûr, constitue une argumentation au second degré.

Chapitre III

Lire les textes argumentatifs

Les caractéristiques générales des textes argumentatifs, telles que nous les avons décrites dans le chapitre précédent, définissent un horizon d'attente. Elles suggèrent aussi des axes privilégiés pour une lecture méthodique de ces textes. Nous proposerons donc de rechercher systématiquement un certain nombre d'indices textuels dont l'analyse et le rapprochement permettront d'étayer les hypothèses initiales d'interprétation. Nous classerons ces indices en trois domaines principaux : indices d'énonciation, indices d'organisation, indices lexicaux[1].

UNE GRILLE DE LECTURE

Les indices d'énonciation

Par définition, le texte argumentatif suppose une forte implication de l'argumentateur – même si celle-ci peut, selon la stratégie argumentative retenue, être plus ou moins manifeste. Il est d'autre part, on l'a vu, un lieu par excellence de la «polyphonie». L'observation du système énonciatif sera donc un outil d'analyse privilégié.

La position de l'argumentateur par rapport à l'énoncé se lit, au niveau du langage, dans ces traits de subjectivité dont on trouvera l'étude approfondie et le classement dans l'ouvrage consacré par C. Kerbrat-Orecchioni à *L'Enonciation.*

Une première série de traits est constituée par les *déictiques*, c'est-à-dire les termes qui articulent l'énoncé sur la réalité extra-linguistique en faisant référence à la situation de communication (pronoms personnels de la première et deuxième personne, système des

1 - Cette approche doit beaucoup à la didactique du français langue étrangère ; voir bibliographie.

temps, marques de localisation temporelle du type *ici* et *maintenant,* qui demandent à être interprétés par rapport à celui qui parle). Il s'agit là, selon la distinction de Benveniste, des caractéristiques du discours, par opposition au système du récit. On sera particulièrement attentif, dans les textes argumentatifs, à la façon dont sont désignés les différents pôles de l'argumentation (tenant de la thèse proposée, tenant(s) de la thèse refusée, voire tiers en position d'arbitre)[2] ; c'est souvent là l'occasion, nous en verrons des exemples, de stratégies subtiles.

Une deuxième catégorie de traits est constituée par les *modalisateurs,* c'est-à-dire les «procédés signifiants qui signalent le degré d'adhésion (forte ou mitigée/ incertitude/rejet) du sujet d'énonciation aux contenus énoncés»[3].

Ces procédés sont très divers : utilisation d'adverbes (évidemment, certainement, incontestablement, peut-être...) ou de périphrases équivalentes, expressions introductives du type «il est certain que», «peut-être faut-il considérer que»..., utilisation de guillemets pour mettre à distance un énoncé ou au contraire d'italiques pour le mettre en valeur [4], emploi du conditionnel («Le chef de l'État aurait dit...»), etc.

La présence de l'argumentateur se manifeste enfin dans l'utilisation de tous les termes subjectifs, quelle que soit leur catégorie grammaticale : adjectifs, substantifs, verbes, adverbes[5]. Ce sont les termes par lesquels l'argumentateur manifeste sa réaction par rapport à ce dont il est question (termes «affectifs») ou évalue sur le plan qualitatif ou quantitatif ce dont il est question («évaluatifs»). Selon que cette évaluation s'accompagne ou non d'un jugement de valeur, C. Kerbrat-Orecchioni parle d'évaluatifs axiologiques ou d'évaluatifs non-axiologiques.

---

2 - Voir p. 12 et p. 38.

3 - C. Kerbrat-Orecchioni, op.cit., p. 118.

4 - Voir à ce sujet A. Compagnon, *La seconde main ou le travail de la citation* (Seuil 1979) : «L'usage paraît distinguer les guillemets de l'italique (...) quant à l'écart qu'ils signifient dans l'énonciation. Aux guillemets, on attribue l'endoxal, ce dont le sujet se désiste parce que c'est trop bête. A l'italique, le paradoxal, une insistance ou une surenchère de l'auteur, une revendication de l'énonciation.» (p. 41).

5 - On prendra aussi éventuellement en compte les connotations. C. Kerbrat-Orecchioni donne un exemple qui permet de bien voir la place des «subjectivèmes» par rapport aux références déictiques. Il s'agit d'un manuel de géographie pour le cours élémentaire qui intitule un chapitre «Notre douce France» : «La formule est doublement marquée subjectivement :
- par l'usage du déictique, qui implique que c'est un énonciateur français qui s'adresse à des petits Français (le contexte indiquant qu'il s'agit d'un «nous» inclusif) ;
- par l'utilisation de l'adjectif affectivo-axiologique «doux», qui énonce un jugement de valeur, et un engagement émotionnel du locuteur vis-à-vis de l'objet dénoté.» (op. cit. p.71).

S'agissant des adjectifs, elle résume ce classement dans le tableau suivant[6] :

Adjectifs

objectifs	subjectifs		
Ex.: *célibataire/marié*	affectifs	évaluatifs	
adjectifs de couleur			
mâle/femelle	*poignant*	non axiologiques	axiologiques
	drôle		
	pathétique		
		grand	*bon*
		loin	*beau*
		chaud	*bien*
		nombreux	

Enfin la subjectivité de l'énonciateur se marque dans la façon de *sélectionner* et de *hiérarchiser* les informations ; nous y reviendrons à propos des indices d'organisation et de l'étude du circuit argumentatif.

Dans le texte argumentatif, on aura à examiner aussi bien les énoncés assumés comme les siens par l'argumentateur que la façon dont il présente la «voix» d'autrui : depuis les propos rapportés au discours direct jusqu'aux procédés les plus discrets de polyphonie énonciative[7], toute une gamme de procédés permet de marquer l'adhésion ou la distance par rapport à une assertion, soit en affichant explicitement l'hétérogénéité des thèses en présence, soit au contraire en escamotant cette hétérogénéité par des effets de brouillage énonciatif[8]. Cela peut déboucher sur des organisations textuelles diverses : va-et-vient incessant d'une thèse à l'autre dans l'affrontement polémique, subordination de la voix de l'autre à celle de l'argumentateur par le jeu de la concession, exposé apparemment neutre des deux thèses en présence avant un dépassement ultérieur, etc. L'analyse des indices énonciatifs met alors sur la piste du fonctionnement global du texte, et l'on passe du niveau de l'observation linguistique à celui de la rhétorique.

---

6 - *L'énonciation* p. 84.
7 - Voir p. 24.
8 - Voir des exemples p. 76.

LE DISCOURS RAPPORTÉ

Le discours rapporté constitue l'un des domaines où une réflexion sur l'énonciation incite à passer de l'approche syntaxique traditionnelle à une analyse qui relèvera plutôt de la grammaire textuelle et qui prendra en compte la spécificité du texte argumentatif [9].

Les exercices classiques de manipulation de phrases, visant à passer du discours direct au discours indirect ou vice versa, sont en effet très artificiels et n'ont guère de sens en dehors des exemples de grammaire.

On peut à la rigueur s'entraîner à rapporter des propos de Jean adressés à Bérénice («Je t'aime») sous la forme «Jean dit à Bérénice qu'il l'aime» (mais aussi «Jean affirme, prétend, etc.»). Il est beaucoup plus hasardeux de chercher à remonter d'un énoncé au discours indirect à un énoncé «direct» tout à fait hypothétique. Dans un texte, qu'est-ce qui nous prouve que «Jean a dit à Bérénice qu'il l'aimait» rend bien compte d'un «je t'aime» et non pas de propos longuement et tendrement développés par Jean, mais impatiemment résumés par le narrateur ? On rejoint alors la problématique du «récit de paroles», dont le discours indirect, en tant que simple transposition syntaxique de propos authentiquement tenus, n'est qu'un cas (très) particulier.

Quant au discours indirect libre, il permet des effets de brouillage énonciatif qui doivent, pour être appréciés correctement, être rapportés à la stratégie d'ensemble du texte. On sait le rôle qu'il joue dans l'écriture de romanciers réalistes comme Zola, pour articuler souplement et sans hiatus trop marqué le discours des personnages et celui du narrateur. Dans les textes argumentatifs, il permet notamment à l'argumentateur de mentionner les arguments des tenants de la thèse refusée sans les constituer en discours autonome et en point de vue explicitement affirmé. Sans perdre la maîtrise du discours, l'argumentateur se donne l'élégance d'envisager discrètement le point de vue de l'autre, pour mieux le rejeter par la suite. Ainsi dans l'exemple suivant, où l'on passe très souplement du discours indirect (en fait une «idée rapportée») au discours indirect libre :

«Le monde actuel est complexe, changeant. L'idée du législateur semble être qu'il faut donc faire à ces complexités et à ces changements la plus grande place possible, afin d'y habituer les jeunes en leur en enseignant les données : les données sociales, en premier lieu, évidemment, et aussi les données politiques, techniques, en bref l'actualité. *Cela leur plaira plus, les intéressera plus, dans la mesure où l'enseignement rejoindra la presse, la télévision, les débats de la table familiale ou du groupe syndical. Ils ne seront pas désorientés, parce qu'ils seront immédiatement insérés, jetés dans le bain .»* (J. de Romilly, *L'enseignement en détresse).*

---

9 - Voir par exemple D. Maingueneau, *Approche de l'énonciation en linguistique française.*

De tels passages sont souvent source de contresens (d'autant qu'ils rejoignent une doxa largement répandue), le risque étant de croire que l'argumentateur assume la responsabilité des propos ainsi rapportés au discours indirect libre, alors qu'il ne les prend en compte que le temps de manifester sa capacité à envisager – fût-ce ironiquement – le point de vue d'autrui. Seule une lecture d'ensemble du texte, attentive à identifier les voix et les thèses en présence, peut éviter le malentendu.

Une lecture attentive au système énonciatif du texte argumentatif devra donc apprécier les *choix tactiques* de l'argumentateur :

– présenter au discours direct la voix de l'autre, ce qui n'implique nullement une fidélité littérale mais seulement la volonté de délimiter nettement les thèses opposées et d'afficher l'hétérogénéité du discours adverse, ou au contraire incorporer la voix de l'autre dans son propre discours (discours indirect ou indirect libre), avec tous les effets de brouillage qui deviennent alors possibles ;

– introduire de telle ou telle manière les propos rapportés, en prenant plus ou moins ses distances. On pourra notamment comparer les effets obtenus par différents verbes introducteurs (affirmer, prétendre, suggérer, démontrer que ; etc.).

– résumer, déformer, caricaturer plus ou moins le discours supposé de l'autre[10].

Les indices d'organisation

Compte tenu des caractéristiques générales du texte argumentatif, on recherchera tout ce qui peut aider à identifier la présentation des thèses et l'agencement des arguments.

A un niveau relativement extérieur, il s'agira de la *disposition typographique* du texte (voire des intertitres), lorsqu'elle est signifiante, ce qui n'est pas toujours le cas, dans l'écriture de presse notamment où elle n'est pas forcément voulue par l'auteur.

Dans les textes proches du système de l'exposition, la *progression thématique* joue souvent un rôle important (progression à thème constant, progression à thème éclaté permettant de décomposer une assertion initiale, voire progression linéaire[11]). Lorsque l'argumentation suit de plus près le modèle de la démonstration, les *connecteurs argumentatifs* (ou «logiques») soulignent cette volonté de rigueur. Il peut s'agir de conjonctions ou d'adverbes indiquant une relation logique, mais aussi de toutes les expressions à valeur équivalente («ceci montre que, il en découle que...») qui induisent des «orientations argumentatives»[12].

---

10 - Voir des exemples de ces procédés dans le texte étudié p. 71.

11 - Voir B. Combettes, *Pour une grammaire textuelle.*

12 - Voir p. 19.

Les connecteurs argumentatifs expriment en général des relations de type logique (déduction/induction, inclusion/exclusion, cause/conséquence, rapprochement/opposition...). Mais leur interprétation est souvent plus délicate qu'il ne semble, d'une part parce qu'ils ne font souvent qu'imiter les procédures logiques (en laissant notamment des éléments au niveau implicite), d'autre part parce que la nature des éléments articulés est souvent imprécise (la relation concerne-t-elle l'énoncé ou l'énonciation ? quels sont exactement les segments articulés ?[13]).

A un niveau plus rhétorique, se rattachent aux indices d'organisation, au moins dans les textes les plus classiques, les *formules d'introduction,* de *transition* ou de *conclusion.*

Les indices lexicaux

L'opposition des points de vue en présence se marque aussi, dans les textes argumentatifs, au niveau du lexique ; souvent en effet des oppositions de termes, isolés ou en série, correspondent aux thèses en conflit.

Un premier cas très fréquent est celui de l'opposition de termes relevant de *champs lexicaux* contradictoires[14]. Un procédé constant de l'argumentation est en effet de référer les thèses en présence à des systèmes de valeurs qui eux-mêmes opposent deux pôles, dont l'un se trouve valorisé et l'autre dévalorisé (hiérarchie d'ailleurs souvent réversible suivant les sociétés et les époques).

Ainsi le couple passé/avenir revient très souvent en argumentation, mais une époque conservatrice valorisera la fidélité au passé, et donc les thèses qui lui seront associées, alors qu'une époque de croyance au progrès inversera le procédé. Il en va de même pour des oppositions classiques comme celle de la réalité et de l'apparence (le prestige de la science amenant par exemple à valoriser la construction rationnelle aux dépens de l'évidence immédiate), ou celle de la nature et de la culture, de l'individu et de la collectivité… autant de couples de valeurs cherchant à se situer du côté positif des dichotomies fondamentales : vrai/faux, bien/mal, beau/laid, juste/injuste.[15]

Un texte argumentatif procèdera donc très souvent en associant à la thèse proposée des termes comme ceux d'examen attentif, d'observation rigoureuse, de preuve statistique, et en liant au contraire à la thèse refusée tout ce qui relève de l'illusion, de l'impression, du (faux) semblant... : cela permettra, par exemple à la fin du texte, de revendiquer pour soi la vérité contre l'erreur (de l'autre).

---

13 - Voir p. 20. On trouvera des exemples d'exercices sur tous ces points dans la pochette réalisée par C. Plantin, *Argumenter,* CNDP 1989.

14 - Nous reviendrons p. 84 sur cette notion de champ lexical, notamment pour la distinguer de celle de réseau sémantique.

15 - Voir par exemple à ce sujet Ch. Perelman, *L'Empire rhétorique*, chap. III.

Ces couples de valeurs opposées ne sont pas en nombre illimité, au moins dans une culture donnée. On pourrait donc ici imaginer un entraînement des élèves qui ne soit pas seulement d'ordre linguistique, mais qui, se plaçant sur un plan plus philosophique, développe un recul critique par rapport aux valeurs au nom desquelles on argumente, et qu'on laisse souvent implicites parce qu'on les tient pour évidentes (ou parce qu'on veut les présenter comme allant de soi...).

Si les champs lexicaux sont en quelque sorte transcendants au texte (et donc d'un repérage relativement sûr), la notion de *réseau sémantique* permet de rendre compte d'associations de termes plus mouvantes qui se réalisent dans un texte donné[16].

Par exemple le mot «autoroute», a priori argumentativement neutre, recevra une charge positive dans un texte qui, plaidant pour une culture universelle, l'associera à l'évocation de toutes les techniques qui permettent l'établissement de celle-ci. Inversement, il recevra une charge négative dans un texte qui fera l'éloge de la marche comme moyen d'une lente et patiente découverte du monde.[17]

Les réseaux sémantiques se construisent donc dans et par le texte lui-même ; en ce sens ils constituent un indice plus délicat à interpréter que les champs lexicaux, puisqu'ils supposent au moins un début de compréhension du texte.

Interpréter les indices

L'interprétation et le recoupement des indices permettent de parvenir à une lecture plus précise du texte. Trois remarques s'imposent d'abord :

– le caractère dynamique du texte argumentatif fait qu'on ne peut se contenter d'un relevé statique des indices : leur répartition dans le texte, leurs transformations éventuelles, sont des éléments essentiels pour l'interprétation. Ainsi la distribution inégale des champs lexicaux ou la modification du système énonciatif aideront à repérer le passage de la thèse refusée à la thèse proposée ;

– selon le modèle argumentatif dominant[18], tel ou tel type d'indices sera plus ou moins important ; par exemple l'étude du système énonciatif sera une bonne entrée pour un texte polémique dont le caractère dialogique est très marqué, mais se révélera peu productive pour un texte qui affecte la neutralité de l'exposition ;

– enfin l'interprétation amène à recouper les trois types d'indices pour passer du repérage local à une prise en compte globale du texte.

---

16 - Voir p. 87.
17 - Voir exemple p. 88.
18 - Voir ci-dessus chapitre II.

Les arguments

L'observation et l'interprétation des indices permet de confirmer des hypothèses sur la signification globale du texte. Une analyse plus fine permet d'identifier les arguments.

Dans la perspective qui est la nôtre ici, on considérera comme argument tout élément du texte qui se laisse rattacher directement à l'une ou l'autre des thèses en présence.

Notons que de ce point de vue la distinction entre argument et contre-argument est peu utile, car elle suppose que les deux thèses soient explicitement formulées ; or dans un texte argumentatif, cette symétrie est rarement respectée ; d'autre part, un argument en faveur d'une thèse est souvent contre-argument en défaveur de la thèse adverse.[19]

L'argument peut être plus ou moins développé selon divers procédés dont nous verrons des exemples dans les applications :

– paraphrases qui, comme autant de variations, visent à valoriser l'argument par un effet de masse textuelle et éventuellement d'enrichissement sémantique progressif ;

– insertion d'éléments qui sont censés avoir valeur de preuve : c'est notamment le rôle de l'exemple (biais par lequel des séquences narratives ou descriptives s'introduisent à l'intérieur du texte argumentatif), des données statistiques, etc.

– développement d'une «micro-argumentation» visant à étayer la validité de l'argument : par un effet d'enchâssement, celui-ci devient alors lui-même thèse à établir.

Le circuit argumentatif

En s'appuyant notamment sur les indices d'organisation, on pourra ensuite préciser l'agencement des arguments et établir le «circuit argumentatif» du texte, par exemple sous forme de schéma. Ce schéma permettra d'expliciter les relations logiques et éventuellement de rétablir les éléments sous-entendus (maillons du raisonnement ou connexions implicites).

Le tableau suivant reprend les différentes questions à partir desquelles peut être mené ce travail.

---

19 - La distinction entre argument et contre-argument est sans doute plus utile pour entraîner les élèves à produire une argumentation.

Grille de lecture du texte argumentatif

Observation du texte	**Enonciation**	**Lexique**	**Organisation**
	- Quels sont les pôles énonciatifs en présence ? - Y a-t-il des modalisateurs valorisant ou dévalorisant un point de vue ? - Quelles sont les marques de subjectivité en faveur ou défaveur d'une thèse ?	- A quels champs lexicaux contradictoires le texte fait-il référence ? - Peut-on repérer dans le texte des réseaux sémantiques en opposition ?	Quels sont les éléments qui renseignent sur l'organisation du texte : * disposition typographique ? * progression thématique ? * connecteurs argumentatifs ? * procédés rhétoriques ?
La dynamique du texte	- Comment les différents indices sont-ils répartis dans le texte ? - Y a-t-il des évolutions susceptibles de renseigner sur la progression du texte ?		
Le circuit argumentatif	- Quelles sont les thèses en présence ? Sont-elles formulées explicitement ? Où ? - Quels sont les différents arguments ? A quelle thèse se rattachent-ils ? - Comment sont-ils agencés ?		

APPLICATION 1 : LE «DICTIONNAIRE PHILOSOPHIQUE».

MORALE

Je viens de lire ces mots dans une déclamation en quatorze volumes, intitulée *Histoire du Bas-Empire* :

«Les chrétiens avaient une morale ; mais les païens n'en avaient point».

Ah ! monsieur Le Beau, auteur de ces quatorze volumes, où avez-vous pris cette sottise ? Eh ! qu'est-ce donc que la morale de Socrate, de Zaleucus, de Charondas, de Cicéron, d'Épictète, de Marc-Antonin ?

Il n'y a qu'une morale, monsieur Le Beau, comme il n'y a qu'une géométrie. Mais, me dira-t-on, la plus grande partie des hommes ignore la géométrie. Oui ; mais dès qu'on s'y applique un peu, tout le monde est d'accord. Les agriculteurs, les manœuvres, les artistes n'ont point fait de cours de morale ; ils n'ont lu ni *de Finibus* de Cicéron, ni les *Éthiques* d'Aristote ; mais sitôt qu'ils réfléchissent, ils sont sans le savoir les disciples de Cicéron : le teinturier indien, le berger tartare et le matelot d'Angleterre connaissent le juste et l'injuste. Confucius n'a point inventé un système de morale, comme on bâtit un système de physique. Il l'a trouvé dans le cœur de tous les hommes.

Cette morale était dans le cœur du préteur Festus quand les Juifs le pressèrent de faire mourir Paul, qui avait amené des étrangers dans leur temple. «Sachez, leur dit-il, que jamais les Romains ne condamnent personne sans l'entendre.»

Si les Juifs manquaient de morale ou manquaient à la morale, les Romains la connaissaient et lui rendaient gloire.

La morale n'est point dans la superstition, elle n'est point dans les cérémonies, elle n'a rien de commun avec les dogmes. On ne peut trop répéter que tous les dogmes sont différents, et que la morale est la même chez tous les hommes qui font usage de leur raison. La morale vient donc de Dieu comme la lumière. Nos superstitions ne sont que ténèbres. Lecteur, réfléchissez : étendez cette vérité ; tirez vos conséquences.

VOLTAIRE *Dictionnaire philosophique*
(Article publié en 1767)

L'énonciation

Le texte fait ici apparaître explicitement les pôles de l'argumentation :

– le «je» de l'argumentateur s'affirme dès la première ligne du texte ;

– l'adversaire qu'il s'agit de réfuter est nommé à la ligne 5, en même temps que sa thèse est qualifiée de «sottise» ;

– le lecteur, arbitre du débat, qu'il s'agit de rallier à la thèse proposée, est invoqué dans la dernière phrase.

Le texte réalise donc explicitement le schéma de la situation argumentative[20] :

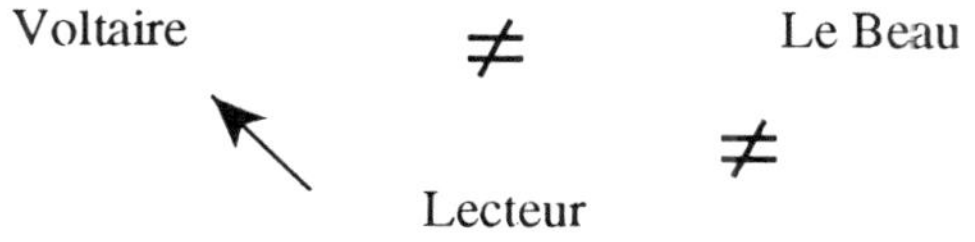

A partir de ce schéma de base, la dynamique de l'argumentation opère un certain nombre de transformations.

Le «je» qui ouvre le texte n'est pas repris par la suite ; Voltaire, qui argumente au nom du caractère universel de certaines valeurs, est en effet cohérent avec lui-même et tend à universaliser son point de vue. L'opinion du «je» est alors englobée dans un assentiment général («tout le monde est d'accord», l. 12 ; «tous les hommes», l. 20 et 32) ; l'adhésion du lecteur étant supposée obtenue, cet assentiment peut à la fin du texte s'exprimer à la première personne du pluriel («Nos superstitions») : Le Beau est alors rejeté dans l'isolement de la sottise, et le dialogue argumentatif peut céder la place au consensus militant de la fin du texte.

Comme c'est souvent le cas dans les textes argumentatifs, l'indéfini *on* joue un rôle essentiel dans cette stratégie énonciative[21].

Derrière les différentes occurrences d'un *on* apparemment identique, se cachent en effet des déplacements de position qui relèvent de la tactique argumentative. Le premier *on*, à la ligne 10, se situe du côté des tenants de la thèse refusée : Le Beau lui-même, ou quiconque envisagerait son point de vue. Le deuxième *on*, à la ligne 11, est beaucoup plus général ; sans exclure les précédents, il s'étend en fait à «tout le monde», comme le prouve la fin de la phrase (même valeur ligne 19). Un dernier *on*, à la ligne 30, exploite cet avantage : cette fois il accompagne la réaffirmation de la thèse proposée, et exclut donc les tenants de la thèse refusée.

---

20 - Voir p. 12.
21 - Voir p. 79.

On a donc trois valeurs différentes du même pronom, avec une évolution qui manifeste clairement le caractère orienté du texte argumentatif :

ON (1) →	ON (2) →	ON (3)
Le Beau et ses partisans	«tout le monde» (peut englober les tenants des deux thèses)	Voltaire et ses lecteurs (exclut Le Beau)

Divers traits de subjectivité tendent d'autre part à dévaloriser la thèse de Le Beau et à valoriser celle de Voltaire :

– formules d'insistance comme «on ne peut trop répéter que» (l. 30) ;

– termes qui marquent un jugement de valeur explicitement négatif, comme «sottise» (l. 6) ou «superstition» (l. 28 et 33) ;

– expressions ironiques qui prennent indirectement une valeur dépréciative : «déclamation en quatorze volumes» (l. 1), l'abondance même de l'œuvre de Le Beau faisant d'autant mieux ressortir la concision voltairienne ;

– associations valorisantes pour la thèse de Voltaire, qui invoque Socrate, Cicéron ou Confucius, écrasant Le Beau sous l'accumulation des noms illustres.

L'observation du système énonciatif permet donc ici, comme il est normal dans un texte à caractère polémique marqué, d'identifier déjà non seulement les thèses en présence mais aussi la stratégie argumentative de Voltaire, qui repose sur une opposition de l'universel et du particulier que permet de préciser l'observation lexicale du texte.

Le lexique

Comme l'annonce le titre de cette rubrique du *Dictionnaire philosophique,* l'enjeu de l'argumentation est la morale : y a-t-il une morale universelle (thèse de Voltaire), y a-t-il des morales, voire chez certains une absence de morale (thèse de Le Beau) ?

L'opposition des deux thèses correspond dans le texte à la façon dont la morale est située par rapport à deux champs lexicaux contradictoires :

– d'un côté la morale est *associée* à la géométrie et à la raison (l. 10 et 32) ;

– de l'autre elle est *dissociée* de la superstition, des cérémonies et des dogmes (l. 28-30).

Ces deux champs lexicaux contradictoires renvoient eux-mêmes à l'opposition fondamentale de l'universel et du particulier, système de valeurs bipolaire où, pour Voltaire, l'universel constitue le pôle positif, comme la lumière (en ce siècle dit des lumières) est le pôle positif par rapport aux ténèbres (l. 33 et 34). L'argumentation vise donc à faire passer la conception voltairienne de la morale du côté du pôle valorisé, celle de son adversaire de l'autre côté. Cette analyse appelle quelques remarques complémentaires.

On notera que si la géométrie représente pour Voltaire le pôle positif (car elle est universelle), la référence à la physique est plus ambiguë (l. 19). Faut-il comprendre que celle-ci, contrairement à la morale et à la géométrie, ne serait pas universelle ? Plus probablement, l'opposition porte ici avant tout sur ce qui est inventé ou bâti (l. 18 et 19), d'un côté, et de l'autre ce qui est «trouvé» et donc naturel ; il n'en reste pas moins que ce jeu d'oppositions semble faire basculer la physique du «mauvais» côté et introduit donc une légère incohérence dans l'argumentation.

On pourra également remarquer le rôle de la référence à Dieu dans ce texte. La fin le fait intervenir en effet, en une sorte de rebondissement de l'argumentation, au sein du système équilibré qui associe morale et lumière, superstitions et ténèbres : «La morale vient donc de Dieu comme la lumière. Nos superstitions ne sont que ténèbres.»

Du coup, le terme de ténèbres prend une connotation plus nettement religieuse ; d'autre part, alors que Le Beau argumentait au nom des chrétiens contre les païens, Dieu – entendu cette fois en un sens très voltairien – se retrouve enrôlé du côté de la raison philosophique : retournement conforme à la dynamique de l'argumentation.

On notera enfin l'habileté avec laquelle Voltaire met sa stratégie argumentative en cohérence avec les valeurs au nom desquelles il argumente. L'invocation finale au lecteur met en évidence les qualités qui sont celles-là mêmes de l'esprit de géométrie («Réfléchissez [...] tirez vos conséquences»). Quant à l'invitation à «étendre cette vérité», elle prolonge l'affirmation de la prééminence de l'universel sur le particulier.

Or argumenter au nom de l'universel n'est pas seulement affaire d'habileté tactique : cela démontre aussi qu'on se fait une certaine idée de l'argumentation. Contre des stratégies «ciblées» de persuasion, le recours à la notion d'auditoire universel rapproche l'argumentation de la démonstration[22] :

«On voit l'intérêt que présente, pour la valeur des arguments, le souci de les adresser à un auditoire universel. C'est cet auditoire que l'on vise dans les raisonnements les plus élevés de la philosophie. Nous avons vu que cet auditoire universel n'est, lui-même qu'une fiction de l'auteur et emprunte ses caractères aux notions de celui-ci. Toutefois, s'adresser à cet auditoire constitue, dans le fait d'un esprit honnête, l'effort maximum d'argumentation qui puisse lui être réclamé. Les arguments que nous analyserons seront donc ceux que les esprits les plus droits, et, dirons-nous, souvent les plus rationalistes, ne peuvent pas ne pas utiliser quand il s'agit de certaines matières, telles que la philosophie et les sciences humaines.»[23]

---

22 - Voir chapitre I p. 8.

23 - Ch. Perelman et L. Olbrechts-Tyteca, «Nouvelle rhétorique : Logique et rhétorique» in *L'homme et la rhétorique* p. 147.

L'organisation

Ce niveau d'observation est ici moins directement productif que les précédents.

On pourra toutefois noter que la disposition du texte permet d'opposer les trois brefs paragraphes du début, très marqués par le dialogisme polémique (que souligne aussi la ponctuation, points d'exclamation ou d'interrogation), et les paragraphes plus longs qui suivent et qui voient s'affirmer le point de vue de Voltaire.

Ce changement de registre apparaît bien dans la valeur différente des deux *donc* que propose le texte :

– «Eh ! qu'est-ce *donc* que la morale de Socrate... ?» (l. 6)

– «La morale vient *donc* de Dieu comme la lumière.» (l. 33)

Si le second *donc* est bien un connecteur argumentatif à valeur consécutive, le premier emploi relève, lui, des valeurs «affectives» de *donc* ; il renforce l'interrogation et la rend plus pressante.[24]

Le circuit argumentatif

La thèse refusée et la thèse proposée sont ici posées toutes deux explicitement, et dès le début du texte : la *thèse refusée* dans les lignes 1 à 6, la *thèse proposée* à la ligne 9.

Entre les deux, un premier *argument* (1) aux lignes 6 à 8, qui constitue une tentative de réfutation par les faits («Eh ! qu'est-ce donc que la morale de Socrate», etc.) .

Le processus d'argumentation reprend à la ligne 10 :

– *argument 2*, qui repose sur une analogie avec la géométrie ;

– *argument 3*, qui est une objection possible au précédent ;

– *argument 4,* qui réfute l'argument 3 en multipliant les références aux faits, puis en opposant système de morale et système de physique. Cet argument 4 est longuement développé dans les lignes 21 à 25 par le recours à l'*exemple.* La portée de celui-ci est soulignée par la nuance qu'introduisent les lignes 26 et 27 : parler de «manquer de morale» serait mettre en doute le caractère universel de celle-ci et donc se situer dans le sens de la thèse refusée ; Voltaire corrige donc immédiatement en introduisant une expression plus conforme à sa propre thèse : «manquer à la morale». Une variation linguistique apparemment légère souligne en fait ici l'affrontement des deux points de vue ;

– *argument 5* : le dernier paragraphe est une variation autour des thèmes déjà développés par l'argument précédent ; cette fois le caractère universel de la morale n'est pas posé par analogie avec la géométrie, mais par opposition avec la superstition et les dogmes.

---

24 - Cette double valeur de «donc» renvoie à un problème de définition : si on peut à la rigueur dans le premier cas le qualifier de «conjonction de coordination», la *Grammaire Larousse du français contemporain* le considère dans le second comme une «particule».

La structure du circuit argumentatif est donc ici relativement simple ; le texte n'agence pas une argumentation complexe : il procède plutôt par variations et amplifications autour de la thèse proposée. Voltaire en est bien conscient, qui prend soin de justifier ce caractère un peu répétitif du développement en précisant : «On ne peut trop répéter que tous les dogmes sont différents, et que la morale est la même chez tous les hommes...» (l. 30).

Le schéma ci-dessous résume l'organisation du circuit argumentatif.

TR — Je viens de lire ces mots dans une déclamation en quatorze volumes, intitulée *Histoire du Bas-Empire* : «Les chrétiens avaient une morale ; mais les païens n'en avaient point». Ah ! monsieur Le Beau, auteur de ces quatorze volumes, où avez-vous pris cette sottise ?

A1 — Eh ! qu'est-ce donc que la morale de Socrate, de Zaleucus, de Charondas, de Cicéron, d'Épictète, de Marc-Antonin ?

TP — Il n'y a qu'une morale, monsieur Le Beau,

A2 — comme il n'y a qu'une géométrie.

≠

A3 — *Mais,* me dira-t-on, la plus grande partie des hommes ignore la géométrie.

≠

A4 — *Oui ; mais* dès qu'on s'y applique un peu, tout le monde est d'accord. Les agriculteurs, les manœuvres, les artistes n'ont point fait de cours de morale ; ils n'ont lu ni *de Finibus* de Cicéron, ni les *Éthiques* d'Aristote; mais sitôt qu'ils réfléchissent, ils sont sans le savoir les disciples de Cicéron : le teinturier indien, le berger tartare et le matelot d'Angleterre connaissent le juste et l'injuste. Confucius n'a point inventé un système de morale, comme on bâtit un système de physique. Il l'a trouvé dans le cœur de tous les hommes.

\+

(Exemple) — Cette morale était dans le cœur du préteur Festus quand les Juifs le pressèrent de faire mourir Paul, qui avait amené des étrangers dans leur temple. «Sachez, leur dit-il, que jamais les Romains ne condamnent personne sans l'entendre.» Si les Juifs manquaient de morale ou manquaient à la morale, les Romains la connaissaient et lui rendaient gloire.

\+

A5 — La morale n'est point dans la superstition, elle n'est point dans les cérémonies, elle n'a rien de commun avec les dogmes. On ne peut trop répéter que tous les dogmes sont différents, et que la morale est la même chez tous les hommes qui font usage de leur raison. La morale vient donc de Dieu comme la lumière. Nos superstitions ne sont que ténèbres.

↓

Lecteur, réfléchissez : étendez cette vérité ; tirez vos conséquences.

APPLICATION 2 : UN ARTICLE DE M. ALBERT.

Comme s'ils avaient été trop longtemps gâtés, beaucoup de Français font aujourd'hui l'erreur de croire qu'ils n'ont plus d'avenir, sous prétexte que nous sommes entrés dans l'ère de la croissance zéro. Mais cette crise dont on nous rebat les oreilles, c'est quoi au juste ? De plus en plus de chômage et de plus en plus de prélèvements obligatoires, ça oui ! Et ç'en est trop. Mais n'oublions pas que le pouvoir d'achat, lui, a été pratiquement sauvegardé. Cela ne s'était jamais vu pendant une crise. Surtout une crise qui dure depuis dix ans.

Pendant l'âge d'or de la croissance à 5 %, quand nos revenus doublaient tous les quinze ans, presque personne n'était conscient de cette bonne nouvelle. De cette stupéfiante bonne nouvelle. Au contraire, les prophètes du retour en arrière – certains éléments de Mai 68, par exemple – rêvaient d'en finir avec ce miracle historique : à leurs yeux, la croissance zéro devait apporter la paix sur la terre et dans les cieux. Maintenant qu'elle est enfin là, avec son cortège de deux millions de chômeurs, tout le monde, bien sûr, ne songe qu'à revenir à la croissance forte. Les idées aussi se mordent la queue.

Mais ce qu'on oublie aujourd'hui, c'est que, malgré la croissance zéro, nous vivons en moyenne mieux que nous n'avons jamais vécu. La plupart des équipements, publics ou privés, sont en place. Au lieu de nous saigner pour acheter la télé et construire des autoroutes, nous pouvons «consommer» mieux en chantant, par exemple, dans les chorales qui champignonnent partout. Ou bien encore en baguenaudant dans ces centres piétonniers qui ont essaimé de Bordeaux à La Rochelle en passant par le nouveau quartier des Halles de Paris, si allègre qu'il ne chagrine plus qu'une poignée de grincheux. Nous sommes entrés dans le stade le plus raffiné du développement, celui où le foisonnement des innovations culturelles répond au foisonnement des innovations technologiques.

Finira-t-il par devenir aussi le stade ultime du déclin ? Frappée par la révolution technologique, la France ne s'en sortira qu'en échappant, d'abord, à l'équation – mortelle – de la régression : le chômage crée la peur du progrès technique, lequel est freiné, ce qui met bientôt les entreprises et les travailleurs sur le carreau. Et ce pays, îlot de stabilité, ne retrouvera son tonus qu'en se jetant sans complexe dans ce que l'historien Fernand Braudel appelle «l'économie-monde». Elle n'est pas sûre, avec ses règles de concurrence bousculées par les taux de change flottants. Elle est même traumatisante. Mais c'est là que se trouve notre futur. Car, aujourd'hui, la notion de marché français n'est guère pertinente que pour le saucisson à l'ail. Et encore...

Depuis des années, j'entends de beaux esprits, cartésiens paraît-il, se scandaliser qu'un pays de dix millions de vaches comme la France ne fabrique pas de machines à traire.

La raison ? Le Danemark, qui manquait de mains paysannes, a dû développer la trayeuse, pour sa survie économique, tandis que la France, qui avait pléthore de bras, ne s'y intéressait pas. La solution, aujourd'hui, n'est pas de chercher à rattraper dans ce secteur notre partenaire scandinave qui bénéficie d'un demi-siècle de savoir-faire : c'est de nous placer sur d'autres créneaux technologiques.

Nous sommes dépendants ? Et alors ? Le paysan indien de la vallée du Gange, qui n'a pas de trayeuse, ne dépend, c'est vrai, de personne.

Mais c'est parce qu'il ne dépend de personne qu'il vit dans la misère, au bord de la famine. Tout comme nos ancêtres paysans. Et si nous vivons infiniment mieux qu'eux, c'est parce que nous sommes infiniment plus dépendants des autres. Ce n'est pas fini : la carte de France du futur dépassera de plus en plus les frontières de l'Hexagone.

MICHEL ALBERT
Le Nouvel Observateur,
9 décembre 1983
(sujet proposé au B.T.S. en 1985)

Le système énonciatif

Les indices énonciatifs sont ici très nombreux. On relèvera par exemple :

– dans le premier paragraphe : «gâtés», «l'erreur de croire», «sous prétexte», «on nous rebat les oreilles» ;

– dans le deuxième paragraphe : «prophètes du retour en arrière», «à leurs yeux» ;

– dans le troisième paragraphe: «ce qu'on oublie» ;

– dans le quatrième paragraphe, la rupture de ton qu'entraîne la mention du «saucisson à l'ail» ;

– dans le cinquième paragraphe : «de beaux esprits, cartésiens paraît-il».

Ces indices associent des termes qui marquent une condamnation directe («erreur, prétexte, oubli...») et des expressions à connotation péjorative ou ironique («gâtés, prophètes du retour en arrière, beaux esprits...») qui caractérisent la tendance très polémique du texte.

Ils sont essentiellement localisés dans la première partie du texte (trois premiers paragraphes) avec une réapparition à la fin du quatrième paragraphe et dans le cinquième.

Les tenants de ce qu'on pourra identifier comme la thèse refusée sont désignés de façon assez vague :

– «ils, beaucoup de Français» (premier paragraphe) ;

– «on» (premier et troisième paragraphe) ;

– «de beaux esprits» (cinquième paragraphe).

En face, se constitue un «nous» qui dans la deuxième partie du texte est relayé à quatre reprises par «La France».

On voit ainsi s'établir une opposition

ils, beaucoup de Français / nous, la France

La constitution de ce nouveau pôle énonciatif, jointe aux indicatifs et notamment aux futurs très catégoriquement affirmatifs de la fin du texte, tend à souligner l'opposition entre les deux parties de celui-ci, qui sont d'ailleurs de longueur globalement équivalente : les cinq derniers paragraphes répondent aux trois premiers.

Particulièrement intéressant est ici le rôle argumentatif de «on»[25] : celui-ci joue pleinement son rôle de «plaque tournante» de l'argumentation. Il permet à ceux qui auraient pu se compter parmi les «ils» – tenants de la thèse refusée – de passer progressivement du côté de l'argumentateur : ils rejoignent alors le camp du «nous» ; le premier paragraphe fournit un très net exemple de ce glissement.

25 - Voir p. 79.

Les indices lexicaux

Le texte s'organise autour d'une opposition fondamentale entre le passé d'un côté, le présent et le futur de l'autre. Certaines expressions comme l'oxymore ironique «prophètes du retour en arrière» (deuxième paragraphe) soulignent fortement ce contraste.

Présent / Avenir	Passé
avenir	*depuis dix ans* *âge d'or*
prophètes	*du retour en arrière*
nous vivons mieux	*que nous n'avons jamais vécu* *régression*
notre futur	*depuis des années*
France du futur	*nos ancêtres paysans*

Cette opposition est nettement soulignée par le jeu des temps : passés dans la première partie du texte, futurs dans la seconde.

Le texte oppose également, selon une stratégie argumentative classique, deux champs lexicaux :

– un champ lexical de *l'apparence,* de *l'illusion,* qui sert à dévaloriser la thèse refusée («erreur, prétexte, rêvaient, paraît-il...») ; champ lexical relayé dans le deuxième paragraphe par celui de la pensée religieuse (idéaliste et naïve) : «bonne nouvelle» (qui renvoie, étymologiquement, à l'évangile), «prophètes, miracle, la paix sur terre et dans les cieux...».

– un champ lexical de la *raison* et de la *science,* qui conforte la thèse proposée en la présentant comme émanation de la pensée rationnelle (la vraie pensée «cartésienne») et du savoir scientifique (celui, bien sûr, de l'auteur) : «au juste, raison, solution, équation...».

Les indices d'organisation

Parmi les *connecteurs argumentatifs,* on relèvera notamment les nombreux *mais*. Ils sont de nature diverse. Certains marquent la reprise, après une concession («Mais n'oublions pas que...», «Mais c'est parce qu'il ne dépend de personne...», «Mais c'est là que se trouve notre futur...») : il s'agit là d'une valeur liée à la structure dialogique du texte, au jeu objection/réponse qui est inhérent au texte argumentatif.

Le *mais* du début du premier paragraphe, lui, oppose en fait la vérité à l'erreur («beaucoup de Français font l'erreur/Mais... c'est quoi au juste»). Le *mais* qui ouvre le troisième paragraphe est particulièrement intéressant. Il ne connecte pas avec ce qui précède immédiatement[26]. En fait, sur le même plan que le *mais* de la fin du premier paragraphe, il s'oppose à ce qui précédait celui-ci, comme le souligne le parallélisme des tournures :

«de plus en plus de chômage et de prélèvements, ça oui...

⟶ *mais* n'oublions pas que...

⟶ *mais* ce qu'on oublie aujourd'hui...»

Du coup le deuxième paragraphe apparaît comme une sorte de parenthèse, ce que confirme l'analyse lexicale et énonciative : il s'agit d'une certaine manière d'une digression, très polémique, contre l'idéologie soixante-huitarde.

La *ponctuation,* d'autre part, en soulignant le jeu des questions, est un indice important de la structure souvent dialogique du texte. Mais si certaines questions sont bien des objections virtuelles des tenants de la thèse refusée (septième paragraphe), d'autres sont seulement des interrogations rhétoriques qui relancent l'argumentation (début du quatrième paragraphe).

Le *découpage typographique* est également signifiant. Il isole à juste titre le deuxième paragraphe qui, on l'a vu, est une sorte de parenthèse. Il souligne la coupure essentielle du milieu du texte. On notera que la fin du texte est plus découpée que le début, des paragraphes différents présentant objection et réplique, alors que le premier paragraphe associait les deux : c'est le signe d'une augmentation de la pression argumentative, dissociant nettement les deux positions en présence (à rapprocher du caractère très polémique de la fin).

Le circuit argumentatif

Il semble ici important d'insister sur le fait qu'un niveau d'observation, s'il propose des indices sur le fonctionnement du texte, n'a pas de valeur absolue en soi et demande à être confronté aux autres niveaux. Ainsi le *mais* du troisième paragraphe ne peut être analysé simplement comme connecteur logique, mais exige une interprétation plus globale qui prendra en compte le niveau énonciatif et l'organisation d'ensemble du texte. La lecture méthodique suppose donc un va-et-vient dans le texte, afin de démêler des réseaux de signification souvent complexes : l'argumentation ne se réduit pas à une démonstration logique dont l'étude des connecteurs donnerait la clé.

D'autre part, l'observation du texte ne doit pas être un simple relevé statique d'indices, mais doit prendre en compte le dynamisme de l'argumentation : ici par exemple la localisation des passages polémiques, l'augmentation de la pression argumentative à la fin du texte ont une grande importance.

---

26 - Voir p. 20.

Notons au passage que si nous avons jusqu'ici tenté de fonder la lecture méthodique du texte sur des observations linguistiques, les *compétences culturelles* au sens large jouent aussi un rôle essentiel dans l'identification des thèses en présence : ce sont en fait deux conceptions de l'économie qui s'affrontent (repli sur l'hexagone/ouverture au marché européen et mondial), et l'on se souviendra des débats économiques et politiques qui agitaient le gouvernement et l'opinion au moment où cet article fut rédigé (fin 1983).

Nous pouvons à présent préciser l'organisation du circuit argumentatif. A une *thèse refusée* formulée au début du texte et discutée puis rejetée dans la première moitié de celui-ci (La France n'a pas d'avenir) s'oppose une *thèse proposée* (la France peut avoir un avenir à certaines conditions). Cette thèse, justifiée dans la seconde moitié du texte, est énergiquement affirmée à la fin.

<table>
<tr>
<td>THÈSE REFUSÉE

La France n'a plus d'avenir

Argument 1 : (favorable à cette thèse) :
- chômage,
- prélèvements obligatoires,
- crise.
≠ (début 1er §)
Argument 2 : (réfutation du précédent) :
maintien du pouvoir d'achat
(fin du 1er §)

digression du 2e § : passage polémique, qui contribue à relativiser la notion de croissance

+
Argument 3 : (réfutation complémentaire) :
la croissance zéro n'empêche pas de vivre mieux (3e §).</td>
<td>THÈSE PROPOSÉE

La France peut avoir un avenir

Argument 1 : il faut pour cela refuser la régression.
(début 4e §)

+
Argument 2 : il faut entrer dans l'économie-monde
(fin du texte)
→ argument développé par deux exemples :
- les machines à traire : il faut répartir les créneaux de production (§ 5 et 6)
- les paysans du Gange : il faut accepter l'interdépendance (§ 7 et 8).</td>
</tr>
</table>

APPLICATION 3 : UNE ARGUMENTATION ÉCLATÉE

Argumenter c'est, par fonction, répondre à un (des) discours d'autrui. Même si la parole de l'autre ne semble pas se faire entendre, parce qu'elle est tactiquement réduite au silence, elle existe virtuellement. Contrairement aux textes narratif et descriptif qui peuvent être univoques, un texte argumentatif n'est jamais un monologue, encore moins un soliloque. Lire un texte argumentatif, ce sera donc s'attendre à ce que s'y expriment plusieurs voix, et être attentif à la façon dont ces voix s'agencent et se répondent, savoir en repérer les traces.

Du dialogue réglé au dialogue éclaté

Ce repérage des voix est facilité quand le texte argumentatif suit dans sa réalisation les modèles rhétoriques traditionnels. Ceux-ci se caractérisent en effet par l'alternance codifiée des points de vue opposés. Il y a bien dialogue, mais entre les différentes parties du texte seulement. Chacune tend à présenter une voix homogène et nettement distincte. Le plan usuel thèse-antithèse-synthèse est l'expression la plus fréquente de ce type de fonctionnement qui canalise – et fige – l'échange verbal : cette façon d'organiser le dialogue comme une succession tranchée d'énoncés en eux-mêmes univoques peut paraître artificielle mais a le mérite de la clarté. La connaissance de ces modèles qui reproduisent fidèlement la structure profonde du texte argumentatif, puisqu'ils mettent en évidence les thèses en présence, guide aisément la lecture.

Mais tout texte argumentatif n'est pas nécessairement agencé de la sorte Il existe des types de fonctionnement plus complexes – quoiqu'également conformes à la structure profonde du texte argumentatif : les voix y sont moins nettement délimitées, le dialogue tend à s'y disperser tout au long de l'énoncé.

Corollairement, l'alternance réglée des voix homogènes cesse d'être le principe organisateur du texte. On retrouve dans ces deux tendances du texte argumentatif les deux pôles évoqués par Bakhtine sous le nom de «linéaire» et «pictural» [27].

Dans la mesure où le repérage des voix est plus délicat dans ces textes au fonctionnement éclaté, «pictural», ils posent aux élèves un problème de compréhension : comment ne pas se perdre entre les différents points de vue en présence, comment démêler dans l'argumentation ce qui relève de thèses opposées, alors que la réalisation du texte ne coïncide pas avec l'horizon d'attente constitué à travers les moules de la rhétorique traditionnelle ? Les textes qui suivent ce type de fonctionnement – plus difficiles que les précédents – appellent un travail sur l'énonciation particulièrement attentif qui permettra de prendre en compte de nouveaux modèles argumentatifs, très répandus dans les médias[28]. Nous allons esquisser cette démarche de lecture à partir d'un texte d'Elisabeth Badinter, paru dans *Le Nouvel Observateur,* en janvier 1985.

---

27 - Voir T. Todorov, *M. Bakhtine, le principe dialogique*, éd. du Seuil (1981), p. 108.
28 - Voir p. 41.

Concevoir, porter, nourrir, éduquer et instruire, autant de fonctions différentes que nous avons pris l'habitude, depuis le XIXe siècle, d'assigner à une seule personne : la mère. Comme si celle-ci était «naturellement» programmée pour remplir tous ces rôles avec le même bonheur. Dans cette optique, celles qui torturent et tuent leurs enfants ou celles, inrecensables, qui les abandonnent affectivement sont à mettre au compte de la pathologie. Leur rejet dans le camp de l'anormalité rassure et conforte notre idéal de la maternité unifiée. Sans voir qu'il fait obstacle à la compréhension des innombrables défaillances maternelles de toutes celles auxquelles on accorderait pourtant volontiers le label «bonne mère».

Pourquoi nier l'évidence ? Telle magnifique porteuse peut se révéler une piètre éducatrice ; telle autre, généreuse de son lait, plus tard bien avare de son temps. La maternité est éclatée de facto, et toute femme vit chacune de ses étapes en fonction de ses désirs et de sa structure morale. Et non en obéissant uniment à je ne sais quel instinct.

Bien des civilisations ont connu la maternité éclatée, que ce soit l'Empire romain ou les villes françaises du XVIIIe siècle. Ici, on abandonnait le bébé aussitôt né dans les bras d'une nourrice ; là, on faisait sien par adoption l'enfant qu'une autre avait mis au monde. Aujourd'hui encore, dans certaines îles polynésiennes, il est bien venu qu'une mère offre sa progéniture en cadeau à une autre.

Ce bref rappel incite à la prudence. Avant de condamner la dissociation entre mère génétique, mère porteuse et mère éleveuse, il serait souhaitable de prendre conscience de notre propre ancrage historique. Nous réagissons encore pour une part comme les héritiers de l'idéologie du XIXe siècle.

Or l'attitude actuelle des femmes montre qu'on est entré dans une autre ère. Non seulement on en revient explicitement à une maternité éclatée – puéricultrices, nourrices, jeunes filles au pair ou maîtresses de maternelle servent souvent de substituts des mères –, mais la science permet aux femmes, pour la première fois dans l'histoire de l'humanité, de n'avoir que les enfants qu'elles désirent et, si elles le veulent, de ne pas en avoir du tout.

Pourquoi s'indignerait-on que cette même science permette aux femmes stériles de satisfaire leur désir d'enfant ? Que l'éclatement de la maternité ait lieu entre la conception et la gestation ou qu'il intervienne après l'accouchement, qui peut dire si les enfants ainsi traités seront moins équilibrés que ceux qui sont élevés par plusieurs femmes ou tout simplement par une mère unique ? Que sait-on exactement des conditions du bien-être de l'enfant, si changeant selon le temps et l'espace ? En quoi la situation des enfants portés par l'une et élevés par l'autre diffère-t-elle de celle des enfants adoptés ? Et qui oserait affirmer que ces derniers constituent l'essentiel de la clientèle des «psy» ? L'enfant adopté n'est pas plus voué à la névrose que celui élevé par la mère de sang n'est certain d'être un adulte équilibré.

Les neuf mois de symbiose entre la mère et son foetus – dont nul ne méconnaît l'importance – ne peuvent constituer une garantie suffisante du bien-être ultérieur de l'enfant. En effet, si une grossesse mal vécue par la mère peut compromettre l'avenir de son enfant, l'expérience prouve, hélas ! que les liens du ventre ne sont pas nécessairement un passeport pour les liens du cœur. Entre la mère porteuse et la mère éleveuse – fût-elle la même –, il y a toujours un hiatus. Celui-ci se mesure à l'écart plus ou moins ressenti entre l'enfant imaginaire et l'enfant réel. Là aussi peuvent se nouer des drames que pédiatres et psychologues n'ignorent pas. Dans ce cas, la mère de sang parvient mal à relier les étapes du nourrissage et de l'élevage aux précédentes. Quand la réalité est trop éloignée du fantasme, l'amour peut être empêché de naître.

Certains diront encore que ce ne sont là que malheureuses exceptions qui ne peuvent remettre en question le bien-fondé du processus «naturel» de la maternité. Cela est vrai.

Mais cessons de croire qu'il est le seul à coup sûr bénéfique pour l'enfant. La preuve est faite que l'on peut engendrer et ne pas savoir aimer, comme à l'inverse on peut adorer un enfant que l'on n'a ni conçu ni porté.

Cette vérité devrait faire réfléchir tous ceux qui condamnent a priori les nouvelles formes de maternité dissociées. Les censeurs ont-ils réalisé quelle gifle magistrale ils adressaient à tous les parents adoptifs ?

La mère adoptive ne serait qu'une mère de seconde zone ? J'en doute fort. La bonne mère est celle qui élève avec amour, que l'enfant soit ou non du même sang qu'elle. Malheureusement, quelle que soit la femme, le succès maternel n'est pas acquis d'avance. Le bien-être de l'enfant jamais garanti. C'est pourquoi, à trop invoquer ce dernier comme critère de la maternité «convenable», on risque de sombrer dans les plus grandes absurdités. En toute logique, il faudrait exiger des femmes – et des hommes – qui veulent procréer un examen détaillé de leur état physique, moral et psychique, et interdire la conception à toutes celles et ceux qui ne seraient pas conformes à la norme... Quelle chute de notre natalité en perspective ! Pis encore, quelle dangereuse porte ouverte à l'eugénisme !

Allons, mieux vaut simplement accepter la maternité telle qu'elle est dans sa complexité, son incertitude et même ses risques. Qu'elle soit ou non éclatée, conforme ou pas à notre idéal, le bonheur n'est jamais sûr. Le malheur non plus, d'ailleurs.

Elisabeth Badinter
Le Nouvel Observateur
(11 janvier 1985)

Les thèses en présence sont ici rapidement identifiées : le titre ainsi que la conclusion du texte revendiquent avec force le choix d'E. Badinter en faveur de la maternité éclatée, face aux tenants de la «maternité unifiée» dont l'idéal est évoqué dès le premier paragraphe. Par contre, le développement même de l'argumentation superpose les deux points de vue sans respecter le principe rhétorique de l'alternance des voix.

La voix des autres

La voix des autres est constamment présente dans le texte, mais elle se fait entendre plus ou moins distinctement, parfois clairement identifiable, parfois brouillée.

L'identification est facile chaque fois qu'un mot ou une assertion pourraient être replacés tels quels dans le discours des autres, à la manière d'une citation ou d'un fragment qui serait enchâssé dans le texte d'E. Badinter. Cette intrusion est souvent signalée par des marques qui en favorisent le repérage. On peut citer en exemple l'utilisation d'un mot entre guillemets : «naturellement», «bonne mère» (1er parag.), «naturel» (3e), «convenable» (10e) ou d'un énoncé fortement marqué comme extérieur au discours de l'argumentateur : «certains diront encore que...» (début 8e parag.), «la mère adoptive ne serait qu'une mère de seconde zone» (10e). Dans chacun de ces exemples, on peut distinguer l'assertion proprement dite, empruntée au discours d'autrui, et les divers procédés qui permettent de la mettre à distance : conditionnels, modalisations, interrogation rhétorique etc. Ces marques se cumulent souvent ; ainsi, dans le premier paragraphe, le «comme si» qui ouvre la 2e phrase et les guillemets de «naturellement» incitent à lire le «dans cette optique» qui suit comme une distance supplémentaire suggérant qu'un autre point de vue est possible.

Dans les exemples précédents, la parole des autres est reprise et signalée comme étrangère et dissonante par rapport au discours de l'argumentateur. Mais il peut aussi se produire que, reprise dans un mouvement concessif, elle soit en harmonie avec celui-ci : ainsi, au 7e paragraphe, les tirets signalent en incise des points de convergence : «dont nul ne méconnaît l'importance», «fût-elle la même» ; il en est de même pour la subordonnée introduite par si : «si une grossesse mal vécue...».

Mais il arrive que les deux voix soient moins clairement distinctes : elles peuvent se mêler, sans que cette interférence soit signalée par des marques explicites et sans qu'il soit possible d'isoler franchement les mots d'autrui à l'intérieur de l'énoncé. Dans les cas extrêmes (et toujours discutables), seule la compétence culturelle du lecteur l'amène à interpréter comme reprise d'un discours autre le choix de tel mot ou expression ; ainsi, à la fin du 10e paragraphe, on peut penser que le lecteur du *Nouvel Observateur* verra se profiler derrière «eugénisme» l'ombre de Hitler et derrière «la chute de notre natalité», l'écho des discours natalistes chers naguère à M. Debré. Pédagogiquement, il est peut-être plus utile (et plus facile ?) d'amener les élèves à démêler la complexité d'énoncés comme ceux que présente le 6e paragraphe du texte.

A plusieurs reprises, les voix en présence s'y brouillent ; il faut un travail de paraphrase et d'expansion du texte pour reconstituer le dialogue avec l'autre qui n'émerge que sous une forme plus ou moins elliptique. Si la 5e question ne présente pas de difficulté, puisque l'objection d'autrui y est clairement identifiable («ces derniers constituent l'essentiel de la clientèle des «psy»») et la modalisation très insistante («qui oserait affirmer que...»), la première question repose, elle, sur un échange qu'il faut partiellement reconstruire ; l'affirmation d'autrui serait quelque chose comme «la science n'a pas à permettre aux femmes stériles de satisfaire leur désir d'enfant». Plus elliptique encore, la troisième question suppose le dialogue suivant : «– Le bien-être de l'enfant exige la stabilité. – Mais les faits montrent que la façon d'élever les enfants varie dans le temps et l'espace (idée reprise du 3e paragraphe). Donc nous ne devons pas tenir de discours catégorique sur le bien-être des enfants.»

Ces effets de brouillage résultent de la reprise d'éléments empruntés au discours d'autrui – sans que celui-ci prenne jamais son essor argumentatif – à l'intérieur du discours mené par l'argumentateur.

Moi, je...

La voix des autres se fait donc entendre dans de nombreux passages, où nous avons pu l'identifier ponctuellement. Ce travail de repérage local est nécessaire pour parvenir à une compréhension cohérente : il est en effet indispensable que l'élève n'attribue pas à un énonciateur unique des propos qui par là deviendraient contradictoires. Mais il n'est pas suffisant. Le dialogue joue aussi un rôle essentiel dans la dynamique d'ensemble de l'argumentation. Dans le texte d'E. Badinter, cette dynamique repose largement sur la façon dont se dégage progressivement, au fil du texte, la voix propre de l'argumentateur.

Dans un premier temps, la voix de l'argumentateur ne se désolidarise pas du discours dominant (significativement, les sujets grammaticaux sont, dans tout ce début du texte, un «nous» ou un «on» très généraux ; au début du deuxième paragraphe, c'est l'infinitif qui permet de ne pas préciser qui pourrait «nier l'évidence»). Seul intervient au départ un très discret commentaire «off», en retrait de la voix dominante (1er parag.). Le seul «je» qui apparaisse relève d'un syntagme figé («je ne sais quel instinct», à la fin du 2e parag.).

Ce qui jusqu'au 9e paragraphe s'oppose au discours dominant (l'idéal d'une maternité unifiée), ce n'est pas encore la voix d'E. Badinter, mais plus prudemment le discours des faits, de «l'évidence». La maternité est éclatée «de facto» (2e parag.) : les considérations historiques, ethnographiques, sociologiques, psychiatriques ou médicales qui suivent semblent parler d'elles-mêmes. Cette trompeuse absence de voix est celle qui se donne à entendre lorsque, par tactique, l'argumentateur se retranche derrière les faits[29].

A travers ces remarques partielles, on voit à quel point le jeu des voix est un élément essentiel de la stratégie argumentative. Si les modèles argumentatifs classiques tendent à clairement distinguer les voix en présentant systématiquement des points de vue autonomes, l'éclatement du dialogue à tous les niveaux du texte permet des glissements stratégiques, des recouvrements de voix qui sont aussi une façon d'argumenter, même si elle est scolairement moins habituelle. Quels sont les modèles qui la sous-tendent ?

La représentation énonciative

Une première hypothèse : le texte est marqué par le modèle du dialogue argumentatif oral, de la conversation. La marque la plus nette est, d'un bout à l'autre, le jeu des questions-réponses. Les modèles, ici, ne manquent pas, surtout si l'on songe qu'E. Badinter est enseignante et philosophe. Le dialogue socratique, la maïeutique donnent bien l'exemple de ce questionnement serré qui permet d'amener l'autre à l'évidence finale d'un accord.

La situation pédagogique classique fonctionne de la même façon : c'est par questions (souvent rhétoriques) que l'enseignant amène peu à peu l'élève à s'incliner devant l'évidence des réalités que le savoir permet d'identifier et d'énumérer. La discrétion avec laquelle, dans le texte d'E. Badinter, le «je» tend à s'effacer peut d'ailleurs être reliée aussi à la tendance scolaire à privilégier des positions énonciatives neutres et abstraites.

Reste que ce modèle est un modèle oral, et qu'à l'écrit, malgré Platon et ses imitateurs, le dialogue n'est pas la forme la plus courante de l'argumentation. Une deuxième hypothèse est alors nécessaire : les médias ont tendance à généraliser, jusque dans la presse écrite, un modèle argumentatif qui est celui du débat radiodiffusé ou télévisé, qui procède par affirmations brèves (et en général d'autant plus péremptoires), se croisant très vite, éventuellement se

---

29 - Cf. G. Dispaux, *La logique et le quotidien*, éd. de Minuit, 1984, p. 29.

chevauchant et se superposant car il est difficile d'empêcher les participants à un débat de se couper la parole ou de parler à plusieurs à la fois. Cela exclut bien sûr la possibilité d'exposer de façon construite et argumentée une thèse cohérente. On retrouve clairement ici plusieurs des aspects relevés dans le texte d'E. Badinter.

Une caractéristique importante de ce type de débats est le rôle essentiel du «meneur de jeu». L'importance respective de chaque voix est considérablement minorée par la réduction et l'atomisation des temps de parole. Du coup, chaque instrument perdant de son importance et de son autonomie, le rôle essentiel revient à celui qui organise l'orchestration de l'ensemble. C'est ainsi que tel ou tel animateur, à la télévision, finit par ravir la vedette à des invités même prestigieux ; l'émission repose moins sur l'aptitude des participants à s'exprimer que sur celle du meneur de jeu à tirer de leurs voix un concert satisfaisant.

De la même façon, la stratégie argumentative organisée par E. Badinter peut se lire comme l'agencement concerté de voix énonciatives rendant possible et efficace l'émergence de sa voix propre. La portée argumentative du texte tient moins à l'exposé d'un avis argumenté qu'à cette orchestration subtile que l'on peut aussi comparer à un art de la mise en scène.

Les analyses que propose Ducrot dans *Le dire et le dit*[30] fournissent ici des pistes de lecture suggestives.

De même que l'auteur d'une pièce de théâtre peut faire entendre la voix de plusieurs personnages, de même le locuteur (d'une argumentation par exemple, et dans ce cas nous avons parlé d'argumentateur) peut faire entendre des voix qui ne sont pas nécessairement la sienne mais qui sont renvoyées à des énonciateurs autres. Le locuteur est en somme le «metteur en scène de la représentation énonciative» (p. 231). Lire le texte, ce sera donc entendre chaque voix mais aussi apprécier l'agencement du tout :

(Une pièce de théâtre) «fait entendre, à côté de la parole que s'adressent les personnages les uns aux autres, une parole de l'auteur au public. Car cette seconde parole, qui constitue le langage théâtral proprement dit, manifeste des choix dont l'expression peut s'étendre sur une très longue durée scénique, et en tout cas déborder largement les répliques des personnages.» (p. 176).

Rien d'étonnant à ce que cette «représentation énonciative» joue un rôle essentiel dans le débat médiatique : elle donne à l'argumentation une valeur spectaculaire, puisqu'à l'exposé argumenté d'un point de vue – exercice austère de soliste – tend à se substituer une plus attrayante polyphonie argumentative.

Le look polyphonique : jeux et enjeu

La généralisation dans la presse écrite de ce mode d'argumentation pose de nombreux problèmes, à la fois techniques et idéologiques, auxquels le professeur de français ne peut pas rester indifférent, puisque l'exercice de résumé, notamment, emprunte très souvent à ce type de textes.

---

30 - Voir p. 24.

D'un point de vue technique, le problème majeur de ce type d'argumentation est qu'elle risque sans cesse la dispersion. Alors que les modèles rhétoriques traditionnels amenaient à rassembler les arguments autour de thèses cohérentes, et exerçaient donc une action centripète, le modèle médiatique tend au contraire à l'éclatement par multiplication des forces centrifuges. Assurer à chaque voix une clarté suffisante, garantir la cohérence argumentative de l'ensemble, demande à l'argumentateur une grande maîtrise : sinon la polyphonie a vite fait de se transformer en cacophonie.

Dans le texte d'E. Badinter, ce danger est évité. Derrière l'écriture journalistique apparemment éclatée, de nombreux principes de cohérence continuent en fait à jouer. Cela se constate au niveau de la structuration des thèses, qui repose sur des couples philosophiques simples (rêve vs réalité, fantasme vs savoir, naturel vs culturel...). La maîtrise par l'auteur de ces champs philosophiques garantit la cohérence des thèses. De même la démarche qui consiste à déduire les principes moraux, exprimés notamment dans l'injonction finale, de l'analyse des faits est une forme de raisonnement classique, supposant l'unité du vrai et du bon. L'idée qu'il faut accepter l'évidence du réel revient comme un leitmotiv : autre facteur de cohérence.

D'autre part le cheminement argumentatif lui-même ne suit pas seulement les aléas d'un dialogue fictif. En même temps, il respecte une démarche démonstrative plus rigoureuse, qui reprend des procédés de raisonnement classiques :

– le 3e parag. donne des exemples de maternité éclatée *autrefois* ou *ailleurs*, le 5e parag. passe à l'éclatement *hic et nunc ;*

– la démarche suivie du 6e au 8e parag. repose sur la tentative de démontrer que la maternité unifiée n'est ni la *condition nécessaire*, ni la *condition suffisante* du bonheur de l'enfant ;

– le 10e parag. offre un exemple classique de *raisonnement par l'absurde*, poussant à l'extrême les thèses de l'adversaire.

La cohérence de l'argumentation est donc ici préservée, mais c'est par l'exercice d'une virtuosité peu accessible aux élèves. S'il est nécessaire qu'ils puissent comprendre ce type d'argumentation, il paraît difficile de leur proposer de l'imiter : les modèles traditionnels, s'ils leur sont moins familiers, sont néanmoins pédagogiquement d'un accès plus aisé.

Une pareille virtuosité argumentative pose un autre problème. Les modèles rhétoriques traditionnels avaient le mérite d'assurer une reconnaissance minimale de la parole de l'autre, à laquelle était accordée au moins une partie du développement. Certes cela n'allait pas sans artifice : les diverses parties n'avaient pas forcément la même densité argumentative, et l'ordre suivi n'était pas neutre. Du moins la thèse réfutée était clairement présentée de façon autonome. A partir du moment où l'argumentateur se manifeste à la fois comme l'un des énonciateurs et comme le locuteur qui régit l'agencement des voix énonciatives ce double rôle lui permet toutes les manipulations.

Par exemple ici E. Badinter réduit habilement au silence la voix de l'autre en la dévalorisant au 9e paragraphe par une série de termes négatifs («a priori, censeurs, mère de seconde zone»), puis en poussant le raisonnement de ses adversaires à l'absurde au 10e paragraphe. Or l'accusation de favoriser l'eugénisme, portée contre les tenants de la maternité unifiée, pourrait tout aussi bien être retournée contre E. Badinter : qu'on songe seulement à l'exemple parfait de maternité éclatée qu'imaginait Huxley dans *Le meilleur des mondes*, ou à l'utilisation des chromosomes de Prix Nobel aux Etats-Unis... Le caractère partisan des choix discrètement opérés est ici patent. Certes la rhétorique traditionnelle n'ignorait pas ces différences de traitement, mais elles passent désormais beaucoup plus inaperçues dans le camaïeu de voix instauré par la polyphonie.

Si séduisant qu'il soit – et familier puisqu'analogue à celui que véhiculent les médias – le modèle d'une argumentation «éclatée» est donc peut-être pédagogiquement dangereux. Dans la mesure où les exercices scolaires comme la discussion ou la composition française prévoient explicitement la prise en compte de différents points de vue[31], et donc le respect de la parole de l'autre, ce type de fonctionnement n'est sans doute pas à reproduire. Il n'empêche qu'il peut être utile d'habituer les élèves à en déchiffrer les effets (à en déjouer les pièges ?).

---

31 - Voir p. 155

CHAPITRE IV

Texte argumentatif et travail sur la langue

L'étude des textes argumentatifs attire l'attention sur un certain nombre de procédés linguistiques, notamment ceux qui, prenant valeur d'*indice*, permettent d'étayer une lecture méthodique du texte. Cette lecture méthodique est donc l'occasion de travaux sur la langue, dans la perspective d'une *grammaire textuelle* qui propose des niveaux d'observation spécifiques (par exemple ce qui a trait à la cohérence du texte) ou qui amène à reconsidérer des descriptions de la grammaire de la phrase (par exemple en ce qui concerne l'emploi des pronoms personnels). On pourra ainsi à la fois «décloisonner» divers domaines de l'enseignement du français («grammaire» et étude des textes) et replacer certaines notions dans un éclairage qui permet de les étudier de façon renouvelée et peut-être plus efficace.

Nous prendrons ici trois exemples de ce va-et-vient entre langue et texte ; les deux premiers concernent l'énonciation (le rôle de *on* dans les textes argumentatifs) et le lexique (à propos de quelques problèmes que pose la notion souvent utilisée de *champ lexical*). Le troisième invite à reconsidérer les approches classiques de la *métaphore,* du point de vue de son rôle dans la cohérence et la dynamique des textes argumentatifs.

LES USAGES ARGUMENTATIFS DE «ON»

Pour caractériser les valeurs de *on*, les grammaires évoquent en général :

– sa valeur indéfinie (*on* = les gens, tout le monde...) ;

– les emplois «familiers» de *on* à la place de *nous*, condamnés plus ou moins fermement selon le caractère plus ou moins normatif des ouvrages ;

– la possibilité de remplacer par *on* les divers pronoms sujets, avec différentes valeurs de style (mépris : «qu'on m'obéisse !» ; affection : «a-t-on été sage ?» etc.) ;

– le caractère tantôt inclusif, tantôt exclusif de *on*. La *Grammaire du français contemporain* (Larousse) indique : «Le *on* peut englober un *je*, un *tu*, un *nous*, un *vous*, un *il*, un *ils*, etc., ou les exclure» et cite un exemple d'Apollinaire : «Il y a si longtemps qu'on fait croire aux gens/Qu'ils n'ont aucun avenir/Qu'on en a pris son parti.» (le premier *on* exclut le *je* qui est inclus dans le second).

La diversité de ces emplois et surtout l'ambiguïté qu'ils permettent d'entretenir sur la personne donnent à *on* un rôle essentiel dans les textes argumentatifs.

Nous allons essayer de préciser ce rôle à partir de quelques exemples qui montrent comment le *on* permet des déplacements entre les pôles initiaux de l'argumentation [1].

DOCUMENT 1

Bombes civiles

Un bombardier roulant. Comment qualifier autrement le véhicule – un camion d'essence – qui a semé la mort (au moins vingt-trois victimes) et la frayeur dans le centre d'une petite ville d'Allemagne fédérale ? Sans atteindre le bilan de la catastrophe de Los Alfaques – deux cent quinze morts dans un camping espagnol en 1978 –, à laquelle il fait songer, ce coup du sort ranime la hantise des sociétés industrialisées et les craintes populaires : on n'est en sécurité nulle part !

Le hasard a voulu que ce fait divers ait lieu le jour même où s'ouvrait, à Tchernobyl, le procès des responsables de la catastrophe la plus grave de l'histoire du nucléaire civil. Mais peut-être le hasard ne fait-il rien... au hasard.

Si l'on se place du strict point de vue des victimes et de leurs familles, le risque technologique – lié au transport des matières dangereuses, aux pollutions chimiques, aux aléas d'un nucléaire non maîtrisé – peut s'apparenter au terrorisme aveugle. On passait par là, et on meurt, victime d'une sorte de bombe civile... Que la cause des catastrophes ne soit pas intentionnelle, criminelle, ne change rien au sort des gens qu'elles meurtrissent.

On n'en finirait pas de dresser l'inventaire des désastres techniques. On passerait de cette usine à gaz de Mexico, explosant en pleine ville en 1984 et tuant cinq mille habitants, à l'horreur de Bhopal, où la chimie fit deux mille morts. On évoquerait des catastrophes aériennes aux causes variées, des naufrages (un ferry a coulé dimanche au Zaïre, noyant plus de deux cents personnes), des nuages toxiques, des fleuves et des mers souillés, ou plus simplement les tueries ordinaires des routes estivales (cent dix-huit morts en France le week-end dernier). Ce catalogue interminable pourrait susciter un vain lamento, toujours recommencé.

Il est plus intéressant de s'interroger sur ce que ces drames révèlent de l'état de nos sociétés. Ils soulignent une solidarité de fait dans le risque qui, sans pousser à la psychose, pourrait être mieux expliquée, et par là permettre d'éviter certaines des «discontinuités» décrites par le philosophe des mathématiques René Thom dans sa «Théorie des catastrophes». Ces accidents mettent en lumière deux faiblesses de l'homme contemporain : l'orgueil des spécialistes qui – avant – affirment avec superbe qu'il n'y a pas de risque ;

1 - Voir p. 12.

l'incompétence et l'insuffisante attention de ceux qui – chauffeur de camion ou directeur de centrale nucléaire... – oublient qu'ils sont, en quelque sorte, armés jusqu'aux dents.

La complexité de la société industrielle a tissé autour de chacun un réseau, visible ou invisible, de potentialités redoutables. Il est vain d'espérer s'en abstraire. Pour reprendre le mot de Pascal, nous sommes «embarqués». L'inventivité humaine est si poussée que la crainte ancestrale de voir le ciel nous «tomber sur la tête» est justifiée. Aucun isolationnisme, aucun protectionnisme individuel n'est possible : le risque est l'affaire de tous.

Chaque catastrophe que recense la chronique ranime les craintes et suscite la fiévreuse recherche des coupables. Avant que dans l'esprit public un nouveau drame ne la relègue dans l'oubli. Et l'on va ainsi de frayeur en frayeur, sans progrès mesurable. Comme si nos sociétés, au total, assumaient globalement la part de l'inévitable, et la rançon de leur complexité.

Le Monde, 9 juillet 1987

DOCUMENT 2

Le pari de l'écrit

Le Monde est vendu aujourd'hui avec un supplément en pile séparée, «La revanche de Gutenberg». Ce supplément est consacré au développement de la presse écrite et à la nouvelle imprimerie du Monde à Ivry.

par ANDRÉ FONTAINE

Nous l'a-t-on assez dit ! Sous les coups conjugués des nouveaux médias, audiovisuels et informatiques, l'écrit allait rendre l'âme. Le monde moderne allait éteindre les étoiles de cette «galaxie Gutenberg» qui l'a enfanté.

«On» avait heureusement pris pour certitude ce qui n'était qu'un risque. Un risque certes non négligeable, à voir le nombre de journaux et de maisons d'édition qui ont disparu. Il est évident que le temps que l'on passe à regarder la télévision, on ne le consacre pas à la lecture d'un quotidien ou d'un bouquin.

Reste que ni le petit écran ni l'ordinateur n'ont réponse à tout. Pour raconter, rappeler, expliquer, commenter, développer, l'écrit demeure, jusqu'à preuve du contraire, irremplaçable. Aucun pays au monde n'est plus électronisé, informatisé, automatisé que le Japon. Moyennant quoi le Japonais moyen lit plus de journaux qu'aucun autre habitant de la planète. A lui seul l'*Asahi Shimbun* dépasse, avec ses trois éditions, les douze millions d'exemplaires quotidiens, rendant jaloux tous les journalistes de la planète.

La situation de la presse, en France, est certes moins brillante. Mais la preuve est faite, une fois de plus, qu'il n'y a de déclin qu'accepté. Des titres nouveaux – *Libération, l'Evénement du jeudi,* par exemple –, ont prouvé qu'il y avait un «lectorat» pour des publications qui savaient s'aventurer hors des chemins battus. Et le redressement du *Monde* est là, tangible, pour ridiculiser ceux qui avaient cru, il y a cinq ans, pouvoir prophétiser sa fin.

L'image la plus frappante de ce redressement, c'est l'imprimerie qu'il a mise en chantier au début de 1987 et qui est à présent en cours d'achèvement. La qualité du *Monde de la Révolution française*, tiré sur ses presses, donne une idée de ses exceptionnelles possibilités. C'est sur ces rotatives offset qu'à la rentrée prochaine seront publiés dans des présentations nouvelles tant le *Monde* que le *Parisien.*

Ce numéro spécial vous dit tout non seulement sur cette belle usine, mais sur la manière dont elle a été conçue et réalisée, et plus largement sur la situation actuelle des techniques et des marchés de l'imprimerie et du papier. Il prouve que nous avons eu raison de prendre en 1985 le pari de l'écrit.

Le Monde (28 avril 1989)

DOCUMENT 3

Pourquoi choisit-on la vie de militant clandestin ? On a longuement écrit à ce sujet, on écrira encore. Pour ma part, il y a eu des raisons de cohérence morale, bien entendu. Quand on est un intellectuel engagé, on donne l'exemple, on passe à l'acte. Ou alors on n'est pas un intellectuel, mais un farceur. Ou un beau parleur. On fait comme Napoléon, précisément. «On s'engage et puis on voit», aimait à dire Bonaparte. Et Lénine n'a pas manqué de signaler et souligner ces fortes paroles. On s'engage donc. Et on a vu, d'ailleurs. On en a vu de toutes les couleurs, y compris les plus sanglantes, les plus sombres. Ce qui ne met pas en cause la nécessité morale de l'engagement dans les combats de ce monde, mais qui attire l'attention sur la question de la lucidité, «la blessure la plus proche du soleil», comme a écrit René Char.

Mais aux raisons d'ordre politique et moral de devenir et de demeurer un militant anti-franquiste s'ajoutait pour moi une raison plus intime, moins solennelle, sans doute : incongrue, peut-être même, du point de vue des déclarations de principe et des discours métahistoriques. Et c'est, tout simplement, que ce travail clandestin se déroulait en Espagne, à Madrid, concrètement : la ville de mon enfance.

Ainsi, dans une certaine mesure, c'est pour retrouver mes racines, la langue maternelle, les paysages d'autrefois, mon identité, en somme, que je me masquais des plus diverses identités, que je me cachais sous les noms d'emprunt ou de guerre. C'est pour redevenir moi-même que j'abandonnais mon identité réelle. Il est évident que le travail clandestin, le risque et l'aventure auraient perdu une bonne partie de leur charme – la part essentielle, sans doute – s'ils ne m'avaient pas ramené sans cesse à Madrid.

J. Semprun
Madrid (Ed. Autrement).

Le système du *on*

On entre à chaque fois dans un système énonciatif complexe et ne doit pas être analysé séparément.

Dans le document 1, les premiers paragraphes du texte multiplient les *on,* alors que les derniers voient apparaître le couple *nous/nos.* Cette apparition coïncide avec l'affirmation de la thèse soutenue par l'auteur anonyme de l'éditorial, comme le souligne la transition : «Il est plus intéressant de s'interroger...». Le passage au *nous* marque donc l'implication de l'argumentateur et du lecteur, solidairement, dans cette thèse proposée. Les *on* du début marquaient au contraire une distance prudente.

Le document 3, de la même façon, voit l'opposition d'un *on* insistant (tout le début du texte) et de la première personne qui s'affirme ensuite dans les deux derniers paragraphes du texte, en même temps que la justification du travail clandestin assumée par l'auteur : rester à Madrid.

Le document 2, de manière plus complexe, constitue un système où au couple *nous/vous* (= la rédaction du *Monde* et les lecteurs du journal) s'oppose un *on* (= les détracteurs de la presse écrite). Le couple *nous/vous* s'affirme explicitement à la fin du texte, en même temps que la thèse proposée que résume la dernière phrase.

On est donc l'un des éléments du système énonciatif mis en œuvre par le texte argumentatif : sa valeur est liée à des jeux d'opposition.

Les valeurs de *on*

Dans le document 1, les *on* initiaux ont parfois une valeur indéfinie, désignant les sujets d'un discours superficiel que n'assume pas l'argumentateur («on n'est en sécurité nulle part»). Parfois au contraire ils ont la valeur d'un *nous* et englobent le point de vue de l'argumentateur («si l'on se place du strict point de vue des victimes...» = si nous nous plaçons).

Dans le document 2, le premier *on,* s'opposant au *nous* («Nous l'a-t-on assez dit») renvoie clairement aux tenants de la thèse refusée : mise à distance que soulignent les guillemets («On») du début du deuxième paragraphe. Mais les *on* qui suivent («le temps que l'on passe devant la télévision, on ne le consacre pas...») sont bien différents et n'excluent plus nécessairement l'argumentateur.

Ces ambiguïtés ne sont nullement des maladresses mais ont un rôle argumentatif précis. La souplesse de *on* permet de constituer un système où le même pronom revêt trois valeurs différentes :

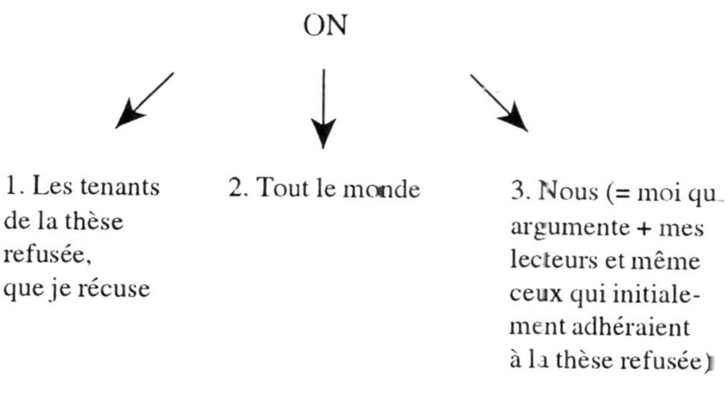

La stratégie argumentative consiste à obtenir la plus large adhésion possible à la thèse proposée, donc à passer du premier *on* (exclusif) au troisième (inclusif). L'emploi de *on* permet que ce passage s'opère en douceur en transitant au besoin par la valeur indéfinie : *on* est une plaque tournante de l'argumentation, un aiguillage particulièrement précieux au sein du système énonciatif puisqu'il permet, derrière l'apparence rassurante d'une forme morphologiquement constante, de ménager des changements de position argumentative : mais ceux-ci ne peuvent apparaître que dans le cadre d'une interprétation d'ensemble du texte[2].

CHAMP LEXICAL ET RESEAU SEMANTIQUE

La notion de champ lexical connaît une grande fortune dans l'enseignement du français ; elle figure explicitement parmi les outils de la lecture méthodique énumérés dans les Instructions officielles pour la classe de seconde ; et bien des questionnements proposent d'identifier, de relever, de classer, etc. des champs lexicaux. Mais ce succès même renvoie, nous semble-t-il, à deux questions :

– qu'entend-on exactement par champ lexical ? (problème de définition)

– que fait-on des champs lexicaux une fois qu'on les a relevés ? (problème d'utilisation)

Champ lexical et champ sémantique

Conformément aux Instructions officielles (classe de seconde) qui, parmi les outils à mettre en œuvre pour la lecture méthodique, associent «lexique, champ lexical, champ sémantique», la plupart des manuels partent d'une distinction entre champ lexical et champ sémantique.

Le *champ sémantique* d'un mot est alors défini comme l'ensemble des sens que ce mot peut actualiser dans divers contextes ; on précise en général que la rubrique du dictionnaire donne une vue d'ensemble de ces sens.

Le *champ lexical,* lui, se définit, avec quelques variantes, comme une série de termes renvoyant à une même réalité ou à un même concept.

---

2 - Notons que si l'articulation «on/nous» est en général claire, «nos» est souvent plus difficile à interpréter, puisqu'il peut tantôt correspondre à «de nous», tantôt à une sorte de génitif inexistant de «on» (ainsi «nos» = sans doute «de on» à la fin du document 1) et que son emploi croise alors celui de «son/ses/leur(s)».

QUELQUES DÉFINITIONS DANS LES MANUELS

* A. Pagès - J. Pagès-Pindon *Le français au lycée* (Nathan)

«Un *champ sémantique* est l'ensemble des emplois possibles pour un mot, c'est-à-dire l'ensemble des énoncés qui définissent la polysémie de ce mot. Les exemples d'un article de dictionnaire constituent le champ sémantique du mot considéré.»

«On appellera *champ lexical* l'ensemble des mots qui, à l'intérieur d'un texte ou d'un groupe de textes, expriment une même idée, ou décrivent une même réalité.»

* C. Eterstein - A. Lesot *Pratique du français* (Hatier)

(La notion de champ sémantique n'apparaît pas dans l'index)

«Les articles d'un dictionnaire analogique regroupent autour d'un mot tous les autres mots qui appartiennent au même domaine, ou *champ lexical* (du grec lexis = mot): l'amour, la ville, la musique, etc.»

* X. Darcos - H. Hasselot- B.Tartayre *Français-Bac* (Hachette)

«Le *champ sémantique* d'un mot constitue la totalité des sens, tous les emplois possibles de ce mot, sa polysémie.»

«*Champ lexical* : l'ensemble des mots qui sont utilisables pour exprimer une même idée, pour décrire un même domaine de la réalité, pour présenter ou développer un même concept.»

Nous n'insisterons pas ici sur la notion de champ sémantique, qui semble poser moins de problèmes[3]. Celle de champ lexical paraît plus difficile à cerner avec rigueur.

Avec des variantes de détail, les définitions précisent pour la plupart que l'ensemble des termes qui constituent le champ lexical renvoie à «une même idée» ou à «une même réalité».

Quand il s'agit de renvoyer à une même réalité, le champ lexical apparaît comme un sous-ensemble organisé du lexique ; il inventorie des éléments du réel, dont la cohérence peut paraître inscrite dans la réalité elle-même[4]. Il sera alors relativement facile d'identifier un champ lexical de l'arbre, de la maison, etc., puisqu'on prend appui sur des séries qui existent dans la langue, antérieurement à la réalisation de l'énoncé.[5]

---

3 - Il faudrait sans doute pourtant préciser la façon dont elle s'articule avec la notion de polysémie, utilisée de façon quelque peu extensive dans les manuels cités ci-dessus.

4 - Même si ce point, comme l'a montré la querelle des Universaux, peut être discuté...

5 - Mais en présentant ainsi les choses, les manuels passent souvent très près de la notion de paradigme, ce qui peut entraîner d'autres confusions.

La situation est plus délicate s'il s'agit de renvoyer à «une même idée» ou «un même concept», la haine par exemple ; la liste des termes susceptibles d'entrer alors dans le champ lexical paraît plus flottante ; et prendra-t-on seulement en compte les sens dénotés, ou aussi les éventuelles connotations ? Fera-t-on entrer dans le champ lexical de la haine, s'il s'agit d'un texte polémique, tel procédé énonciatif de dévalorisation, ou se contentera-t-on de relever des termes à sens lexical plein ? En fait on a moins affaire ici à une catégorie du réel structurant la langue qu'à une caractéristique de la pensée de l'énonciateur informant l'énoncé, et la notion de champ lexical se brouille quelque peu.

«L'ORGANISATION SÉMANTIQUE DU LEXIQUE»

J. Gardes-Tamine (*La grammaire*, Colin, 1988) propose des distinctions et une terminologie différentes.

Utilisant la notion de champ sémantique dans un tout autre sens que celui qui a été évoqué ci-dessus, elle le définit comme

«un sous-ensemble du lexique, un micro-système lexical qui fait correspondre à une notion, les sentiments, la couleur, le mobilier, etc., un groupe de termes. On définit donc les champs sémantiques comme l'*association d'un champ notionnel et d'un champ lexical.* Par exemple, le champ sémantique des sentiments fera correspondre au champ notionnel «sentiments» le champ lexical comprenant les mots *haine, amour, jalousie, passion, envie*, etc. Le terme *etc.* est d'ailleurs critiquable, car un champ sémantique est un ensemble clos et le champ lexical une liste fermée.»

Ainsi défini, le champ sémantique ne comprend que des mots appartenant à la même partie du discours (dans l'exemple ci-dessus, des substantifs exprimant des sentiments). Ceci amène J. Gardes-Tamine à introduire ensuite la notion plus souple de *champ associatif* :

«On opposera (le champ sémantique) aux *champs associatifs* regroupant tous les mots gravitant autour d'une notion donnée, comme *sang, mort, mourir, blessé, bombe, se battre, victoire, perdre, combat*, etc., qui peuvent être réunis autour du thème de la guerre. Ces champs associatifs réunissent des termes appartenant à des parties du discours différentes, adjectifs, verbes, substantifs...»

Nous ne reprendrons pas ici ce critère des parties du discours, plus utile pour la description théorique que pour la compréhension des textes. Mais le recours à la notion de champ associatif manifeste bien le besoin d'assouplir la notion de champ sémantique (entendue ici à peu près au sens où les manuels parlent en général de champ lexical).

Champ lexical et réseau sémantique

L'une des ambiguïtés liées à l'utilisation de la notion de champ lexical tient au niveau d'observation concerné. S'agit-il d'identifier, dans un texte, les références à des séries de termes perçues comme existant dans la langue, antérieurement à la réalisation du texte (et donc comme structurant notre pensée) ? Nous proposerons de parler en ce cas de *champ lexical.* Dans l'étude des textes argumentatifs, on verra souvent le texte puiser dans des champs lexicaux contradictoires correspondant le plus souvent à des systèmes de valeurs : apparence/ réalité, nature/culture, etc.[6]

S'agit-il au contraire de suivre des jeux d'échos qui s'instaurent dans et par le texte, un travail de tissage sémantique qui assure la cohérence et la signification du texte ? On parlera plutôt alors de *réseau sémantique.* Traversant les catégories grammaticales, intégrant le jeu des connotations, le réseau sémantique fonctionne dans l'énoncé, par le mouvement de l'écriture et de la lecture. Il relève moins d'une analyse du lexique que d'une interprétation du texte. Le dynamisme caractéristique des textes argumentatifs se manifeste souvent dans le travail et les transformations des réseaux sémantiques.[7]

Le travail des réseaux sémantiques

Le bout du monde

Lorsque son voyage ne lui est pas imposé, qu'est-ce donc qui appelle l'homme à se mettre en route vers un ailleurs ?

Les traversées anciennes étaient le plus souvent entreprises dans le désir de s'approprier une richesse, d'acquérir des honneurs, de maîtriser par la force ou par l'esprit un territoire encore vierge. En somme, par la catalyse du risque surmonté, il s'agissait d'accéder à une existence supérieure. Le voyage est alors une quête, et, si le voyageur marche avec les mains tendues droit devant lui, c'est moins pour palper les obstacles que pour saisir.

Au contraire, le voyageur moderne est un être qui s'enfuit : pour lui, voyager n'est pas tant gagner un mieux que s'écarter d'un pire. Voyager n'est plus aller au-devant d'une détresse possible, mais abandonner cette détresse derrière soi. Il semble que le voyage contemporain soit une forme (mal) déguisée de l'évasion. Les panneaux publicitaires qui invitent au départ disent : ici tout est gris.. là-bas tout est blanc. S'il succombe à la magie de ce slogan, le voyageur cherche-t-il pour autant à prendre possession des pentes blanches du Corbier que lui promet l'affiche ? Non, et le publicitaire qui l'incite à boucler ses valises le sait bien : ce qui attire le voyageur, c'est d'abord le fait de pouvoir laisser loin

---

6 - Voir p. 56.

7 - «La sémantisation textuelle s'effectue par actualisation de valeurs dénotées (...) ou connotées (...). Passer de champ à réseau, c'est passer de statique à dynamique et construire en un modèle interprétatif les «voix» d'un texte dialogique» (Daniel Delas, in «Un outil pour la lecture méthodique : les champs lexicaux», *Le Français aujourd'hui* n° 90, Juin 1990).

Ainsi définie, la notion de réseau sémantique rejoint certaines utilisations du terme «isotopie».

derrière lui, huit ou quinze jours durant, la grisaille de la grande ville. Ainsi, bien souvent, appelons-nous «voyage» ce qui n'est qu'une «escapade».

Mais le fuyard ne contrôle pas son évasion. Aujourd'hui, pour échapper à la cellule quotidienne, que l'on supporte de plus en plus mal, il est inutile de ruser : il faut aller loin, et y aller vite.

Nous ne tenons pas compte du dicton qui veut que l'on ne soit jamais aussi bien caché qu'au cœur de la foule de notre terre natale – indigène parmi les indigènes. Il nous semble que seule l'accumulation des kilomètres nous rendra enfin inaccessibles, nous délivrera.

Notre salut est au bout de l'horizon. C'est-à-dire au bout du monde.

Les anciens Grecs tenaient la peine d'exil (même provisoire) pour une demi-mort ; nous n'avons de cesse de nous l'infliger, avec une rigueur chaque fois accrue, et nous la regardons non plus comme une demi-mort, mais comme une demi-naissance.

Aller plus loin, c'est aller jusqu'où ?... Il semble que la notion d'éloignement soit devenue fonction des changements de fuseaux horaires. Le fait simple (et artificiel) d'ajouter ou de retrancher des minutes au cadran de sa montre représente, pour le voyageur, la garantie qu'il a véritablement réussi son évasion. En vivant un autre temps que le leur, le voyageur-fuyard est convaincu d'avoir trompé ses poursuivants. Il est vrai qu'il est facile de se sentir étranger à un pays plongé dans la nuit, quand on arpente les avenues encore inconnues d'une cité éclaboussée par le soleil de midi. Et vice versa.

Alors, l'homme et ses préoccupations obsédantes et familières cessent d'être synchrones.

Didier DECOIN,
Trois milliards de voyages, 1975.

(sujet proposé au bac. F.G.H. en Juin 1990, académie Antilles-Guyane)

Le texte oppose, au voyage-quête évoqué avec nostalgie, les formes modernes du voyage qui seraient avant tout évasion, une évasion dénoncée d'ailleurs dans les derniers paragraphes comme illusoire.

On peut bien sûr y relever un champ lexical, au sens strict, du voyage : on y fera entrer des termes comme *escapade, éloignement, traversées anciennes,* peut-être aussi *évasion* (à plusieurs reprises) ou *accumulation des kilomètres.* Mais ce relevé rencontre vite ses limites et en soi n'aide guère à l'interprétation.

Plus intéressante est la façon dont, dans le texte, ce champ lexical est associé, tantôt à des termes qui le valorisent («Le voyage est alors une quête») ou au contraire le dévalorisent en l'assimilant à la fuite et à l'exil : cette conception négative s'affirme à la fin du passage quand le voyageur, d'abord simplement comparé au fuyard, est étiqueté «voyageur-fuyard».

Le texte opère un travail incessant sur le lexique, travail qui ne se limite pas à l'utilisation de champs lexicaux préexistants mais qui, par des jeux d'association et de dissociation, de valorisation et de dévalorisation, cherche à faire bouger les idées reçues.

On notera par exemple toutes les expressions à l'infinitif qui, dans et par le texte, fonctionnent comme des équivalents de *voyager (se mettre en route, s'approprier une richesse, aller loin et y aller vite,* etc.). Toutes ces expressions qui, a priori, n'ont pas forcément de rapport immédiat avec le thème du voyage, portent ici l'argumentation en tissant des réseaux sémantiques. Elles construisent des jeux d'oppositions qui manifestent bien la nature argumentative du texte (*gagner un mieux / s'écarter d'un pire, aller au devant / abandonner derrière soi*, etc. ; cette structuration dichotomique se retrouve partout dans le texte : *demi-mort / demi-naissance, ajouter ou retrancher des minutes au cadran de la montre...*).

Le passage d'une expression à l'autre appuie des mouvements mélioratifs (voyager = *accéder à une existence supérieure*) ou au contraire péjoratifs (voyager = *échapper à la cellule quotidienne*) : plutôt qu'une argumentation à proprement parler, le texte développe en fait un mouvement de dévalorisation de plus en plus insistante de la conception refusée, mouvement dans lequel les substitutions lexicales jouent un rôle essentiel.

Le recours à des champs lexicaux consacrés se manifeste plutôt ici dans la reprise de l'opposition, classique en argumentation, entre le passé (qui constitue dans ce texte le pôle positif) et le présent (pôle négatif).

L'opposition qui articule les deuxième et troisième paragraphes :

«les traversées anciennes / au contraire le voyageur moderne»

peut ainsi être relayée plus loin par «Les anciens Grecs / nous» (= les modernes).

METAPHORE ET ARGUMENTATION

«Comparaison n'est pas raison» : c'est sans doute en fonction de cet adage que les études sur la métaphore envisagent le plus souvent celle-ci dans le cadre d'une réflexion sur le langage poétique et non d'une étude des textes argumentatifs, oubliant par là qu'Aristote, comme le rappelle P. Ricœur[8], la situait *à la fois* dans le champ de la poétique et dans celui de la rhétorique.

La métaphore «restreinte»

Par une première limitation, on tend alors à présenter la métaphore, soit comme un simple ornement du discours, si l'on se situe dans le cadre de la poésie classique, soit comme l'outil par excellence d'une poésie «moderne» : Lautréamont, Reverdy et les surréalistes aidant, on suggère que la métaphore la plus forte serait la plus surprenante, voire la plus gratuite, celle dans laquelle l'écart initial entre les termes rapprochés est maximal. La métaphore, c'est «l'union libre» des mots, chantée par Breton («Ma femme à la langue d'hostie poignardée...»).

---

8 - P. Ricœur, *La métaphore vive*, Seuil 1975.

De nombreuses influences convergent pour imposer cette approche esthétique de la métaphore : celle du symbolisme ou des «correspondances» baudelairiennes par exemple, mais aussi bien les textes célèbres de Jakobson[9] voyant dans la métonymie la pente naturelle de la prose et dans la métaphore celle de la poésie. Dès lors la métaphore n'est pas prise en compte dans la description du texte argumentatif (lui-même «restreint», on y reviendra, au modèle de la démonstration scientifique) ; ou plutôt, chargée de valeur esthétique, la métaphore sera perçue comme un trait littéraire, une élégance (une coquetterie ?) de l'argumentation, non comme un outil opératoire au service de celle-ci.

Deuxième limitation : la métaphore est décrite en général comme une figure ponctuelle, fonctionnant à l'intérieur d'un groupe de mots, une phrase éventuellement. Tout au plus envisage-t-on, si elle s'étend avec insistance au delà, le cas de ce qu'on appelle une «métaphore filée» : mais l'expression même suggère bien que la norme serait la figure ponctuelle, qui parfois se trouverait étirée et délayée.

Troisième limitation : la métaphore est le plus souvent définie en partant de la comparaison. On signifie par là que le procédé initial serait la comparaison explicite : «Vous êtes superbe et généreux comme un lion» (?) à partir de laquelle, par suppression du terme de comparaison, on obtiendrait la métaphore («Vous êtes mon lion superbe et généreux», dit, comme chacun sait, Doña Sol à Hernani). Cette présentation, qui fait de la métaphore une forme dérivée et alambiquée de la comparaison, ce qui est déjà contestable, a en outre l'inconvénient de détourner l'attention de l'essentiel, c'est-à-dire l'interférence (le transfert de sens, selon l'étymologie grecque du mot métaphore) entre deux champs lexicaux (dans notre exemple, celui des humains, auquel appartient Hernani, et celui des animaux – le lion). Par rapport à cela, la présence ou l'absence du terme de comparaison est très secondaire, comme d'ailleurs l'explicitation ou l'absence d'explicitation du point commun («Vous êtes mon lion superbe et généreux» /vs/ «Vous êtes mon lion»). On s'autorisera de cette remarque pour parler très souplement, dans les exemples ci-dessous, de métaphore au sens le plus général du terme.

La métaphore dans les textes argumentatifs

Si l'on étudie la métaphore dans le cadre d'une analyse du fonctionnement des textes argumentatifs, on est amené à mettre en évidence des traits fort différents de ceux qui viennent d'être évoqués.

Premier point : dans le texte argumentatif, la métaphore n'est ni ornementale, ni poétique ; elle est un outil essentiel de l'argumentation.

Peut-être suffira-t-il pour s'en convaincre de comparer deux passages de Chateaubriand, évoquant tous deux le développement des chemins de fer. Dans le premier exemple, il cède à un enthousiasme chez lui assez inhabituel pour le progrès et chante l'essor de l'Amérique :

---

9 - «Linguistique et poétique» in *Essais de linguistique générale.*

«Dans ces forêts réputées impénétrables, bientôt passeront sur des chemins de fer, comme sur les routes de la Grande-Bretagne, ces espèces de chariots enchantés marchant sans chevaux, transportant à la fois avec une vitesse extraordinaire des poids énormes, et cinq à six cents voyageurs.»[10]

Mais voici comment, dans les *Mémoires d'outre-tombe* (3e partie, III,12), il évoque une Angleterre dominée par l'industrie et l'intérêt matériel :

«Aujourd'hui ses vallées sont obscurcies par les fumées des forges et des usines, ses chemins changés en ornières de fer ; et sur ces chemins, au lieu de Milton et de Shakespeare, se meuvent des chaudières errantes.»

La transformation de la métaphore – les «chariots enchantés» devenant des «chaudières errantes» – est ici l'élément essentiel du retournement argumentatif qui permet la dévalorisation du progrès.

En argumentation, la métaphore est l'outil par excellence du raisonnement par analogie. Le thème (ici les chemins de fer) reçoit un certain nombre de qualités (positives dans le premier cas, négatives dans le second) de l'analogie proposée avec le phore (chariots enchantés ou chaudières errantes). Le récepteur étant supposé d'accord avec les qualités attribuées au phore, il s'agit pour l'argumentateur de transférer cet accord sur le thème. La nécessité de cet accord préalable sur les qualités du phore est un point essentiel ; comme tout procédé argumentatif, la métaphore ne peut fonctionner qu'à partir d'un consensus sur certaines valeurs (ici le fait que les chariots enchantés valent mieux que des chaudières errantes).

Ce consensus semble parfois aller de soi ; argumentativement, c'est alors qu'il est le plus efficace. Comment par exemple, dans notre culture, échapper à la métaphore qui privilégie le «profond» par rapport au «superficiel» ? Comme l'illustre bien un séduisant passage de Michel Tournier, elle n'est pourtant pas à l'abri d'un retournement, mais celui-ci est perçu en général comme paradoxal :

«Etrange parti pris qui valorise aveuglément la profondeur aux dépens de la superficie et qui veut que «superficiel» signifie non pas «de vaste dimension», mais «de peu de profondeur», tandis que «profond» signifie au contraire «de grande profondeur» et non pas «de faible superficie». Et pourtant un sentiment comme l'amour se mesure bien mieux il me semble – si tant est qu'il se mesure – à l'importance de sa superficie qu'à son degré de profondeur. Car je mesure mon amour pour une femme au fait que j'aime également ses mains, ses yeux, sa démarche, ses vêtements habituels, ses objets familiers, ceux qu'elle n'a fait que toucher, les paysages où je l'ai vue évoluer, la mer où elle s'est baignée... Tout cela, c'est bien de la superficie, il me semble! Au lieu qu'un sentiment médiocre vise directement – *en profondeur* – le sexe même et laisse tout le reste dans une pénombre indifférente.»[11]

---

10 - Extrait d'un article paru dans les *Débats* le 24. 10. 1825.
11 - *Vendredi ou les limbes du Pacifique* (Gallimard 1967).

On voit par cet exemple que si, en poésie, la métaphore la plus forte est peut-être la plus surprenante, en argumentation au contraire elle a d'autant plus de poids qu'elle paraît davantage aller de soi : comme la supériorité du profond sur le superficiel, elle a «la force de l'évidence». Si la métaphore poétique recherche la fulgurance éblouissante qui troue le prosaïsme du discours, la métaphore argumentative a intérêt à se fondre dans la grisaille du «lieu commun» : argumenter, c'est amener le récepteur à ce lieu commun où pourra se produire un «échange de vues».

En ce sens on peut même penser, avec C. Perelman[12], que la catachrèse (expression métaphorique qui est le seul moyen dont dispose la langue pour désigner un objet : le pied de la montagne ou le bras du fauteuil) est encore plus efficace que la métaphore, puisqu'elle impose l'analogie de façon apparemment incontournable. Perelman cite l'exemple de Descartes qui exploite la catachrèse de «l'enchaînement des idées» et insiste sur le fait que, dans une déduction rigoureuse, il ne faut jamais sauter aucun maillon de la chaîne, car «là où un point est omis, fût-ce le plus petit, aussitôt la chaîne est rompue, et toute la certitude de conclusion s'évanouit». Mais si l'on change de phore, le raisonnement n'étant pas assimilé à un enchaînement, mais à un tissu, dont la trame est constituée d'arguments entrelacés, on voit immédiatement que sa solidité est de loin supérieure à chacun des fils et l'on ne peut plus affirmer qu'il est analogue à une chaîne qui n'est pas plus solide que le plus faible des maillons.

La métaphore dans le discours

Deuxième point – lié bien sûr au précédent : en argumentation, la métaphore n'est pas un enjolivement ponctuel, mais un élément organisateur du discours et un facteur de cohérence textuelle. Autrement dit, la métaphore «filée», loin d'être une figure locale tirée en longueur, apparaît comme le cas normal. On en donnera ici deux exemples, l'un emprunté à Hugo, l'autre à Machiavel. Dans les deux cas, la métaphore est constitutive du texte (il n'est pas possible de la supprimer sans détruire l'argumentation, alors qu'on pourrait le faire si elle n'avait qu'un rôle ornemental).

> C'est par erreur qu'on a annoncé cette édition comme devant être augmentée de plusieurs chapitres *nouveaux.* Il fallait dire *inédits.* En effet, si par nouveaux on entend *nouvellement faits,* les chapitres ajoutés à cette édition ne sont pas *nouveaux.* Ils ont été écrits en même temps que le reste de l'ouvrage, ils datent de la même époque et sont venus de la même pensée, ils ont toujours fait partie du manuscrit de *Notre-Dame de Paris.* Il y a plus, l'auteur ne comprendrait pas qu'on ajoutât après coup des développements nouveaux à un ouvrage de ce genre. Cela ne se fait pas à volonté. Un roman, selon lui, naît, d'une façon en quelque sorte nécessaire, avec tous ses chapitres ; un drame naît avec toutes ses scènes. Ne croyez pas qu'il y ait rien d'arbitraire dans le nombre de parties dont se compose ce tout, ce mystérieux microcosme que vous appelez drame ou roman. La greffe ou la soudure prennent mal sur des œuvres de cette nature, qui doivent jaillir d'un seul jet et rester telles quelles. Une fois la chose faite, ne vous ravisez pas, n'y retouchez plus. Une fois que

12 - *L'Empire rhétorique* (Vrin 1977).

le livre est publié, une fois que le sexe de l'œuvre, virile ou non, a été reconnu et proclamé, une fois que l'enfant a poussé son premier cri, il est né, le voilà, il est ainsi fait, père ni mère n'y peuvent plus rien, il appartient à l'air et au soleil, laissez-le vivre ou mourir comme il est. Votre livre est-il manqué ? tant pis. N'ajoutez pas de chapitres à un livre manqué. Il est incomplet ? il fallait le compléter en l'engendrant. Votre arbre est noué ? vous ne le redresserez pas. Votre roman est phtisique ? Votre roman n'est pas viable ? Vous ne lui rendrez pas le souffle qui lui manque. Votre drame est né boiteux ? Croyez-moi, ne lui mettez pas de jambe de bois.

L'auteur attache donc un prix particulier à ce que le public sache bien que les chapitres ajoutés ici n'ont pas été faits exprès pour cette réimpression...

Notre-Dame de Paris,
note ajoutée à l'édition définitive, 1832.

Je n'ignore pas cette croyance fort répandue : les affaires de ce monde sont gouvernées par la fortune et par Dieu ; les hommes ne peuvent rien y changer, si grande soit leur sagesse ; il n'existe même aucune sorte de remède ; par conséquent il est tout à fait inutile de suer sang et eau à vouloir les corriger, et il vaut mieux s'abandonner au sort. Opinion qui a gagné du poids en notre temps, à cause des grands bouleversements auxquels on assiste chaque jour, et que nul n'aurait jamais pu prévoir. Si bien qu'en y réfléchissant moi-même, il m'arrive parfois de l'accepter. Cependant, comme notre libre arbitre ne peut disparaître, j'en viens à croire que la fortune est maîtresse de la moitié de nos actions, mais qu'elle nous abandonne à peu près l'autre moitié. Je la vois pareille à une rivière torrentueuse qui dans sa fureur inonde les plaines, emporte les arbres et les maisons, arrache la terre d'un côté, la dépose de l'autre ; chacun fuit devant elle, chacun cède à son assaut, sans pouvoir dresser aucun obstacle. Et bien que sa nature soit telle, il n'empêche que les hommes, le calme revenu, peuvent prendre certaines dispositions, construire des digues et des remparts, en sorte que la nouvelle crue s'évacuera par un canal ou causera des ravages moindres. Il en est de même de la fortune : elle fait la démonstration de sa puissance là où aucune vertu ne s'est préparée à lui résister ; elle tourne ses assauts où elle sait que nul obstacle n'a été construit pour lui tenir tête. Si maintenant vous considerez l'Italie, siège et berceau de ces bouleversements, vous verrez que c'est une campagne sans digues et sans remparts d'aucune sorte ; car si elle était protégée par une solide vertu, comme le sont l'Allemagne, l'Espagne, la France, l'inondation n'aurait pas produit de si grands ravages ; sans doute n'aurait-elle pas eu lieu.

Je ne veux rien ajouter sur les moyens d'endiguer la fortune en général...

MACHIAVEL
Le Prince - chap. 25 - Trad. Jean Anglade

Dans ces deux passages, la métaphore se développe au fil du texte et en tisse la cohérence. Dans le texte de Hugo, elle justifie et exploite en même temps la quasi-catachrèse initiale (la «naissance» d'un roman). Le tissage métaphorique consiste ici d'abord à introduire l'image sous une forme apparemment banale («un roman naît avec tous ses chapitres (...), un drame naît avec toutes ses scènes»), puis à en développer toute la portée en évoquant «le sexe de l'œuvre» ou le «premier cri» de l'enfant. D'autre part, selon une stratégie très hugolienne de la surabondance, la métaphore principale est enrichie d'images complémentaires, comme celle de l'arbre – qui sera associée ensuite à celle de l'enfant pour constituer une isotopie de l'organique à laquelle s'opposera l'inerte «jambe de bois» –, ou celle de la soudure, qui, ne se laissant pas intégrer dans le domaine du vivant, sera abandonnée par la suite.

Dans le texte de Machiavel le mouvement métaphorique est plus déductif. Il s'affirme à partir d'une relative aporie de la raison logique («j'en viens à croire que la fortune est maîtresse de la moitié de nos actions, mais qu'elle nous abandonne à peu près l'autre moitié»), aporie qui libère la place pour une démarche analogique. Affirmée nettement d'entrée («Je la vois pareille à une rivière torrentueuse»), l'image, selon une rhétorique qui trouve ses sources dans la comparaison homérique, est reprise avec insistance (voir par exemple la répétition du mot «digues») jusqu'au moment où elle amène le thème final (la science politique comme moyen «d'endiguer la fortune»).

Métaphore et dynamique de l'argumentation

Un cas particulièrement intéressant à observer est celui de textes où le système métaphorique se modifie progressivement. Le propre de l'argumentation étant en effet de faire passer le récepteur d'un point de vue initial récusé à un point de vue final assumé, selon un processus dynamique, la métaphore évolue souvent pour permettre – voire pour susciter – cette progression du raisonnement.

Ceci apparaît nettement dans le passage suivant, extrait du discours prononcé le 10 avril 1793 par le girondin Vergniaud en réponse aux accusations de Robespierre :

> [...] Robespierre nous accuse d'être devenus tout à coup des «modérés», des «feuillants». Nous, «modérés» ? Je ne l'étais pas le 10 août, Robespierre, quand tu étais caché dans ta cave ! Des «modérés» ! Non, je ne le suis pas dans ce sens que je veuille éteindre l'énergie nationale ; je sais que la liberté est toujours active comme la flamme, qu'elle est inconciliable avec ce calme parfait qui ne convient qu'à des esclaves : si l'on n'eût voulu que nourrir ce feu sacré, qui brûle dans mon cœur aussi ardemment que dans celui des hommes qui parlent sans cesse de l'impétuosité de leur caractère, de si grands dissentiments n'auraient pas éclaté dans cette Assemblée. Je sais aussi que, dans des temps révolutionnaires il y aurait autant de folie à prétendre calmer à volonté l'effervescence du peuple, qu'à commander aux flots de la mer d'être tranquilles quand ils sont battus par les vents ; mais c'est au législateur à prévenir autant qu'il peut les désastres de la tempête par de sages conseils ; et si sous prétexte de révolution, il faut, pour être patriote, se déclarer le protecteur du meurtre et du brigandage, je suis «modéré» !

Il s'agit ici de réfuter les connotations négatives attachées au terme «modéré» ; cette réfutation est opérée par un glissement métaphorique, en deux temps :

– premier temps : si être modéré c'est éteindre la flamme de la liberté, je ne suis pas modéré.

– second temps : mais si être modéré c'est endiguer les ravages de la tempête, je suis bien un modéré.

Le remplacement de la métaphore positive de la flamme par celle, négative, des flots déchaînés, permet d'inverser les connotations attachées au terme de modération, selon le schéma suivant :

feu sacré de la liberté (+)	modération (-)
désastres de la tempête (-)	modération (+)

La dynamique argumentative repose donc dans ce cas sur une structure en chiasme ; des configurations plus complexes sont bien sûr possibles, comme en témoigne l'exemple suivant, emprunté à nouveau à Hugo, et qui enchâsse l'un dans l'autre deux systèmes métaphoriques en même temps qu'il inverse, en chiasme, les polarités argumentatives :

> Ce n'est pas du reste sans quelque hésitation que l'auteur de ce drame s'est déterminé à le charger de notes et d'avant-propos. Ces choses sont d'ordinaire fort indifférentes aux lecteurs. Ils s'informent plutôt du talent d'un écrivain que de ses façons de voir ; et, qu'un ouvrage soit bon ou mauvais, peu leur importe sur quelles idées il est assis, dans quel esprit il a germé. On ne visite guère les caves d'un édifice dont on a parcouru les salles, et quand on mange le fruit de l'arbre, on se soucie peu de la racine.
>
> D'un autre côté, notes et préface sont quelquefois un moyen commode d'augmenter le poids d'un livre et d'accroître, en apparence du moins, l'importance d'un travail ; c'est une tactique semblable à celle de ces généraux d'armée, qui, pour rendre plus imposant leur front de bataille, mettent en ligne jusqu'à leurs bagages. Puis, tandis que les critiques s'acharnent sur la préface et les érudits sur les notes, il peut arriver que l'ouvrage lui-même leur échappe et passe intact à travers leurs feux croisés, comme une armée qui se tire d'un mauvais pas entre deux combats d'avant-poste et d'arrière-garde.
>
> Ces motifs, si considérables qu'ils soient, ne sont pas ceux qui ont décidé l'auteur. Ce volume n'avait pas besoin d'être enflé, il n'est déjà que trop gros. Ensuite, et l'auteur ne sait comment cela se fait, ses préfaces, franches et naïves, ont toujours servi près des critiques plutôt à le compromettre qu'à le protéger. Loin de lui être de bons et fidèles boucliers, elles lui ont joué le mauvais tour de ces costumes étranges qui, signalant dans la bataille le soldat qui les porte, lui attirent tous les coups et ne sont à l'épreuve d'aucun.
>
> Des considérations d'un autre ordre ont influé sur l'auteur. Il lui a semblé que si, en effet, on ne visite guère par plaisir les caves d'un édifice, on n'est pas fâché quelquefois d'en examiner les fondements. Il se livrera donc, encore une fois, avec une préface, à la colère des feuilletons...
>
> Victor Hugo
> préface de *Cromwell*, 1827.

Dans cette préface où il s'agit de justifier le rôle des préfaces (on sait que la postérité sur ce point a suivi Hugo à un point auquel il ne s'attendait sans doute pas, puisque, de *Cromwell,* on ne lit plus guère aujourd'hui que la célèbre *Préface !*), l'argumentation prend appui sur un double retournement.

Un premier système métaphorique propose deux images : celle de l'édifice, celle de l'arbre. Il tend, dans un mouvement concessif, à déprécier le rôle des préfaces:

Peu leur importe sur quelles idées (un ouvrage) est assis
↓
On ne visite guère les caves d'un édifice dont on a parcouru les salles.

dans quel esprit il a germé
↓
quand on mange le fruit de l'arbre, on se soucie peu de la racine.

Un deuxième système métaphorique s'organise autour d'images militaires dans les deuxième et troisième paragraphes du texte.

Dans le deuxième paragraphe, la métaphore tend à justifier le rôle de la préface (elle protège des feux croisés) ; dans le troisième, l'orientation argumentative est inversée (l'œuvre attire les coups).

Le quatrième paragraphe reprend enfin la métaphore initiale de l'édifice, mais en l'inversant dans un sens cette fois positif, puisque l'idée négative de «cave» est remplacée par celle de «fondement».

Le schéma suivant résume cette structure :

	métaphore	polarité argumentative
§1	architecturale	(-)
§2	militaire	(+)
§3	militaire	(-)
§4	architecturale	(+)

Dans ces deux exemples, c'est bien le travail de la métaphore qui fait avancer le texte et qui permet de passer d'une thèse à l'autre : comme dans le passage de Machiavel analysé plus haut, l'argumentation repose sur un processus analogique et non logique.

MÉTAPHORE CONTRE MÉTAPHORE...

(Composition linéaire du roman, ou refus de l'unité d'action ? L'affrontement des comparaisons et des métaphores :)

«En échange de toutes les souples commodités que se donnent les ouvrages composés *en étoile*, il est une arme, une des plus prestigieuses de l'arsenal romanesque, dont ils se privent : la pression cumulative que vient exercer sur les dernières scènes d'un roman, (la mort de Mme Bovary par exemple) la série engrangée et sans rupture des épisodes qui les précèdent. Ainsi la détente progressive des gaz qui le propulsent donne au projectile sa vitesse maxima à la bouche du canon.»

J. GRACQ
En lisant, en écrivant (1980)

«Je regrette que presque tous les romans écrits à ce jour soient trop obéissants à la règle de l'unité d'action. Je veux dire qu'ils sont tous fondés sur un seul enchaînement causal d'actions et d'événements. Ces romans ressemblent à une rue étroite, le long de laquelle on pourchasse les personnages à coups de fouet. La tension dramatique, c'est la véritable malédiction du roman parce qu'elle transforme tout, même les plus belles pages, même les scènes et les observations les plus surprenantes, en une simple étape menant au dénouement final, où se concentre le sens de tout ce qui précède. Dévoré par le feu de sa propre tension, le roman se consume comme une botte de paille.»

M. KUNDERA
L'immortalité (1990)

CHAPITRE V

Texte argumentatif et genres littéraires

POESIE ET ARGUMENTATION : V. HUGO

Il pourrait sembler qu'une réflexion sur les textes argumentatifs n'ait rien à apporter pour la lecture de la poésie. Si l'argumentation implique en effet la prise en compte de la situation d'énonciation et la volonté d'agir sur le récepteur, la tradition romantique[1] aussi bien qu'une certaine lecture de Jakobson[2] mettent au contraire en avant la clôture du texte poétique sur lui-même, son «autotélicité». Les célèbres analyses de Sartre, dans *Qu'est-ce que la littérature ?*, présentent cette thèse de façon à la fois retentissante et quelque peu simpliste : si le prosateur a un devoir d'engagement, le poète s'en voit dispensé pour la simple raison qu'il est un homme qui refuse d'utiliser les mots ; le langage poétique, n'ayant pas à servir, se replie sur lui-même et trouve en soi sa propre fin. Et l'on sait la désinvolture avec laquelle Sartre congédie, à la fin de son développement, le contre-exemple que pourrait constituer la poésie de la Résistance : précisément, ce n'est pas de la poésie...

Il est clair qu'en tout état de cause cette conception intransitive de l'écriture poétique ne peut prétendre s'appliquer qu'à la poésie «moderne» : elle ne vaut ni pour Virgile, ni pour Ronsard ou Boileau. Et, comme l'a montré A. Kibedi-Varga[3], la poésie classique est trop imprégnée de rhétorique pour se laisser enfermer dans une problématique de l'autotélicité. Il faudrait ici recourir aux analyses de R. Barthes[4] pour distinguer le caractère «relationnel», la

1 - Plutôt au sens allemand qu'au sens français du terme ; voir T. Todorov, *Théories du symbole*, éd. du Seuil 1977.
2 - La «fonction poétique» entendue comme accent mis sur le message lui-même, par opposition aux fonctions de communication.
3 - Voir par exemple, dans *Rhétorique et littérature*, les poèmes classiques analysés dans le chapitre III.
4 - *Le degré zéro de l'écriture*, chap. IV : «Ya-t-il une écriture poétique ?»

sociabilité du langage classique, et le langage poétique moderne, qui «détruit la nature spontanément fonctionnelle du langage» et se présente comme «une explosion de mots».

On considère souvent que cette mutation du langage poétique, pour ce qui est de la littérature française, caractérise l'œuvre de Rimbaud[5]. Barthes lui-même hésite sur ce point : dans *Le degré zéro de l'écriture,* il précise d'abord que la poésie moderne est «celle qui part, non de Baudelaire, mais de Rimbaud» ; mais trois pages plus loin il indique que «la distorsion que Hugo a tenté de faire subir à l'alexandrin, qui est le plus relationnel de tous les mètres, contient déjà tout l'avenir de la poésie moderne...». La place ainsi faite à Hugo est révélatrice : il nous semble en effet que l'œuvre de Hugo est un domaine d'observation privilégié, à la frontière de deux conceptions différentes de la poésie : une poésie «classique» du discours (quelles que soient les innovations formelles) et une poésie «moderne» de la voyance. Et c'est précisément dans cette tension entre deux écritures possibles qu'elle prend sens. Tenter de la lire en tant que texte argumentatif, ce sera donc à la fois suivre l'une de ses tendances et essayer d'en repérer les limites.

Plutôt qu'à un de ces poèmes-manifestes comme il en est beaucoup, par exemple dans les *Contemplations,* et qui feraient la part trop belle à la rhétorique, nous avons choisi de nous intéresser à un poème des *Voix intérieures,* dont l'aspect argumentatif est moins évident : *Passé,* pièce XVI du recueil publié en 1837.

PASSÉ

C'était un grand château du temps de Louis treize.
Le couchant rougissait ce palais oublié.
Chaque fenêtre au loin, transformée en fournaise,
Avait perdu sa forme et n'était plus que braise.
Le toit disparaissait dans les rayons noyé.

Sous nos yeux s'étendait, gloire antique abattue,
Un de ces parcs dont l'herbe inonde le chemin,
Où dans un coin, de lierre à demi revêtue,
Sur un piédestal gris, l'hiver, morne statue,
Se chauffe avec un feu de marbre sous sa main.

O deuil ! le grand bassin dormait, lac solitaire.
Un Neptune verdâtre y moisissait dans l'eau.
Les roseaux cachaient l'onde et l'eau rongeait la terre.
Et les arbres mêlaient leur vieux branchage austère,
D'où tombaient autrefois des rimes pour Boileau.

---

5 - Voir l'analyse des *Illuminations* que propose T. Todorov dans *Les Genres du discours* (Seuil, 1978), et sa conclusion : Rimbaud «a légué le discours schizophrénique comme modèle à la poésie du XXème siècle».

On voyait par moments errer dans la futaie
De beaux cerfs qui semblaient regretter les chasseurs ;
Et, pauvres marbres blancs qu'un vieux tronc d'arbre étaie,
Seules, sous la charmille, hélas ! changée en haie,
Soupirer Gabrielle et Vénus, ces deux sœurs !

Les manteaux relevés par la longue rapière,
Hélas ! ne passaient plus dans ce jardin sans voix ;
Les tritons avaient l'air de fermer la paupière ;
Et, dans l'ombre, entr'ouvrant ses mâchoires de pierre,
Un vieux antre ennuyé bâillait au fond du bois.

Et je vous dis alors : – Ce château dans son ombre
A contenu l'amour, frais comme en votre cœur,
Et la gloire, et le rire, et les fêtes sans nombre,
Et toute cette joie aujourd'hui le rend sombre,
Comme un vase noirci rouillé par sa liqueur.

Dans cet antre, où la mousse a recouvert la dalle,
Venait, les yeux baissés et le sein palpitant,
Ou la belle Caussade ou la jeune Candale,
Qui, d'un royal amant conquête féodale,
En entrant disait Sire, et Louis en sortant.

Alors comme aujourd'hui, pour Candale ou Caussade,
La nuée au ciel bleu mêlait son blond duvet,
Un doux rayon dorait le toit grave et maussade,
Les vitres flamboyaient sur toute la façade,
Le soleil souriait, la nature rêvait !

Alors comme aujourd'hui, deux cœurs unis, deux âmes,
Erraient sous ce feuillage où tant d'amour a lui ;
Il nommait sa duchesse un ange entre les femmes,
Et l'œil plein de rayons et l'œil rempli de flammes
S'éblouissaient l'un l'autre, alors comme aujourd'hui !

Au loin dans le bois vague on entendait des rires.
C'étaient d'autres amants, dans leur bonheur plongés.
Par moments un silence arrêtait leurs délires.
Tendre, il lui demandait : D'où vient que tu soupires ?
Douce, elle répondait : D'où vient que vous songez ?

Tous deux, l'ange et le roi, les mains entrelacées,
Ils marchaient, fiers, joyeux, foulant le vert gazon,
Ils mêlaient leurs regards, leur souffle, leurs pensées... –
O temps évanouis ! ô splendeurs éclipsées !
O soleils descendus derrière l'horizon !

1er avril 1835

«Alors je dis...»

La régularité métrique des quintils n'empêche pas le lecteur d'identifier aisément l'opposition entre les cinq premières strophes et les suivantes. La charnière qui ouvre le vers 26 : «Et je vous dis alors...» introduit un long passage, entre tirets, d'une longueur à peu près équivalente à celle du début du poème, et qui est présenté explicitement comme un discours assumé par le poète : du coup, les cinq premières strophes paraissent avoir un statut énonciatif beaucoup plus ambigu. On laissera provisoirement de côté les deux derniers vers.

Cette structuration en deux temps est familière à Hugo, et le plus souvent clairement soulignée par des transitions du type : «Alors je dis», par lesquelles une partie du poème met en scène sa propre énonciation. On en trouve de nombreux exemples dans les recueils d'avant l'exil, comme *Les Rayons et les Ombres* ou *Les Voix intérieures*.[6]

La deuxième partie relève bien du système du discours et manifeste par là l'engagement énonciatif du poète :

– apparition de la deuxième personne («frais comme en votre cœur») ;

– utilisation du passé composé («Ce château [...] a contenu l'amour...» ; «la mousse a recouvert la dalle») ;

– références déictiques («Ce château...» ; «aujourd'hui» ; «Alors comme aujourd'hui...»).

Par contraste, on notera l'imprécision du repérage énonciatif dans la première partie : omniprésence de l'imparfait, flou des indications temporelles («On voyait par moments...») et des renseignements sur les personnages : «Sous nos yeux...» ; «On voyait...». Tout se passe comme si la première partie présentait un donné brut, dont le poète prend simplement acte (comme le montre la formule introductive «C'était...»), alors que la seconde est un discours sur le réel, qui vise à en dégager une signification : en ce sens, une argumentation.

Une réécriture

La dimension argumentative du texte se lira donc dans la façon dont la seconde partie réécrit la première : à la vision refusée d'un monde désenchanté, elle oppose une autre vision qui se veut positive. Le discours du poète vise à réorganiser le monde. On comparera par exemple le premier quintil et le huitième, qui constituent les deux évocations du château.

Q 1 décrit un état amorphe du monde, un univers gagné par l'indistinction, où «chaque fenêtre (...) avait perdu sa forme» et où «le toit disparaissait». Le feu du couchant se charge de connotations négatives («fournaise») avant de se réduire à l'état de braise ; il est menacé par la noyade qu'évoque le dernier mot du quintil, en une expression – quasiment un oxymore – qui mêle l'eau et le feu : «dans les rayons noyé...». Il serait facile de suivre dans les strophes suivantes le développement de ces procédés : «inonde» au vers 7 prolonge

---

6 - Voir par exemple, dans *Les Rayons et les Ombres*, «Puits de l'Inde...», «En passant dans la place Louis XV» ou «La statue».

«noyé» ; le «feu de marbre» du vers 10 réitère l'oxymore du vers 5 ; le troisième quintil reprend le thème de l'oubli et d'un sommeil qui semble de mort, avant de redire la confusion inquiétante des éléments :

«Les roseaux cachaient l'onde et l'eau rongeait la terre.»

Un tel monde est prêt à verser dans le sommeil («fermait la paupière», «bâillait») et le silence («jardin sans voix») : c'est ce silence que doit dissiper la parole du poète.

Q 8 prolonge les mêmes isotopies, mais en remettant cette fois chaque chose à sa place et en inversant les connotations. Là où le vers 5 disait la disparition des contours et l'extinction d'un feu qui se noie, le vers 38 articule autour de la césure les éléments («Un doux rayon dorait/ le toit grave et maussade») et rend au soleil son pouvoir transfigurateur chargé de connotations positives («Un doux rayon dorait...» à opposer à la «fournaise» de Q 1). L'ambiguïté des oxymores disparaît, et alors que dans Q 1 «chaque fenêtre avait perdu sa forme», dans Q 8 s'affirme un éclat («Les vitres flamboyaient sur toute la façade») dont le dernier vers indique bien le caractère positif («Le soleil souriait...»).

Les variantes

L'analyse des variantes, telles que les signale P. Albouy dans l'édition de «La Pléiade», permet de confirmer ce travail de «redressement» du sens.

On notera d'abord une correction significative au vers 26, où la formule introductrice était d'abord à l'imparfait :

«*Et moi, je vous disais* : ce château...»

Il est clair que le passé simple, accompagné de *alors*, permet d'opposer beaucoup plus nettement les deux parties du poème, en soulignant la rupture qu'introduit le passage au discours. La deuxième partie évoque en fait une fiction (une époque Louis XIII - ou Louis XIV) antérieure à celle de la première partie, qui correspond à un passé (plus ou moins) récent de la vie du poète. Or l'opposition qui s'établit, dans la version définitive du poème, entre les formules qui introduisent les deux parties («C'était.../Et je vous dis alors...») inverse cette relation et manifeste l'ambition du poète d'imposer sa vision du monde (sa «thèse») : en tant que discours, la deuxième partie succède à la première et fait revivre le passé.

Les autres variantes indiquent clairement la volonté de Hugo de faire fonctionner de façon totalement cohérente l'opposition entre l'indistinction négative de la première partie et les délimitations positives de la seconde. Dans le premier quintil, le travail de correction porte essentiellement sur le dernier vers, dont la rédaction primitive était :

«Son toit brumeux flottait derrière les rayons».

Une première réécriture donne

«Le toit disparaissait de rayons inondé»

où «disparaissait» introduit une valeur négative que n'avait pas aussi nettement «flottait» tandis que «de rayons inondé» réalise déjà cette alliance de l'eau et du feu que «dans les rayons noyé» viendra radicaliser.[7]

Inversement, une variante du vers 44 donnait

«L'œil baigné de rayons...»

On comprend qu'elle ait été éliminée, puisque reprenant dans la deuxième partie l'oxymore eau/feu elle aurait affaibli la portée des jeux d'oppositions que nous avons relevés.

Enfin il est intéressant de noter qu'une ébauche de la première strophe donnait

«aux rayons du couchant
Les vitres flamboyaient sur toute la façade»

Or cet alexandrin se retrouve inchangé au vers 39 de la version définitive. Ceci indique d'une part que ce vers, par ses connotations positives, ne pouvait rester dans la première partie à partir du moment où Hugo construit son poème sur le jeu d'oppositions que nous avons décrit ci-dessus ; d'autre part, que selon une technique familière à Hugo, le poème a été écrit à l'envers : la thématique positive a suscité rétroactivement la partie négative qui la met en scène et en valeur, comme une thèse se construit contre une autre thèse, c'est-à-dire comme on *(pro)pose* un discours contre un autre.

Les feux de l'amour

Comme l'indiquent explicitement les vers 44-45, le rayonnement dont il est question ici est aussi celui de l'amour. La première partie, spectacle de désolation, dit le déclin des choses mais aussi la déréliction dans un monde où l'amour est mort («On voyait (...) / Seules sous la charmille, hélas! changée en haie, / Soupirer Gabrielle et Vénus, ces deux sœurs !» - amoureuses négligées, beaux cerfs attendant le chassseur, suggère le vers 17...). Les feux sont désormais gagnés par le froid du marbre (vers 10).

Le discours de la deuxième partie est donc une argumentation amoureuse, où il s'agit d'imposer l'idée d'une permanence possible de l'amour. La strophe 9, encadrée par la reprise de «Alors comme aujourd'hui», voit se rejoindre explicitement la thématique solaire et la thématique amoureuse. Les couples d'autrefois revivent dans celui d'aujourd'hui, comme le souligne l'identification esquissée par les premiers vers de la dernière strophe : aujourd'hui comme alors, suggère Hugo avec son immodestie habituelle, un ange et un roi foulent le vert gazon... L'amour, force vitale, rayonnement éternel, survit à tous les déclins.

---

7 - «Inondé», supprimé du premier quintil, réapparaît alors au vers 7. D'autre part, dans ce jeu des variantes, il faudrait prendre aussi en compte le travail de la rime. Une première version du vers 2 donnait en effet : «Le couchant rougissait son pignon lézardé» ; or la contrainte de la rime solidarise «lézardé/inondé» et «oublié/noyé»... sans qu'on puisse savoir quelle correction entraîne l'autre.

Toutefois ce retournement positif ne va pas sans ambiguïté. Au sein même du bonheur évoqué à la fin du poème se creuse parfois un silence :

«Par moments un silence arrêtait leurs délires.
Tendre, il lui demandait : D'où vient que tu soupires ?
Douce, elle répondait : D'où vient que vous songez ?»

Certes les trois vers suivants rétablissent la plénitude de la fusion amoureuse ; reste qu'une inquiétude, un pressentiment peut-être d'un avenir moins rayonnant, se sont glissés au milieu des rires. Ceci amène à envisager les deux derniers vers que nous avons jusqu'ici laissés de côté.

La double énonciation

L'interprétation du poème ne peut en effet se contenter d'opposer la deuxième partie à la première. Si un premier temps de la lecture permet de voir dans le «discours» des vers 26 à 53 le retournement argumentatif de visions négatives de la nature et de l'amour en conceptions positives, les limites et le sens de ce retournement même doivent aussi être analysés.

Les points de suspension qui terminent le vers 53, le statut ambigu des deux derniers vers, ouvrent en effet à nouveau le texte et suggèrent une signification plus complexe qu'il ne paraissait. Les constructions nominales des deux derniers vers évitent de les situer par rapport aux systèmes temporels et énonciatifs constitués dans les deux parties précédentes :

«O temps évanouis! ô splendeurs éclipsées !
O soleils descendus derrière l'horizon !»

Faut-il lire ces vers comme un retour à la thématique désolée de la première partie, dénonçant comme illusoire le retournement positif qui vient d'être tenté ? Ces exclamations sont-elles seulement la reprise du «O deuil !» du vers 11 ? Le soleil, ayant continué à décliner, serait cette fois définitivement «descendu derrière l'horizon»... Ou bien cette fin laisse-t-elle ouverte la possibilité d'une éternité amoureuse, le retour à la première partie appelant un retour de la deuxième partie, en un mouvement cyclique qu'appelle la thématique solaire ? Le poème ne propose pas de réponse explicite à ces questions. Mais, par sa structure, il est en lui-même un élément de réponse.

En tant qu'il met en scène sa propre énonciation, ce poème relève en effet de la problématique – qu'il n'y a pas de raison de réserver au théâtre – de la «double énonciation» : c'est ainsi que sa signification réside dans ce qui est dit par le «discours» des vers 26 à 53, lequel apparaît comme la réfutation argumentative, assumée par le «je» du vers 26, de la vision initiale, mais aussi dans l'agencement de l'ensemble et dans la tension qui s'instaure entre les différents éléments du texte. On peut penser que Hugo s'identifie à l'une des «voix» du texte : il n'en est pas moins avant tout le régisseur de la polyphonie d'ensemble.

Or ce qui se joue à ce niveau, c'est la capacité du discours hugolien à structurer le monde, à le ressaisir par le langage. Il s'agit de conjurer l'obsession de l'amorphe, de toutes les figures de la désorganisation et du chaos, de l'entropie qui mine la première partie du poème.[8] La «thèse» qu'il s'agit alors d'imposer, c'est que le poète est capable, tel Dieu créant le monde, de mettre chaque élément à sa place. C'est ce geste organisateur que donne à voir le poème, en opposant, comme le font beaucoup de textes de la période qui précède l'exil, le glissement vers le chaos et le resaisissement qui s'opère dès lors qu'intervient le «je dis alors» refondateur. Malgré l'ambiguïté des deux derniers vers, le poème *Passé* est un acte de confiance dans la parole poétique, l'affirmation d'une maîtrise qui se manifeste notamment dans la construction d'un système de significations complexe et dans le recours à une versification élaborée (strophes, jeu des rimes...) qu'on pourra opposer aux longues séries d'alexandrins à rimes plates qu'on trouve souvent dans des poèmes à tonalité plus pessimiste.[9]

Nous dirons donc que l'écriture poétique emprunte ici doublement à la problématique de l'argumentation: d'une part, parce que la deuxième partie du poème inverse la première comme une thèse proposée tente de retourner une thèse refusée. D'autre part, parce que le poème dans son ensemble est mis au service de la thèse idéaliste selon laquelle le poète est la voix créatrice chargée d'exprimer l'Idée qui anime le monde :

«Ce siècle est grand et fort. Un noble instinct le mène.
Partout on voit marcher l'Idée en mission...» [10]

VERS LE GROUPEMENT DE TEXTES

L'intérêt de *Passé* ressort bien de confrontations qui pourraient constituer l'amorce d'un groupement de textes.

P. Albouy, dans les notes de l'édition de «La Pléiade», invite à un rapprochement avec le célèbre poème de Nerval, *Fantaisie*, paru pour la première fois en 1832, et qui a selon lui inspiré Hugo.

---

8 - Voir à ce sujet les pénétrantes analyses de G. Poulet dans *Etudes sur le temps humain* 2, chap. VI (1952).

9 - Voir par exemple dans le même recueil *Pensar, Dudar* – au titre significatif. On sait comment cette veine se développera dans les grands poèmes métaphysiques de l'exil.

Parallèlement, le jeu des voix, à partir des *Contemplations*, deviendra de plus en plus complexe. Au lieu de mettre en scène sa propre parole, Hugo se présente alors souvent comme celui qui entend des voix. On trouve désormais, comme formule introductrice, non plus un «alors je dis», mais – avec diverses variantes – «une voix me dit...» . A moins que ne s'engagent des dialogues souvent complexes :

«Je cause
Avec toutes les voix de la métempsycose.»

C'est toute une polyphonie subtile qui s'organise alors. Voir à ce sujet M. Martinez, *Les Contemplations*, collection «Parcours de lecture», Bertrand-Lacoste 1992.

Le poème *La statue*, dans *Les rayons et les ombres*, pourrait représenter un stade intermédiaire. Sa thématique est très proche de celle de *Passé ;* dans un premier temps le poète prend la parole («Je lui dis...»), mais cette intervention est un échec et c'est ensuite une voix qui sort de la nature pour condamner la tentative présomptueuse du poète de faire revivre le passé.

10 - *Les Voix intérieures* I. v. 1-2.

FANTAISIE

Il est un air pour qui je donnerais
Tout Rossini, tout Mozart et tout Weber
Un air très vieux, languissant et funèbre,
Qui pour moi seul a des charmes secrets !

Or, chaque fois que je viens à l'entendre,
De deux cents ans mon âme rajeunit...
C'est sous Louis treize ; et je crois voir s'étendre
Un coteau vert, que le couchant jaunit.

Puis un château de brique à coins de pierre,
Aux vitraux teints de rougeâtres couleurs,
Ceint de grands parcs, avec une rivière
Baignant ses pieds, qui coule entre des fleurs ;

Puis une dame, à sa haute fenêtre,
Blonde aux yeux noirs, en ses habits anciens,
Que dans une autre existence peut-être,
J'ai déjà vue... et dont je me souviens !

G. de NERVAL

Alors que Nerval part d'un souvenir totalement subjectif pour remonter à la réalité peut-être objective d'un château de l'époque Louis XIII, Hugo part d'une «chose vue», d'un spectacle présent et objectif, pour reconstituer un passé auquel il adhère par la médiation de sentiments éternels : «Loin donc d'absorber le temps historique dans un temps subjectif, dans la durée quasi-éternelle du *moi* que livre la mémoire de Nerval, Hugo dépasse son histoire, rattache ses amours avec Juliette à d'autres amours, et ses moments uniques à une durée quasi éternelle de l'humanité. Avec Hugo, enfin, le passé survit grâce au présent qui le retrouve et lui redonne vie. Chez Nerval, le présent s'en va chercher son fondement et sa vérité dans le passé, source de toute vie.»

Un autre rapprochement éclaire bien la spécificité de *Passé*. Le célèbre *Colloque sentimental* qui clôt les *Fêtes galantes* de Verlaine peut en effet se lire comme un retournement de la thématique hugolienne.[11]

11 - La référence au recueil de Verlaine est aussi l'occasion de rappeler que *Passé*, comme d'autres poèmes de Hugo (par exemple *La Fête chez Thérèse* dans les *Contemplations*), renvoie au genre de la fête galante.

COLLOQUE SENTIMENTAL

Dans le vieux parc solitaire et glacé,
Deux formes ont tout à l'heure passé.

Leurs yeux sont morts et leurs lèvres sont molles,
Et l'on entend à peine leurs paroles.

Dans le vieux parc solitaire et glacé,
Deux spectres ont évoqué le passé.

– Te souvient-il de notre extase ancienne ?
– Pourquoi voulez-vous donc qu'il m'en souvienne ?

– Ton coeur bat-il toujours à mon seul nom ?
Toujours vois-tu mon âme en rêve ? – Non.

– Ah ! les beaux jours de bonheur indicible
Où nous joignions nos bouches ! – C'est possible.

– Qu'il était bleu, le ciel, et grand, l'espoir !
– L'espoir a fui, vaincu, vers le ciel noir.

Tels ils marchaient dans les avoines folles,
Et la nuit seule entendit leurs paroles.

P. VERLAINE
Fêtes galantes (1869)

Là où *Passé* construit un discours revendiqué par le «je» du poète, *Colloque sentimental* organise au contraire une évanescence énonciative. Le premier distique propose en effet un repérage temporel qui renvoie discrètement à une situation de discours («tout à l'heure», utilisation du passé composé) ; le «on entend à peine leurs paroles» du vers 4 suggère la présence d'un témoin ; le dernier distique rompt la relation avec le temps de l'énonciation en remplaçant le passé composé par le passé simple. Et si «la nuit seule entendit leurs paroles», qui donc a pu dans les vers précédents les rapporter ? Alors que Hugo met en scène sa prise de parole, Verlaine organise la disparition de l'énonciateur.

Bien loin de faire revivre les amours passées, le «colloque sentimental» en dénonce ici le caractère illusoire ; les spectres ne reprendront pas consistance, et, contrairement au décor de *Passé,* le parc restera «solitaire et glacé». Comme le poète lui-même, les personnages s'évanouissent ; tout bascule dans le silence, matérialisé sur la page par les blancs qui isolent les distiques. La poésie cette fois a bien rompu avec la rhétorique, et tend à devenir «romance sans parole»....[12]

---

12 - Voir une analyse de ce poème, comparé à *Clair de lune* qui ouvre les *Fêtes galantes*, dans M. Mougenot, *Fêtes galantes,* collection «Parcours de lecture», Bertrand-Lacoste 1990.

ARGUMENTATION ET MONOLOGUE THÉÂTRAL

Le *Cid,* acte IV, scène 3 : Rodrigue «raconte» la bataille contre les Maures[1]. Pour le lecteur moderne (celui qui, par exemple, a appris le texte à l'école comme récitation...), il s'agit donc d'une narration. Et certes ce terme de narration n'est pas étranger, nous le verrons, au métalangage dramaturgique du XVIIe siècle. Mais les choses ne sont peut-être pas si simples, ne serait-ce que parce que, au moment où Rodrigue entreprend ce récit, l'issue de la bataille est déjà connue de tous : où qu'il aille, Rodrigue est désormais précédé de cette gloire qui fait de lui le Cid. Au sens strict, il n'apporte ici aucune nouvelle. A quel «type» de texte avons-nous donc ici affaire ? Adoptant la perspective qui voit dans les genres autant d'horizons d'attente possibles qui informent aussi bien la production que la réception des textes, nous essaierons de situer la tirade de Rodrigue par rapport au système des genres de l'époque et de montrer en quoi ces références «typologiques» peuvent, encore aujourd'hui, suggérer des pistes pour une lecture méthodique.

DON RODRIGUE

Sous moi donc cette troupe s'avance,
Et porte sur le front une mâle assurance.
Nous partîmes cinq cents ; mais par un prompt renfort
Nous nous vîmes trois mille en arrivant au port.
Tant, à nous voir marcher avec un tel visage,
Les plus épouvantés reprenaient de courage !
J'en cache les deux tiers, aussitôt qu'arrivés,
Dans le fond des vaisseaux qui lors furent trouvés ;
Le reste, dont le nombre augmentait à toute heure,
Brûlant d'impatience autour de moi demeure,
Se couche contre terre et, sans faire aucun bruit,
Passe une bonne part d'une si belle nuit.
Par mon commandement la garde en fait de même,
Et se tenant cachée, aide à mon stratagème ;
Et je feins hardiment d'avoir reçu de vous
L'ordre qu'on me voit suivre et que je donne à tous.
Cette obscure clarté qui tombe des étoiles
Enfin avec le flux nous fait voir trente voiles ;
L'onde s'enfle dessous, et d'un commun effort
Les Mores et la mer montent jusques au port.
On les laisse passer ; tout leur paraît tranquille
Point de soldats au port, point aux murs de la ville.

---

1 - Vers 1257 à 1329 dans le texte usuellement publié, celui de l'édition corrigée de 1660.

Notre profond silence abusant leurs esprits,
Ils n'osent plus douter de nous avoir surpris ;
Ils abordent sans peur, ils ancrent, ils descendent,
Et courent se livrer aux mains qui les attendent.
Nous nous levons alors, et tous en même temps
Poussons jusques au ciel mille cris éclatants.
Les nôtres, à ces cris, de nos vaisseaux répondent ;
Ils paraissent armés, les Mores se confondent,
L'épouvante les prend à demi descendus ;
Avant que de combattre, ils s'estiment perdus.
Ils couraient au pillage, et rencontrent la guerre ;
Nous les pressons sur l'eau, nous les pressons sur terre,
Et nous faisons courir des ruisseaux de leur sang,
Avant qu'aucun résiste ou reprenne son rang.
Mais bientôt, malgré nous, leurs princes les rallient ;
Leur courage renaît, et leurs terreurs s'oublient :
La honte de mourir sans avoir combattu
Arrête leur désordre, et leur rend leur vertu.
Contre nous de pied ferme ils tirent leurs alfanges ;
De notre sang au leur font d'horribles mélanges.
Et la terre, et le fleuve, et leur flotte, et le port,
Sont des champs de carnage, où triomphe la mort.
O combien d'actions, combien d'exploits célèbres
Sont demeurés sans gloire au milieu des ténèbres,
Où chacun, seul témoin des grands coups qu'il donnait,
Ne pouvait discerner où le sort inclinait !
J'allais de tous côtés encourager les nôtres,
Faire avancer les uns, et soutenir les autres,
Ranger ceux qui venaient, les pousser à leur tour,
Et ne l'ai pu savoir jusques au point du jour.
Mais enfin sa clarté montre notre avantage :
Le More voit sa perte et perd soudain courage ;
Et voyant un renfort qui nous vient secourir,
L'ardeur de vaincre cède à la peur de mourir.
Ils gagnent leurs vaisseaux, ils en coupent les câbles,
Poussent jusques aux cieux des cris épouvantables,
Font retraite en tumulte, et sans considérer
Si leurs rois avec eux peuvent se retirer.
Pour souffrir ce devoir leur frayeur est trop forte :
Le flux les apporta ; le reflux les remporte,
Cependant que leurs rois, engagés parmi nous,

Et quelque peu des leurs, tous percés de nos coups,
Disputent vaillamment et vendent bien leur vie.
A se rendre moi-même en vain je les convie :
Le cimeterre au poing, ils ne m'écoutent pas ;
Mais voyant à leurs pieds tomber tous leurs soldats,
Et que seuls désormais en vain ils se défendent,
Ils demandent le chef : je me nomme, ils se rendent.
Je vous les envoyai tous deux en même temps ;
Et le combat cessa faute de combattants.
C'est de cette façon que, pour votre service...

La narration

Le recours à la narration est fréquent dans le théâtre classique : fait l'objet d'un récit ce qu'on ne peut montrer sur scène. Toutefois, ce procédé n'est pour Corneille qu'un pis-aller. Dans la préface de *Clitandre* (1632), il se félicitait d'avoir «mis les accidents mêmes sur la scène» et ajoutait : «quiconque voudra bien penser l'avantage que l'action a sur ces longs et ennuyeux récits ne trouvera pas étrange que j'aie mieux aimé divertir les yeux qu'importuner les oreilles...». La même idée est reprise à la fin de l'examen du *Cid* (1660) où, citant Horace, il remarque que «ce qu'on expose à la vue touche bien plus que ce qu'on n'apprend que par un récit». Formulation presque identique dans le deuxième discours de 1660 *(De la tragédie)* : «un récit frappe moins que le spectacle». Le récit, en tant qu'il est diégésis intercalée dans la mimésis théâtrale, est un élément étranger. Le recours à la narration doit donc être justifié, par l'impossibilité de représenter les événements sur scène ou par les bienséances. Il est d'autre part soumis à des conditions de vraisemblance : il faut qu'il soit psychologiquement vraisemblable que les autres personnages aient la disponibilité nécessaire pour écouter une tirade souvent longue (cf. à ce sujet l'examen de *Médée*).

La question devient donc : comment Corneille s'y prend-il pour justifier la présence d'une narration dans le texte de théâtre ? Il nous semble que, d'un point de vue typologique, c'est précisément en en faisant autre chose qu'une simple narration.

Une situation argumentative

Si l'on prend, dans un premier temps, les vers 1257 à 1329 comme discours de Rodrigue adressé aux autres personnages présents sur scène et notamment au roi ils se présentent comme réponse à la question formulée au vers 1242 :

«... de cette victoire,
Apprends-moi plus au long la véritable histoire.»

Mais, malgré les apparences, la tirade n'est pas seulement narrative et informative. On ne peut oublier que, depuis la mort du Comte, Rodrigue est en situation d'accusé, le roi en situation de juge. Le contexte judiciaire est nettement rappelé juste avant la tirade : «Me montrant à la cour, je hasardais ma tête» (v. 1250) et Don Fernand lui-même évoque la «défense» de Rodrigue au vers 1254. Tout discours de Rodrigue est dès lors réponse à un discours contraire de Chimène, comme le soulignent aussi bien les vers 1255 que 1330 en rappelant tous deux que Chimène «demande justice». On est donc en situation argumentative et, d'un point de vue typologique, le texte relève de l'éloquence judiciaire ; la narration devient plaidoyer «pro domo», ce qui est possible ici puisqu'elle est faite par le personnage concerné lui-même et non par un témoin-messager à la manière antique.

Le début et la fin du texte soulignent nettement cet ancrage dans la situation d'énonciation. On est bien à ce niveau dans le discours, au sens benvenistien du terme, qui encadre solidement le récit (qui apparaît dans la partie centrale de la tirade) : Rodrigue s'adresse au roi à plusieurs reprises («vous» des vers 1271, 1327 et 1329). La narration n'est donc pas pur énoncé historique : elle a une dimension argumentative, même si Rodrigue ne formule pas explicitement la thèse que défend cette argumentation, à savoir que le roi ne peut rien contre le héros vainqueur. Mais il suffit de se reporter à la fin du troisième acte pour trouver cette thèse exprimée ouvertement par don Diègue (v. 1070 à 1100), ou aux vers 376-382 pour en voir apparaître, dans la bouche du Comte, toute la dimension provocatrice.

Ce pouvoir du héros et cette autonomie par rapport au pouvoir royal sont d'autant plus sensibles ici que Rodrique a, de son propre chef, pris la tête de la troupe. Il a usurpé une autorité qui ne lui avait pas été réellement déléguée. Certes il s'en est excusé aux vers 1247-1248, et souligne bien au vers 1329 qu'il agit pour le service du roi. Mais les vers 1271-1272 sonnent de façon plus ambiguë :

«... je feins hardiment d'avoir reçu de vous
L'ordre qu'on me voit suivre et que je donne à tous.»

Ce qui est dit ici, c'est à la fois l'autonomie du héros, qui n'a pas hésité à usurper l'autorité royale, et le besoin de se couvrir de cette autorité : relation de complémentarité entre le héros et le roi qui renvoie à une lecture politique de Corneille[2].

Sur le plan argumentatif, on sera donc sensible dans cette tirade à tout ce qui signale le caractère indispensable du héros. Il est le chef attendu (v. 1245-1246) et reconnu par ses ennemis eux-mêmes, qui l'ont nommé le Cid (v. 1222). S. Doubrovsky a bien montré (op. cit.) comment, après un premier temps où la bataille est menée par un «nous» collectif et solidaire, c'est le «je» du chef solitaire qui s'impose à la fin de la tirade : on est passé de la bataille épique à une «variété et variante du duel».

Ainsi la tirade n'est pas simple narration, mais bien plaidoyer et argumentation instaurant une évidence : le héros, indispensable au pouvoir royal, ne peut être condamné pour le meurtre du Comte au moment même où il prend la place de celui-ci, réalisant l'injonction de Don Diègue à la fin du troisième acte :

«... va combattre, et montrer à ton roi
Que ce qu'il perd au Comte il le recouvre en toi.»

---

2 - Cf. à ce sujet les livres de B. Dort *(Corneille dramaturge)* et de S. Doubrovsky *(Corneille et la dialectique du héros)*.

Les niveaux de communication

Toutefois le texte de théâtre se joue aussi à un autre niveau. Comme le fait remarquer O. Ducrot[3], une pièce de théâtre «fait entendre, à côté de la parole que s'adressent les personnages les uns aux autres, une parole de l'auteur au public. Car cette seconde parole, qui constitue le langage théâtral proprement dit, manifeste des choix dont l expression peut s'étendre sur une très longue durée scénique, et en tout cas déborder largement les répliques des personnages».

Le même texte participe donc de niveaux de communication différents : il est parole d'un personnage adressée à un (des) autre(s) personnage(s) – Rodrigue à Don Ferrand –, mais aussi parole de l'auteur au lecteur/spectateur – l'énonciateur est alors Corneille –, voire, lors de la représentation, parole de l'acteur au spectateur – qui, tel le narrateur de la *Recherche* venu écouter la Berma, sera venu avec curiosité écouter comment X dit la tirade du Cid...

Si les vers 1257 à 1329, pris comme discours de Rodrigue, renvoient au modèle de la rhétorique et de l'éloquence judiciaire (voire épidictique puisque Rodrigue célèbre les exploits qu'il a accomplis avec ses compagnons), les mêmes vers, pris cette fois comme discours de Corneille, renvoient plutôt aux modèles génériques que propose la poétique. Au niveau de la parole des personnages, la tirade est rendue vraisemblable en tant que plaidoyer et fortement insérée dans la situation d'énonciation. Au niveau de la parole de l'auteur, elle est justifiée par des procédés qui visent l'ornementation littéraire[4].

Lorsque Corneille aborde dans ses textes théoriques le problème de la narration, il la qualifie d'ailleurs volontiers de narration «ornée» (cf. par exemple les examens de *Médée* ou de *Cinna* ; de même dans l'examen de *La mort de Pompée* il relève avec satisfaction que les narrations ont paru au public «fort belles»). Cette visée esthétique renvoie bien sûr à la parole de Corneille et non plus à celle de Rodrigue (même si l'on peut supposer que la beauté d'un récit en augmente la portée argumentative...).

Dans cette recherche de la beauté littéraire, Corneille retrouve tout naturellement des modèles comme celui des genres épique ou poétique. Le modèle épique se manifeste aussi bien dans l'invention (le stratagème utilisé fait penser au cheval de Troie et fait de Rodrigue un nouvel Ulysse) que dans l'élocution : si, dans les conventions dramaturgiques du XVIIe siècle, l'alexandrin «habituel» est censé équivaloir à la prose, ceux que prononce ici Rodrigue relèvent du style noble et des amplifications caractéristiques de l'épopée (cf. par exemple les vers 1301 sqq. ou les effets d'élargissement des vers 1260, 1284, 1314 : les cris montent «jusques aux cieux»). De même le modèle poétique joue aussi bien dans la mise en

---

3 - O. Ducrot, *Le dire et le dit* (éd. de Minuit), p. 176. Cf. aussi à ce sujet ce qu'écrit A. Ubersfeld sur la double énonciation du texte de théâtre (*Lire le théâtre*, éditions Sociales). Voir p. 24 et p. 76.

4 - En même temps, Corneille répond ici à une demande, celle des comédiens soucieux d'avoir dans leur rôle des tirades à effet susceptibles de les mettre en valeur. On sait que Corneille, malgré des réticences qu'il exprime souvent dans ses avant-propos, doit composer avec cette demande, du moins au début de sa carrière. Il y a là un troisième niveau de communication, sensible surtout à la représentation, que nous n'aborderons pas ici.

scène (le cadre nocturne de la bataille, qui se poursuit de la nuit à l'aube, suggérant que le héros naît avec le jour) que dans les innombrables figures du signifié (métaphores, v. 1291, métonymies, v. 1274, oxymore, v. 1273, etc.) ou du signifiant (effets de rythme, de contrastes, de répétitions, v. 1281, 1289 et 1290, 1318... ; allitérations comme celle du vers 1276 : «Les Mores et la mer montent...»).

Les niveaux de lecture

Selon le niveau de communication qu'on envisage, le même passage renvoie donc à des types de textes différents. Le risque pourrait être celui d'un déséquilibre entre les niveaux, menaçant la cohérence du texte. Il nous semble qu'au contraire la réussite littéraire du passage tient ici à la façon dont Corneille a su articuler les divers plans.

Par exemple, la recherche d'un effet esthétique, et d'un morceau de bravoure pour le comédien, tend à autonomiser la tirade qui risque d'écraser son contexte : morceau de soliste, qu'on aura la tentation d'extraire de la pièce... Cette tentation est contrariée ici fort habilement par les références à la situation de discours au début et à la fin du texte, et par le fait que la tirade s'ouvre sur un vers incomplet (donc, métriquement, enchaîne nécessairement sur les propos du roi) et se termine sur une phrase incomplète (Rodrigue étant interrompu par l'annonce de l'arrivée de Chimène). Le recours au présent de narration, à côté des rares passés simples, atténue l'autonomie du récit par rapport à la situation de discours. De même, au niveau cette fois de la fiction, la bataille contre les Maures est précédée dans la pièce par de nombreuses allusions (v. 539, 607 sqq, 1072 sqq...)[5].

Le même texte peut donc s'inscrire à la fois dans plusieurs horizons d'attente. De type argumentatif, il relève de la tradition de l'éloquence judiciaire (Rodrigue doit montrer à quel point il est indispensable), voire épidictique. En même temps, il relève de la tradition épique et poétique. D'autre part, si nous avons ici privilégié les catégories formelles, rien n'empêcherait de faire intervenir des critères thématiques et de faire entrer ce texte dans la catégorie «récit de bataille», ce qui suggérerait un nouvel axe de lecture. C'est la piste que propose S. Doubrovsky (op. cit.) quand il étudie la tirade de Rodrigue en l'opposant à la fois à la bataille médiévale ou tolstoïenne et à la bataille de Waterloo dans *La Chartreuse de Parme*[6].

Multiplicité de perspectives qui, pour une conception taxinomique des genres, rendrait le texte difficilement classable. Mais si l'on se situe plutôt dans une perspective dynamique et empirique[7], l'intérêt des diverses références typologiques nous paraît être de suggérer autant de grilles de lecture qu'on peut tenter de systématiser et d'articuler : la problématique des genres est alors une des voies de la lecture méthodique.

---

5 - Mais Corneille lui-même ne trouvait pas cette préparation suffisante et mentionne aussi bien dans l'examen du *Cid* que dans le discours *Du poème dramatique* que l'arrivée des Maures aurait dû être annoncée dès le premier acte.
6 - On pourrait bien sûr multiplier les comparaisons, songer aussi à la dérision de la guerre dans *Les fourmis* de B. Vian ou à la fonctionnarisation de la bataille dans *Le chevalier inexistant* de Calvino.
7 - Voir p. 33.

L'ECRITURE DE L'ESSAI

Montaigne et «l'art de conférer»

Les premières pages du chapitre VIII du troisième livre des *Essais* («De l'art de conférer») évoquent, sous le nom de conférence, l'un des «commerces»[1] favoris de Montaigne[2]. Admettons provisoirement que la conférence soit quelque chose comme ce que nous appellerions *conversation* :

«Le plus fructueux et naturel exercice de notre esprit, c'est à mon gré la conférence. J'en trouve l'usage plus doux que d'aucune autre action de notre vie ; et c'est la raison pourquoi, si j'étais asteure forcé de choisir, je consentirais plutôt, ce crois-je, de perdre la vue que l'ouïr ou le parler.(...) L'étude des livres, c'est un mouvement languissant et faible qui n'échauffe point ; là où la conférence apprend et exerce en un coup. Si je confère avec une âme forte et un roide jouteur, il me presse les flancs, me pique à gauche et à dextre ; ses imaginations élancent les miennes. La jalousie, la gloire, la contention me poussent et rehaussent au-dessus de moi-même. Et l'unisson est qualité du tout ennuyeuse en la conférence.»

Ces pages nous intéresseront ici doublement : d'une part, en tant qu'elles définissent une relation verbale avec l'autre qui demande à être située par rapport à l'argumentation. D'autre part, parce qu'elles le font en mettant en pratique des moyens d'expression spécifiques, qui reposent notamment sur une utilisation très particulière de la métaphore.

La joute et la chasse

Les lignes que nous avons citées plus haut donnent clairement la tonalité métaphorique du texte : la conférence tient de la «joute» où l'affrontement avec l'autre incite à faire assaut d'*imaginations* et à se dépasser. Cette métaphore de la joute est relayée dans la suite du texte par des passages où se mêlent les images «sportives» de la course ou du combat, et celles, plus aristocratiques, du duel ou de la guerre :

«qui ne sent plus ce qu'on lui oppose, tant il est engagé en sa course ; (...) Qui, se trouvant faible de reins, craint tout, refuse tout, mêle dès l'entrée et confond le propos (...) Pourvu que cettuy-ci frappe, il ne lui chaut combien il se découvre.(...) Ce dernier ne voit rien en la raison, mais il vous tient assiégé sur la clôture dialectique de ses clauses et sur les formules de son art.»

Mais, sport ou duel, dans tous les cas le recours à la métaphore induit une conception de la conférence où le plaisir ludique de l'exercice compte plus que le résultat, et où l'accent se déplace de la fin vers les moyens. Comme l'écrit Montaigne, «nous sommes sur la manière,

---

1 - Voir *Essais*, III, 3, «De trois commerces».

2 - Auquel Pascal rend hommage en évoquant, dans son *De l'art de persuader* (voir ci-dessus p. 9) «l'incomparable auteur de l'Art de conférer».

non sur la matière du dire». La métaphore de la joute est alors relayée par celle de la chasse, prise comme étant une fin en soi indépendamment de la capture du gibier ; l'important est de la mener selon les règles :

«L'agitation et la chasse est proprement de notre gibier : nous ne sommes pas excusables de la conduire mal et impertinemment ; de faillir à la prise, c'est autre chose.»

Ceci renvoie bien sûr à une conception sceptique de la conférence, où la forme du débat importe plus que sa conclusion :

«Je reçois et avoue toutes sortes d'atteintes qui sont de droit fil pour faibles qu'elles soient, mais je suis par trop impatient de celles qui se donnent sans forme. Il me chaut peu de la matière, et me sont les opinions unes, et la victoire du sujet à peu près indifférente. Tout un jour je contesterai paisiblement, si la conduite du débat se suit avec ordre».

La tolérance, la plaisir aristocratique et désintéressé de la chasse, signifieraient alors un renoncement à toute vérité :

«Nous sommes nés à quêter la vérité ; il appartient de la posséder à une plus grande puissance. (...) Le monde n'est qu'une école d'inquisition. Ce n'est pas à qui mettra dedans, mais à qui fera les plus belles courses.»

Quêter la vérité

L'idée même d'une «quête» de la vérité incite toutefois à une autre lecture de ces pages de Montaigne. Même si l'homme en effet doit se contenter de la quête, faute de pouvoir atteindre au but, cette nouvelle métaphore est incompatible avec un scepticisme radical, et suppose qu'il y ait une idée du vrai à l'horizon, fût-il inaccessible, de la conférence.[3]

Et le même Montaigne, qui multiplie en quelques pages les professions de foi sceptiques («Nous autres, qui privons notre jugement du droit de faire des arrêts, regardons mollement les opinions diverses, et, si nous n'y prêtons le jugement, nous y prêtons aisément l'oreille...»[4]), n'hésite pas à mettre à l'actif de la conférence un progrès vers l'instruction :

«Quand on me contrarie, on éveille mon attention, non pas ma colère ; je m'avance vers celui qui me contredit, qui m'instruit. La cause de la vérité devrait être la cause commune à l'un et à l'autre.»

Il semble donc cette fois que si la conduite de la chasse revêt tant d'importance, c'est bien parce qu'une capture en dépend ; mal menée, ou menée avec un partenaire insuffisant, la conférence laisse échapper le gibier :

«A quoi faire vous mettez-vous en voie de quêter ce qui est avec celui qui n'a ni pas, ni allure qui vaille ?»

---

3 - Voir la façon dont T. Todorov, dans *Nous et les autres* (Seuil, 1989) analyse les ambiguïtés du relativisme de Montaigne.

4 - Même dans ce passage à tonalité sceptique, la formulation est plus ambiguë qu'on ne pourrait le croire, puisque le «jugement» est mis hors du champ de la «molle» tolérance.

S'il s'agit de «quêter ce qui est», c'est bien que la conférence n'est pas pur jeu formel. Et c'est pour cela qu'il faut qu'elle soit bien réglée, faute de quoi elle dégénère en «dispute». Or, «le fruit du disputer c'est perdre et anéantir la vérité.» Et c'est alors avec regret que Montaigne constate que dans la dispute on perd de vue l'objectif de la conférence pour ne s'attacher qu'à la forme :

«Quand la dispute est trouble et déréglée, je quitte la chose et m'attache à la forme avec dépit et indiscrétion, et me jette à une façon de débattre testue, malicieuse et impérieuse, dequoy j'ai à rougir après.»

La matière et la manière

Selon qu'il suit plutôt la métaphore de la chasse – conçue en tant que sport désintéressé – ou celle de la quête, Montaigne est donc amené à soutenir simultanément deux positions en fait différentes : l'une, d'inspiration sceptique, dévalorise la *matière* au profit de la *manière* ; l'autre, qui s'exprime notamment dans de nombreuses références au juste et à la vérité, rétablit dans ses droits la chose elle-même aux dépens de la *forme*.[5]

La position sceptique éloigne considérablement «l'art de conférer» de la logique de l'argumentation ; alors que celle-ci suppose la finalité d'une thèse à établir, la conférence, décrite sur le modèle aristocratique de la chasse, indique seulement le lieu d'une sociabilité, d'un «commerce». Si au contraire on est sensible, chez Montaigne, à la nostalgie d'une vérité, on sera tenté de rapprocher davantage la conférence du dialogisme argumentatif.

Mais la façon même dont Montaigne maintient la possibilité de ces deux lectures, mène en concurrence deux lignes métaphoriques, et s'abstient de conclure, indique tout ce qui oppose l'écriture de l'essai et celle du texte argumentatif.

Le terme d'*essai* doit bien ici s'entendre au sens étymologique d'*exagium*, pesée, épreuve, examen. Il ne désigne pas le produit fini d'une réflexion[6], mais le mouvement de la «mise à l'essai»; il ne se clôt pas sur une conclusion, mais reste ouvert et maintient la possibilité de thèses concurrentes. Les métaphores, qui permettent d'expérimenter, par le jeu des analogies, ces visions divergentes, jouent alors un rôle très différent de celui qu'elles ont souvent dans la rhétorique argumentative[7].

---

5 - C'est plutôt ce second Montaigne que Pascal, dans *De l'art de persuader*, a choisi de lire

6 - Sens qui apparaîtra ensuite dans des titres comme *Essai philosophique concernant l'entendement humain* (Locke) ou *Essai sur les moeurs et l'esprit des nations* (Voltaire).

7 - Voir p. 89.

Le jeu ouvert des analogies

Un passage célèbre du chapitre III, 9 des *Essais* («De la vanité») montre bien le rôle des analogies dans la pensée de Montaigne, qui s'interroge sur le désordre du monde qui l'environne :

> Tout ce qui branle ne tombe pas. La contexture d'un si grand corps tient à plus d'un clou. Il tient même par son antiquité ; comme les vieux bâtiments, auxquels l'âge a dérobé le pied, sans croûte et sans ciment, qui pourtant vivent et se soutiennent en leur propre poids,
>
> *et il ne tient plus au sol par de fortes racines,*
> *Mais par son propre poids*[1].
>
> Davantage ce n'est pas bien procédé de reconnaître seulement le flanc et le fossé : pour juger de la sûreté d'une place, il faut voir par où on y peut venir, en quel état est l'assaillant. Peu de vaisseaux fondent de leur propre poids et sans violence étrangère. Or, tournons les yeux partout, tout croule autour de nous ; en tous les grands états, soit de Chrétienté, soit d'ailleurs, que nous connaissons, regardez-y ; vous y trouverez une évidente menace de changement et de ruine ;
>
> *Et eux aussi ont leurs maux, et sur tout sévit une même tempête*[2].
>
> Les astrologues ont beau jeu à nous avertir, comme ils font, de grandes altérations et mutations prochaines ; leurs divinations sont présentes et palpables, il ne faut pas aller au ciel pour cela.
>
> Nous n'avons pas seulement à tirer consolation de cette société universelle de mal et de menace, mais encore quelque espérance pour la durée de notre état ; d'autant que naturellement rien ne tombe là où tout tombe. La maladie universelle est la santé particulière ; la conformité est qualité ennemie à la dissolution. Pour moi, je n'en entre point au désespoir, et me semble y voir des routes à nous sauver ;
>
> *Peut-être un dieu, par un retour favorable des choses,*
> *Remettra-t-il tout cela en place*[3].
>
> Qui sait si Dieu voudra qu'il en advienne comme des corps qui se purgent et remettent en meilleur état par longues et graves maladies, lesquelles leur rendent une santé plus entière et plus nette que celle qu'elles leur avaient ôté ?
>
> Ce qui me pèse le plus, c'est qu'à compter les symptômes de notre mal, j'en vois autant de naturels et de ceux que le ciel nous envoie et proprement siens, que de ceux que notre dérèglement et l'imprudence humaine y confèrent. Il semble que les astres mêmes ordonnent que nous avons assez duré outre les termes ordinaires. Et ceci aussi me pèse, que le plus voisin mal qui nous menace n'est pas altération en la masse entière et solide, mais sa dissipation et divulsion, l'extrême de nos craintes.
>
> MONTAIGNE
> *Essais,* III, 9 (première édition en 1588).

---

1 - Citation du poète latin Lucain, faite en latin par Montaigne.

2 - Autre citation latine, du poète Virgile.

3 - Autre citation latine, du poète Horace.

Tout ce passage essaie de penser un monde qui présente partout les signes du mouvement et du désordre, ou, comme dit Montaigne, du «branle» : guerres de religion, découverte du nouveau monde, évolution des idées scientifiques... Le texte s'organise en quatre temps qui sont autant d'essais pour penser cette situation :

a) Premier *essai* *Tout ce qui branle ne tombe pas [...]*
d) Deuxième *essai* *D'avantage (= de plus) ce n'est pas bien procédé [...]*
c) Troisième *essai* *Pour moi, je n'en entre point au désespoir [...]*
d) Quatrième *essai* *Ce qui me pèse le plus [...]*

Chacun de ces essais propose une vision possible :

a) Le «branle» n'implique pas nécessairement la chute et la destruction.

b) Le changement étant partout, il apparaît comme une loi générale du monde ; dès lors, il n'implique pas nécessairement la «dissolution».

c) Le désordre actuel n'est peut-être qu'une crise d'où naîtra un rétablissement.

d) Les dérèglements humains s'ajoutant aux dérèglements naturels risquent d'aboutir à la destruction générale.

On remarquera que ces quatre points de vue ne sont pas articulés par un raisonnement logique : ils sont seulement juxtaposés et s'additionnent. D'autre part, si les trois premiers points de vue ont une orientation rassurante convergente, le quatrième, en revanche, propose une vision très pessimiste qui confirme «l'extrême de nos craintes». Pessimisme insistant : on notera la reprise «ce qui me pèse le plus... Et ceci aussi me pèse...» ; par ailleurs, les deux dernières phrases du passage ont été ajoutées après coup par Montaigne.

Chaque moment du texte est soutenu par des métaphores (éventuellement renforcées par les métaphores complémentaires qu'introduisent les deux premières citations, celle de l'arbre et celle de la tempête). Dès les premières lignes apparaissent en effet, pour désigner la société des hommes, les germes des métaphores qui organisent le texte :

La contexture d'un si grand *corps* *tient à plus d'un* *clou*

Maladie universelle, santé, corps qui se purgent, les symptômes de notre mal

bâtiments, ciment, une place (forte)

Ces deux métaphores principales (l'instabilité des sociétés comparée à la ruine d'un bâtiment ou à la maladie d'un corps) peuvent communiquer à l'occasion : l'image du «pied» des «vieux bâtiments» réunit les deux réseaux métaphoriques et prépare en même temps la métaphore de l'arbre qu'introduit la première citation. Le texte essaie également des métaphores secondaires («Peu de vaisseaux fondent de leur propre poids»).

La valeur logique de ces métaphores est faible : même si l'image du corps social est appelée à jouer un grand rôle dans la pensée politique, il n'est pas évident en soi de définir la société comme un organisme. Elles peuvent même dissimuler des cercles vicieux : écrire que «la contexture d'un si grand corps tient à plus d'un clou» est une tautologie, puisque précisément une *contexture* se définit comme un assemblage complexe...

D'autre part les métaphores donnent au texte un caractère centrifuge ; du coup la cohérence de celui-ci doit être assurée, à un niveau plus superficiel, par de fréquentes reprises de mots ou d'expressions qui tissent une contexture textuelle :

«Tout ce qui branle ne tombe pas ⟶ rien ne tombe là où tout tombe...»

ou bien :

«de grandes altérations et mutations prochaines ⟶ le plus voisin mal qui nous menace n'est pas altération...», etc.

Mais précisément il ne s'agit pas de lire le texte en termes de cohérence rhétorique classique. Il n'exprime pas une thèse arrêtée, mais des essais de représentation du monde. Il ne reproduit pas des procédures logiques, mais fonctionne sur le mode analogique : on se souviendra à ce sujet des analyses de Foucault («Jusqu'à la fin du XVIème siècle, la ressemblance a joué un rôle bâtisseur dans le savoir de la culture occidentale...»)[8], et de la mise en évidence par Bachelard du rôle organisateur des métaphores dans la pensée. Par là l'écriture de l'essai se distingue de celle du texte argumentatif, comme le jeu ouvert des métaphores chez Montaigne se distingue de l'utilisation argumentative de la métaphore chez Hugo.[9]

LE TRAVAIL DE LA RÉÉCRITURE : J. J. ROUSSEAU

Si l'évocation de l'île de Saint-Pierre, dans *Les Rêveries du promeneur solitaire,* est célèbre et souvent citée, on connaît moins le passage des *Confessions* qui lui fait pendant. A première lecture, les deux textes paraissent très proches. Nous nous proposons de partir ici de leur comparaison pour rechercher des éléments de réponse aux questions suivantes :

– Que peut apporter à la lecture méthodique une approche inspirée de la typologie textuelle ? Nous supposerons que les caractéristiques principales des textes argumentatif, narratif, descriptif, expositif ont déjà été étudiées par les élèves.

– Quelles modifications le changement de cadre typologique entraîne-t-il dans deux textes dont le contenu référentiel est très proche ?

– Quel est l'intérêt didactique d'un travail fondé sur la comparaison de textes ?

Des «Confessions» aux «Rêveries»

Le séjour de Rousseau dans l'île de Saint-Pierre s'inscrit dans un contexte biographique dont il peut être utile de rappeler les grandes lignes. Après la condamnation de l'*Emile* par le Parlement de Paris (juin 1762), Rousseau, qui se sent menacé, se réfugie en Suisse dans la prin-

---

8 - M. Foucault *Les mots et les choses* (Gallimard, 1966).

9 - Voir p. 92 et 95.

cipauté de Neuchâtel, à Môtiers-Travers. Poursuivi par les attaques de ses adversaires, mal accepté par la population qui lapide sa maison (septembre 1765), il doit s'en fuir à nouveau : c'est alors qu'il s'installe dans l'île de Saint-Pierre, au milieu du lac de Bienne.

Ce séjour est évoqué d'abord dans le livre XII et dernier des *Confessions*, qui a été écrit vers 1769 et qui paraîtra, avec le reste des *Confessions,* après la mort de Rousseau. Les mêmes éléments sont repris au début de la cinquième promenade des *Rêveries* : elle a été rédigée pendant le printemps de 1777 et paraîtra elle aussi après la mort de l'auteur.

Les manuels scolaires consacrés au XVIIIe siècle proposent le plus souvent aux élèves de voir dans les *Rêveries* l'œuvre d'un homme qui, renonçant à l'entreprise désespérée d'auto-justification que sont les *Confessions,* trouverait dans l'union avec la nature et dans les jeux de l'écriture un ultime apaisement. Au projet argumentatif des *Confessions* succèderait la sérénité d'une écriture «poétique». Ce dont prendrait acte la phrase célèbre qui ouvre la première Promenade : «Me voici donc seul sur la terre, n'ayant plus de frère, de prochain, d'ami, de société que moi-même». Dernière émergence de l'argumentation, le «donc» introduirait ici le renoncement final : l'écriture dialogique de l'argumentation s'étant révélée vaine, Rousseau, prenant acte de cet échec, choisirait désormais la voie du monologue poétique, expression d'une réconciliation avec la nature et avec soi-même.

Il y a là une hypothèse de lecture *a priori,* celle peut-être que prendrait comme point de départ une explication de texte traditionnelle : elle nous paraît contestable. Mettant entre parenthèses ce discours traditionnel sur Rousseau, nous préférons donc partir de la seule confrontation méthodique des deux passages.

***Les Confessions* (Livre XII)**

L'Isle de St. Pierre, appellée à Neufchâtel l'Isle de la Motte au milieu du lac de Bienne a environ une demi-lieue de tour ; mais dans ce petit espace elle fournit toutes les principales productions nécessaires à la vie. Elle a des champs, des près, des vergers, des bois, des vignes, et le tout à la faveur d'un terrain varié et montagneux forme une distribution d'autant plus agréable que ses parties ne se découvrant pas toutes ensemble se font valoir mutuellement, et font juger l'Ile plus grande qu'elle n'est en effet. Une terrasse fort élevée en forme la partie occidentale qui regarde Gleresse et la Bonne-Ville. On a planté cette terrasse d'une longue allée qu'on a coupée dans son milieu par un grand sallon où durant les vendanges on se rassemble les Dimanches de tous les rivages voisins pour danser et se réjouir. Il n'y a dans l'Ile qu'une seule maison, mais vaste et comode où loge le Receveur et située dans un enfoncement qui la tient à l'abri des vents.

A cinq ou six cents pas de l'Ile est du coté du sud une autre Ile beaucoup plus petite, inculte et déserte, qui paroit avoir été détachée autrefois de la grande par les orages et ne produit parmi ses graviers que des saules et des Persicaires, mais où est cependant un tertre élevé, bien gazonné et très agréable. La forme de ce lac est un ovale presque régulier. Ses rives, moins riches que celles des lacs de Genève et de Neufchâtel, ne laissent pas de former une assez belle décoration, surtout dans la partie occidentale qui est très peuplée, et bordée de vignes au pied d'une chaine de montagnes, à peu près comme à Côte-rotie, mais qui ne donnent pas d'aussi bon vin. On y trouve en allant du Sud au Nord le Balliage de St. Jean, la Bonne-Ville, Bienne et Nidau à l'extrémité du lac ; le tout entremêlé de villages très agréables.

Tel étoit l'azyle que je m'étois ménagé, et où je résolus d'aller m'établir en quittant le Val-de-Travers. Ce choix étoit si conforme à mon gout pacifique, à mon humeur solitaire et paresseuse que je le compte parmi les douces rêveries dont je me suis le plus vivement passionné. Il me sembloit que dans cette Ile je serois plus séparé des hommes, plus à l'abri de leurs outrages, plus oublié d'eux, plus livré, en un mot, aux douceurs du désoeuvrement et de la vie contemplative : J'aurois voulu être tellement confiné dans cette Ile que je n'eusse plus de commerce avec les mortels, et il est certain que je pris toutes les mesures imaginables pour me soustraire à la nécessité d'en entretenir.

Les Rêveries du promeneur solitaire **(5e Promenade)**

De toutes les habitations où j'ai demeuré (et j'en ai eu de charmantes), aucune ne m'a rendu si véritablement heureux et ne m'a laissé de si tendres regrets que l'Isle de St. Pierre au milieu du lac de Bienne. Cette petite Isle qu'on appelle à Neufchatel l'Isle de la Motte, est bien peu connue, même en Suisse. Aucun voyageur, que je sache, n'en fait mention. Cependant elle est très agréable et singulièrement située pour le bonheur d'un homme qui aime à se circonscrire ; car quoique je sois peut être le seul au monde à qui sa destinée en ait fait une loi, je ne puis croire être le seul qui ait un goût si naturel, quoique je ne l'aye trouvé jusqu'ici chez nul autre.

Les rives du lac de Bienne sont plus sauvages et romantiques que celles du lac de Genève, parce que les rochers et les bois y bordent l'eau de plus près ; mais elles ne sont pas moins riantes. S'il y a moins de culture de champs et de vignes, moins de villes et de maisons, il y a aussi plus de verdure naturelle, plus de prairie, d'azyles ombragés de boccages, des contrastes plus fréquents et des accidents plus rapprochés. Comme il n'y a pas sur ces heureux bords de grandes routes commodes pour les voitures, le pays est peu fréquenté par les voyageurs ; mais il est intéressant pour des contemplatifs solitaires qui aiment à s'enivrer à loisir des charmes de la nature, et à se recueillir dans un silence que ne trouble aucun autre bruit que le cri des aigles, le ramage entrecoupé de quelques oiseaux, et le roulement des torrents qui tombent de la montagne. Ce beau bassin d'une forme presque ronde enferme dans son milieu deux petites Isles, l'une habitée et cultivée, d'environ demilieue de tour, l'autre plus petite, deserte et en friche, et qui sera detruite à la fin par les transports de la terre qu'on en ôte sans cesse pour réparer les dégats que les vagues et les orages font à la grande. C'est ainsi que la substance du foible est toujours employée au profit du puissant.

Il n'y a dans l'Isle qu'une seule maison mais grande, agréable et commode, qui appartient à l'hopital de Berne ainsi que l'Isle, et où loge un Receveur avec sa famille et ses domestiques. Il y entretient une nombreuse basse-cour, une voliere et des réservoirs pour le poisson. L'Isle dans sa petitesse est tellement variée dans ses terrains et ses aspects qu'elle offre toutes sortes de sites et souffre toutes sortes de cultures. On y trouve des champs, des vignes, des bois, des vergers, de gras pâturages ombragés de bosquets et bordés d'arbrisseaux de toute espèce dont le bord des eaux entretient la fraicheur ; une haute terrasse plantée de deux rangs d'arbres borde l'Isle dans sa longueur, et dans le milieu de cette terrasse on a bâti un joli salon où les habitants des rives voisines se rassemblent et viennent danser les dimanches durant les vendanges.

Les textes et leurs contextes

Tout découpage en extraits comporte bien sûr une part d'arbitraire et demande à être justifié.

Les trois paragraphes des *Confessions* que nous isolons ici se détachent nettement de leur contexte. Rousseau vient de raconter son départ forcé de Môtiers. Il évoque plusieurs retraites possibles, dont l'Angleterre, mais il préfère la Suisse et précise : «Je pris ce temps pour exécuter un projet dont j'étais occupé depuis quelques mois, et dont je n'ai pu parler encore pour ne pas couper le fil de mon récit». Le projet en question, c'est de s'installer dans l'île de Saint-Pierre ; Rousseau explique alors comment il l'a connue, puis vient notre passage qui en fait la description. On retrouve ensuite «le fil du récit» et la progression narrative reprend. L'évocation de l'île est donc perçue, par Rousseau lui-même, comme une interruption du récit. Du point de vue typologique, la problématique est celle de l'articulation d'une digression avec un contexte narratif.

Les trois paragraphes des *Rêveries* constituent, eux, le début de la cinquième Promenade. Leur succède une formule de transition : «C'est dans cette île que je me réfugiai après la lapidation de Môtiers.. » qui joue un rôle de clôture provisoire et autorise à isoler les trois paragraphes précédents. Nous obtenons ainsi deux textes parallèles ; mais leur articulation avec les événements est différente. Dans les *Confessions,* les paragraphes qui nous intéressent suivent le récit des faits survenus à Môtiers ; dans les *Rêveries,* ils précèdent leur évocation : première inversion d'autant plus significative qu'elle se vérifie, nous allons le voir, à l'intérieur même des deux passages.

Structure des deux extraits

La comparaison des deux extraits[1], d'un point de vue typologique, suggère une première analyse qui peut être résumée par le tableau suivant :

	Confessions	*Rêveries*
1er parag.	descriptif	argumentatif
2e parag.	descriptif	descriptif
3e parag.	argumentatif	descriptif

1 - On désignera désormais le texte des *Confessions* par C, celui des Rêveries par R.

Le troisième paragraphe de C rompt en effet avec les paragraphes précédents. Les signes du discours s'y multiplient : apparition massive de la première personne, des termes appréciatifs. Une note, non reproduite ici, après la mention du Val de Travers, introduit même un développement polémique.

Cette tonalité argumentative se retrouve dans le premier paragraphe de R, qui reprend des thèmes proches, alors que les paragraphes suivants paraissent, au moins à première lecture, plutôt descriptifs.

Nouvelle inversion, donc, qui affecte cette fois l'ordre d'agencement des séquences descriptives et argumentatives. Dans C l'argumentation apparaît comme un élargissement de la description, dans R elle est au contraire posée au départ. Ceci nous incite à pousser plus loin la comparaison et à confronter, cette fois, les deux séquences descriptives.

Les séquences descriptives

Dans les deux séquences (1er et 2e paragraphes de C, 2e et 3e de R), les éléments de base de la description sont les mêmes, au point qu'on peut, par un jeu de comparaison/permutation, les identifier et les isoler. Avec les élèves, on pourrait imaginer, ciseaux en main, de découper les deux textes pour remettre face à face les éléments correspondants. On constaterait vite que cela oblige, une nouvelle fois, à inverser l'ordre des éléments. Si l'on part du texte R (hypertexte, texte d'aboutissement...), en désignant par une lettre les unités descriptives identifiées par confrontation avec l'hypotexte C, on remarque en effet qu'il en retourne rigoureusement l'ordre de succession :

Rêveries	*Confessions*
(a) «Les rives du lac de Bienne → qui tombent de la montagne»	(e) «L'île de Saint-Pierre → pour danser et se réjouir»
(b) «Ce beau bassin d'une forme presque ronde...»	(d) «Il n'y a dans l'île qu'une seule maison → à l'abri des vents»
(c) «... enferme dans son milieu → au profit du puissant»	(c) «A cinq ou six cents pas de l'île → très agréable»
(d) «Il n'y a dans l'île → pour le poisson»	(b) «La forme de ce lac est un ovale presque régulier»
(e) «L'île dans sa petitesse → durant les vendanges»	(a) «Ses rives, moins riches → villages très agréables»

Le texte R inverse donc systématiquement le texte C. Ceci implique une différence essentielle. Alors que C propose un mouvement centrifuge (Rousseau part de l'île elle-même pour élargir progressivement au lac et à ses environs), R impose un mouvement inverse et centripète : partant des environs il resserre le champ sur un point central, le «milieu de cette terrasse» où, par une convergence significative, «les habitants des rives voisines se rassemblent et viennent danser les dimanches durant les vendanges...». Si la démarche centrifuge est naturelle au texte descriptif auquel elle confère une vraisemblance optique (l'observateur part de ce qui est près de lui et élargit le champ de sa vision en passant peu à peu aux plans les plus lointains), la démarche centripète suppose une autre logique : sa vraisemblance n'est plus descriptive (d'où l'observateur regarderait-il ?). Elle implique que le narrateur ne soit pas (plus) dans l'île : le texte prend alors le mouvement d'un retour fantasmé au paradis perdu.

Les différents niveaux du texte

La confrontation des deux passages met donc en évidence des inversions systématiques, qui affectent la relation avec le contexte, l'agencement des séquences argumentatives et descriptives, l'organisation interne des deux séquences descriptives. Il nous semble important de remarquer que ces inversions, qui mettent en jeu l'appartenance typologique du texte, vont de pair avec des modifications qui concernent tous les niveaux de l'écriture. Il suffit pour s'en rendre compte de comparer les éléments isolés ci-dessus ; nous nous contenterons ici de prendre en exemple les premiers.

L'élément (a), qui décrit les rives du lac et ses alentours, est plus long dans R. Mais surtout :

– Il est structuré de manière différente. C juxtapose les éléments descriptifs, usant en particulier d'un procédé assez artificiel mais classique dans la description qui consiste à imaginer un déplacement de l'observateur, («On y trouve en allant du Sud au Nord...»). On notera la désinvolture finale («Le tout entremêlé...»). R s'organise au contraire de manière logique, multipliant les connexions, les mouvements concessifs («s'il y a moins de culture, il y a aussi plus de verdure...»), les explications («comme il n'y a pas... le pays est peu fréquenté... mais...»).

– Caractéristique de la perspective esthétisante et descriptive de C, l'expression «ne laissent pas de former une assez belle décoration» disparaît dans R, où se développe au contraire un vocabulaire référant à un système de valeurs.

– Les deux passages démarrent sur un mouvement comparatif. Mais dans C cette amorce de structure logique, à peine esquissée, n'est guère qu'un procédé rhétorique. R lui donne au contraire sa portée argumentative. La comparaison ne se fait plus qu'avec le seul lac de Genève. Surtout, le mouvement comparatif de C aboutissait à déprécier le lac de Bienne («Ses rives, moins riches...») ; dans la perspective argumentative de R, cette dépréciation n'est plus pensable ; d'où un renversement qui va permettre le passage du moins au plus. Au lieu d'être définies comme «moins riches» les rives sont désormais qualifiées de «plus sauvages et romantiques...» ; les quelques «moins» qui apparaissent ensuite dans le texte R sont immédiatement neutralisés par une cascade de «plus» («plus de verdure, plus de prairies, des contrastes plus fréquents, des accidents plus rapprochés...»).

– L'implication du narrateur est beaucoup plus forte dans R. A la formule impersonnelle de C («on y trouve...») s'oppose dans R l'évocation des «contemplatifs solitaires» (comment ne pas y reconnaître Rousseau lui-même ?), thématique valorisante que souligne l'amplification progressive du mouvement ternaire de la fin du fragment.

R remplace donc la perspective descriptive de C par une approche argumentative et valorisante. Cette fois le lac de Bienne est mis au dessus de tout. Si ses rives ne donnent pas de bon vin (concède le texte C), elles n'en permettent pas moins, affirme le texte R, de «s'enivrer à loisir des charmes de la nature» !

L'élément (b) est également modifié de façon significative. C donne en une phrase un élément descriptif faiblement inséré dans le contexte. Dans R, c'est au contraire le début d'un mouvement plus long où le verbe «enferme» relaye l'idée de «ronde» (thème à rapprocher, bien sûr, du «circonscrire» du premier paragraphe de R)... D'autre part le «presque» s'est déplacé ; la «forme presque ronde» de R est évidemment plus valorisante que «l'ovale presque régulier» de C, d'autant que pour un homme qui aime «à se circonscrire», le rond est bien sûr plus satisfaisant que l'ovale... On voit bien ici comment le fantasme impose ses déformations valorisantes au détriment de la fidélité au réel.

Il est de même facile de montrer que l'élément (c) est beaucoup plus argumentatif dans R : l'opposition entre les deux îles y est radicalisée, en un mouvement que souligne la structure antithétique «l'une... l'autre», de façon à permettre la «morale» qui conclut le fragment.

On pourrait aisément relever, dans les éléments suivants, des transformations du même ordre : nous préférons laisser au lecteur le soin de poursuivre et aborder un autre aspect du problème : l'articulation des éléments entre eux.

Enchaînements et progression du texte

Le texte R tend à remplacer la juxtaposition des éléments descriptifs par des articulations logiques et des phrases complexes plus conformes au modèle argumentatif. Cette tendance très sensible à l'intérieur de chacun des éléments se retrouve dans les articulations entre les éléments. On pourra confronter de ce point de vue l'enchaînement b/c dans R et c/b dans C.

D'autre part, l'organisation thématique des deux textes est très différente. C pose au départ deux hyperthèmes et les développe systématiquement. On notera que le second (le lac de Bienne) est repris au milieu du texte par un «ce lac» syntaxiquement acrobatique puisqu'il renvoie quinze lignes plus haut : le thème «lac de Bienne» a été posé en attente avant d'être développé dans la seconde partie du texte. Cette organisation «à thème éclaté» correspond bien aux modèles descriptifs usuels.

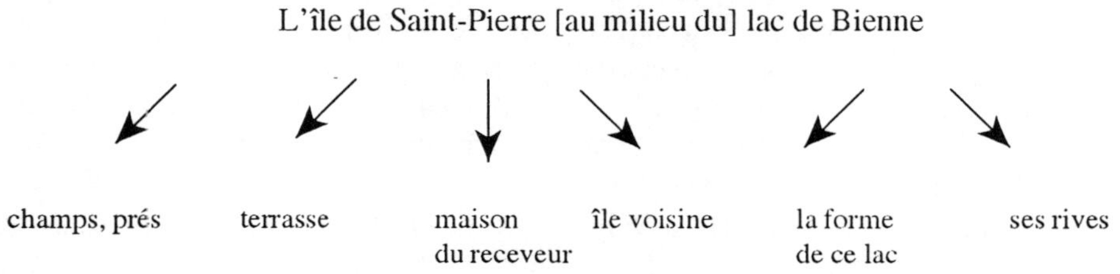

R suit au contraire un mouvement plus concentré et rigoureux qu'on peut schématiser de la façon suivante :

Les rives du lac de Bienne → (plusieurs lignes de caractérisation)

↓

Ce beau bassin → enferme deux îles...

↓

Il n'y a dans l'île...

On a donc affaire en gros à une progression linéaire, qui resserre peu à peu le texte sur le point central déjà évoqué ci-dessus. Le jeu des reprises produit parfois des effets significatifs : ainsi quand le propos «deux îles» devient thème au singulier : «Il n'y a dans l'île...» ; la deuxième île se trouve éliminée par ce qui peut paraître une incohérence linguistique, mais cela permet de concentrer toute l'attention sur le lieu central obsessionnel.

Conclusions

Nous pouvons à présent proposer des éléments de réponse aux questions initiales.

Le cadre de la typologie textuelle nous a permis de repérer dans ces deux passages des différences significatives. Si leur contenu référentiel est très proche, ils n'en sont pas moins profondément opposés. En ce sens, il n'y a nullement ici redite ni redondance. Le texte R réécrit le texte C dans une perspective tout autre. La problématique n'est plus celle d'une digression descriptive complétée par une expansion argumentative à l'intérieur d'un texte narratif, mais celle d'une écriture à la recherche d'une cohérence argumentative totale. Cette cohérence est obtenue à la fois par l'élimination des éléments peu signifiants (du pittoresque descriptif) et par un remodelage du réel : la logique du fantasme obsessionnel s'impose au détriment de l'exactitude de l'observation descriptive. L'écriture réalise ici, dans une perfection qui ne peut bien sûr être que textuelle, le rêve d'un homme qui «aime à se circonscrire» et pour qui l'île de Saint-Pierre est désormais un paradis perdu. On est loin d'un abandon à la rêverie où se dénouerait la tension argumentative : tout au contraire, là où le texte C maintient des formules d'approximation, une marge de jeu, le texte R impose une tension extrême, totalisante, peut-être névrotique.

Cette réécriture du texte C par le texte R concerne tous les niveaux d'organisation du texte : syntaxe, système énonciatif, réseaux sémantiques, progression de l'information... Le changement de cadre typologique entraîne une transformation/réévaluation de tous les éléments ; il n'affecte pas seulement la structure d'ensemble, mais aussi le détail même de l'écriture. La lecture méthodique doit donc bien prendre en compte tous ces aspects du texte : elle est, indissolublement, analyse littéraire et étude de la langue.

Enfin, ce travail de comparaison de textes nous semble présenter un intérêt pédagogique. La confrontation des deux passages évite en effet de partir d'un savoir *a priori* – et, on l'a vu, contestable – sur les textes de Rousseau. Elle permet au contraire de s'appuyer sur une observation attentive des textes – observation éclairée par la connaissance d'outils méthodologiques comme la typologie textuelle – pour construire et vérifier progressivement des interprétations. Sur un même référent, il n'était pas inutile d'écrire – et il n'est pas superflu de lire – deux textes.

CHAPITRE VI

Argumentation et lecture de l'œuvre intégrale

Il s'agira dans ce chapitre d'examiner l'utilité que peut avoir la notion de texte argumentatif pour la lecture d'une œuvre intégrale. Nous proposerons pour cela deux axes de réflexion principaux : la place des textes argumentatifs dans une œuvre intégrale, mais aussi l'œuvre intégrale lue comme texte argumentatif.

Nous choisirons comme exemple *Atala* de Chateaubriand. Ce récit occupe en effet une position particulièrement intéressante, à la charnière de deux siècles et de deux époques de l'histoire, et au sein d'un contexte à géométrie variable, comme le rappelle la remarquable édition donnée par J. C. Berchet en 1989 dans «Le livre de poche», qui replace *Atala*, ainsi que *René*, dans le cadre des *Natchez* [1]. *Atala* est d'autre part accompagnée d'un paratexte abondant, notamment les diverses préfaces que reproduisent la plupart des éditions et qui aident à situer les enjeux du texte.

LE TEXTE ARGUMENTATIF DANS «ATALA»

Une première approche consistera à rechercher les séquences argumentatives dans *Atala*. Un des intérêts de cette œuvre est en effet la diversité des types de textes qu'elle sollicite : on se souvient de la célèbre description du Meschacébé qui sert d'ouverture[2] avant que ne commence ce que Chateaubriand lui-même nomme «le récit». On trouve des passages lyriques (les prétendues chansons indiennes) où l'on peut voir l'annonce du poème en prose[3].

---

1 - Nous renvoyons au riche appareil critique de cette édition pour des précisions complémentaires à celles qu'on trouvera ci-dessous.

2 - Voir ci-dessous p. 142.

3 - Voir S. Bernard *Le poème en prose de Baudelaire jusqu'à nos jours*, Nizet 1959.

L'encadrement du récit par un prologue et un épilogue, le titre d'une des parties du récit («le drame»), renvoient d'autre part à la tradition théâtrale. Malgré sa relative brièveté, *Atala* se caractérise donc par une référence à des types de textes et à des genres extrêmement divers.

Une séquence argumentative

L'argumentation tient sa place dans cette hétérogénéité typologique, puisque les paroles du père Aubry à Atala mourante, dans l'avant-dernière partie du récit[4], relèvent clairement du type argumentatif (de même que l'intervention du père Souël à la fin de *René*)[5].

On pourra donc appliquer au discours du père Aubry les méthodes habituelles de lecture du texte argumentatif. A l'amour de la vie, il s'agit d'opposer une thèse clairement affirmée : «que vous perdez peu de chose, en perdant ce monde !». Le discours propose successivement plusieurs arguments qui sont autant de raisons de ne pas regretter la vie : les maux de la société, la vanité de l'amour et des sentiments humains, les discordes des familles et les inconstances du cœur, le caractère inévitable de la mort. Ces arguments sont développés par des exemples d'origine biblique explicitement désignés en tant que tels : «peut-être direz-vous que ces derniers exemples ne vous regardent pas...».

La conclusion est nettement soulignée : «Remerciez donc la Bonté divine, ma chère fille, qui vous retire si vite de cette vallée de misère.» L'argumentation joue à la fois sur des démarches logiques (on pourra par exemple étudier les différents emplois de «donc»), sur des procédés dialogiques (par exemple dans le paragraphe qui commence par «Mais peut-être me direz-vous...»), sur les pouvoirs analogiques de la métaphore (les inconstances du désir sont plus innombrables que les «vagues que la mer roule dans une tempête»...).

A ce niveau de l'analyse, le discours du père Aubry se présente donc bien comme une séquence argumentative insérée dans un récit :

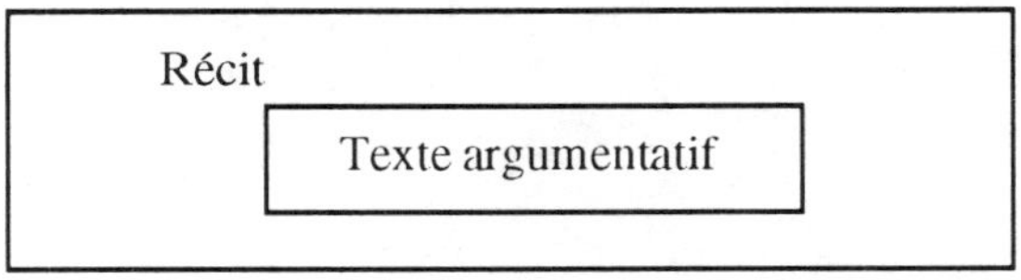

La double énonciation

L'enchâssement de la séquence argumentative dans un récit permet des effets dont la portée argumentative doit à son tour être analysée.

---

4 - pp. 147 à 150 de l'édition J. C. Berchet.

5 - En même temps qu'à l'éloquence religieuse, elles renvoient à la tradition rhétorique de la «consolation». «Consolez-vous donc, ma chère brebis...» dit le prêtre à Atala.

On observera d'abord qu'on a affaire ici à une argumentation rapportée : le discours du père Aubry est en fait raconté par Chactas, qui s'adresse à René ; comme l'indique le début de l'épilogue, le récit lui-même de Chactas a été transmis par la tradition orale jusqu'à un «je» narrateur qu'il est tentant d'identifier à Chateaubriand :

«Chactas, fils d'Outalissi, le Natché, a fait cette histoire à René l'Européen. Les pères l'ont redite aux enfants, et moi, voyageur aux terres lointaines, j'ai fidèlement rapporté ce que des Indiens m'en ont appris.»

Peu importe ce que cette structure narrative a d'assez invraisemblable : il est clair que l'important est qu'elle inscrit le récit de Chactas dans une énonciation à multiples niveaux qui le valorise et le fait accéder en quelque sorte à l'exemplarité du mythe.

L'ARGUMENTATION RAPPORTÉE

L'argumentation rapportée se prête à de nombreux exercices. Si dans *Atala* elle permet une mise en scène valorisante, elle peut aussi discréditer l'argumentateur par la parodie ; dans ce cas la double énonciation, au lieu de renforcer l'argumentation par la surimpression de deux voix, les désolidarise au contraire et manifeste la distance que prend le narrateur par rapport au personnage de l'argumentateur.

Ainsi dans ce passage de *Madame Bovary* où la façon dont Flaubert caricature Homais en grossissant les procédés argumentatifs permet d'identifier d'autant mieux ceux-ci[6]:

«Le pharmacien répondit :

– J'ai une religion, ma religion, et même j'en ai plus qu'eux tous, avec leurs momeries et leurs jongleries ! J'adore Dieu, au contraire ! Je crois en l'Etre suprême, à un Créateur, quel qu'il soit, peu m'importe, qui nous a placés ici-bas pour y remplir nos devoirs de citoyen et de père de famille ; mais je n'ai pas besoin d'aller, dans une église, baiser des plats d'argent, et engraisser de ma poche un tas de farceurs qui se nourrissent mieux que nous ! Car on peut l'honorer aussi bien dans un bois, dans un champ, ou même en contemplant la voûte éthérée, comme les anciens. Mon Dieu, à moi, c'est le Dieu de Socrate, de Franklin, de Voltaire et de Béranger ! Je suis pour la *Profession de foi du vicaire savoyard* et les immortels principes de 89 ! Aussi, je n'admets pas un bonhomme de bon Dieu qui se promène dans son parterre la canne à la main, loge ses amis dans le ventre des baleines, meurt en poussant un cri et ressuscite au bout de trois jours : choses absurdes en elles-mêmes et complètement opposées, d'ailleurs, à toutes les lois de la physique ; ce qui nous démontre, en passant,

---

6 - Voir M. Martinez, *Madame Bovary*, collection «Parcours de lecture», Bertrand-Lacoste, 1991.

que les prêtres ont toujours croupi dans une ignorance turpide, où ils s'efforcent d'engloutir avec eux les populations.

Il se tut, cherchant des yeux un public autour de lui, car, dans son effervescence, le pharmacien un moment s'était cru en plein conseil municipal. Mais la maîtresse d'auberge ne l'écoutait plus ; elle tendait son oreille à un roulement éloigné. On distingua le bruit d'une voiture mêlé à un claquement de fers lâches qui battaient la terre, et l'*Hirondelle* enfin s'arrêta devant la porte».

G. Flaubert
Madame Bovary (1857)

De façon plus neutre, l'argumentation peut aussi relever du «récit de paroles», comme dans le passage suivant de Gobineau où Rothbanner doit justifier auprès de la comtesse son peu d'empressement à l'épouser. On pourrait imaginer, à partir d'un passage de ce type, des exercices de réécriture visant par exemple à développer les divers arguments.

«Au bout d'un an de deuil, la comtesse qui, depuis dix-huit mois environ, paraissait souvent préoccupée et d'une gaieté un peu extrême, pressa Rothbanner de reconnaître ce qu'elle avait fait pour lui, en mettant fin par un mariage à l'irrégularité notoire de leur position. Rothbanner fut surpris et, ce qui n'était pas adroit, il faut en convenir, montrant plus de bonne foi que d'amour, il le laissa voir. Du reste, il y avait de quoi s'étonner. La comtesse, de sa nature esprit fort, ne s'était jamais beaucoup préoccupée des questions au-dessous d'elle. Son rang dans le monde, son sang-froid et, pour tout dire, son audace avaient toujours commandé et obtenu le respect, et il était convenu qu'on lui pouvait et devait passer beaucoup de choses. Rothbanner objecta à la fantaisie de la dame que sa délicatesse s'opposait absolument à satisfaire le désir exprimé ; il était pauvre et il paraîtrait avoir abusé de son influence pour des motifs peu honorables ; on le croirait d'autant mieux qu'en définitive une fort grande différence d'âge existait entre lui et la comtesse, et les unions contractées malgré de pareils empêchements donnent toujours à gloser. Ensuite, il était catholique, la comtesse protestante, et sa famille, à lui, qui passait sur beaucoup de choses sous le manteau de la cheminée, trouverait certainement à redire, et très fort, à une sorte de renonciation publique à des principes héréditaires. Enfin, et c'était là son suprême argument, il répéta à satiété qu'il ne voyait pas pourquoi un bonheur si long, si soutenu, si exempt de nuages serait troublé, évidemment troublé, par la manie de changer le bien en mieux.

Tout cela fut bien dit, bien exposé ; cependant la comtesse resta ferme dans sa proposition...».

A. de Gobineau
Adelaïde
(publication posthume 1913).

Dans *Atala,* le discours du père Aubry, désigné comme exemplaire par un Chactas lui-même narrateur exemplaire, prend une valeur argumentative exceptionnelle[7]. Le jeu de la double énonciation permet ici de démultiplier la portée du texte argumentatif au moins de deux façons : en mettant en scène les effets de l'argumentation, en valorisant le personnage de l'argumentateur.

Les effets de l'argumentation

Alors que tous les efforts pour apaiser les maux physiques d'Atala avaient été vains, le discours du père Aubry a un effet immédiat :

«Comme le dernier rayon du jour abat les vents et répand le calme dans le ciel, ainsi la parole tranquille du vieillard apaisa les passions dans le sein de mon amante. Elle ne parut plus occupée que de ma douleur, et des moyens de me faire supporter sa perte.»

La façon dont Atala, à son tour, tente de consoler Chactas, signifie son adhésion au discours du missionnaire («tour à tour consolante et consolée, elle donnait et recevait la parole de vie sur la couche de la mort»). Chactas lui-même, après des moments de désespoir, accepte ces paroles consolatrices. L'argumentation du père Aubry est donc mise en scène par le texte comme *une argumentation réussie.*

Le personnage de l'argumentateur

Plusieurs procédés concourent à valoriser le personnage du père Aubry, dont l'argumentation a d'autant plus de poids que le récit lui confère une autorité morale exceptionnelle.

Comme le note J. C. Berchet, alors que dans le *Génie du Christianisme* (IV, 4, 8) Chateaubriand signale que les missionnaires de la Nouvelle-France sont des Jésuites, il omet soigneusement dans *Atala* ce détail aux connotations alors très négatives :

«En qualifiant (le père Aubry) de *solitaire* ou d'*ermite,* il le rattache à une riche et rassurante tradition littéraire ; en le qualifiant de *missionnaire,* il insiste en revanche sur une fonction sociale, que les jésuites du Paraguay avaient illustrée de façon positive au Siècle des lumières.»[8]

Le récit de Chactas multiplie d'autre part les indications qui font du père Aubry une figure exceptionnelle : il suffit de se reporter, dans l'épilogue, au récit de sa mort, ou de relire, au début de la partie sur «Les laboureurs», le portrait qui annonce déjà l'efficacité de ses paroles consolatrices : «Il y a des justes dont la conscience est si tranquille, qu'on ne peut approcher d'eux sans participer à la paix qui s'exhale, pour ainsi dire, de leur cœur et de leurs discours.»

---

7 - Dans *René* au contraire le discours du père Souël succède au récit de René et s'oppose à lui ; on voit donc l'intérêt, dans *Atala,* du procédé de surimpression par lequel la parole de Chactas, devenu entre temps un sage vieillard, adhère à celle du père Aubry.

8 - éd. du Livre de poche, p. 622.

«Les rides de son front», la pitié avec laquelle il regarde la jeunesse de Chactas et d'Atala, nous rappellent que le père Aubry est un vieillard[9], ce qui – à l'époque – est un élément de valorisation.

Le bâton sur lequel il s'appuie, le livre qu'il porte suspendu au cou[10], sont autant d'éléments d'un topos valorisant qui signifie la sagesse : il suffit de comparer le passage d'*Atala* à quelques extraits de Fénelon[11] ou de Bernardin de Saint-Pierre[12] pour en dégager les caractéristiques.

LE TOPOS DU SAGE VIEILLARD

[Télémaque, jeté par la tempête dans l'île de Calypso, lui raconte ses aventures]

Pendant que ces pensées roulaient dans mon esprit, je m'enfonçai dans une sombre forêt, où j'aperçus tout à coup un vieillard, qui tenait dans sa main un livre. Ce vieillard avait un grand front chauve et un peu ridé ; une barbe blanche pendait jusqu'à sa ceinture ; sa taille était haute et majestueuse ; son teint était encore frais et vermeil ; ses yeux, vifs et perçants ; sa voix, douce ; ses paroles, simples et aimables. Jamais je n'ai vu un si vénérable vieillard. Il s'appelait Termosiris, et il était prêtre d'Apollon, qu'il servait dans un temple de marbre que les rois d'Egypte avaient consacré à ce dieu dans cette forêt. Le livre qu'il tenait était un recueil d'hymnes en l'honneur des dieux. Il m'aborde avec amitié ; nous nous entretenons. Il racontait si bien les choses passées, qu'on croyait les voir ; mais il les racontait courtement, et jamais ses histoires ne m'ont lassé. Il prévoyait l'avenir par la profonde sagesse qui lui faisait connaître les hommes et les desseins dont ils sont capables. Avec tant de prudence, il était gai, complaisant, et la jeunesse la plus enjouée n'a point autant de grâces qu'en avait cet homme dans une vieillesse si avancée : aussi aimait-il les jeunes gens, quand ils étaient dociles et qu'ils avaient le goût de la vertu.

Fénelon
Les aventures de Télémaque (Livre 2) (1699)

---

9 - Le récit l'a déjà désigné plusieurs fois comme tel. L'importance de ce trait apparaît bien dans le fait que dans *René* Chateaubriand fait aussi du père Souël un vieillard, alors que ce jésuite, qui a réellement existé, fut tué à trente-quatre ans.

10 - On suppose bien sûr qu'il s'agit d'une bible. Mais chez Fénelon (voir extraits cités), les vénérables vieillards de l'antiquité païenne ne se déplacent pas non plus sans livre : hymnes en l'honneur des dieux, ou recueil des lois de Minos... Mise en abyme par laquelle les livres qui constituent le topos du sage vieillard lui font porter un livre comme symbole de la sagesse.

11 - On sait l'influence considérable de Fénelon à cette époque, et que dans *Les Natchez* Chactas, lors de son voyage en Europe, rencontre Fénelon dont la sagesse et les conseils ont à ses yeux le même prestige que ceux du père Aubry.

12 - L'influence de Bernardin de Saint-Pierre sur Chateaubriand est elle aussi essentielle (et l'admiration pour Fénelon leur est commune : dans *Paul et Virginie*, *Télémaque* est la lecture favorite de Paul).

[Télémaque raconte son séjour en Crète, pays heureux et prospère grâce aux sages lois établies jadis par Minos]

Cependant les plus illustres et les plus sages d'entre les Crétois nous conduisirent dans un bois antique et sacré, reculé de la vue des hommes profanes, où les vieillards que Minos avait établis juges du peuple et gardes des lois nous assemblèrent. Nous étions les mêmes qui avions combattu dans les jeux ; nul autre ne fut admis. Les sages ouvrirent le livre où toutes les lois de Minos sont recueillies. Je me sentis saisi de respect et de honte, quand j'approchai de ces vieillards, que l'âge rendait vénérables sans leur ôter la vigueur de l'esprit. Ils étaient assis avec ordre, et immobiles dans leurs places : leurs cheveux étaient blancs ; plusieurs n'en avaient presque plus. On voyait reluire sur leurs visages graves une sagesse douce et tranquille ; ils ne se pressaient point de parler ; ils ne disaient que ce qu'ils avaient résolu de dire. Quand ils étaient d'avis différents, ils étaient si modérés à soutenir ce qu'ils pensaient de part et d'autre, qu'on aurait cru qu'ils étaient tous d'une même opinion. La longue expérience des choses passées et l'habitude du travail leur donnait de grandes vues sur toutes choses : mais ce qui perfectionnait le plus leur raison, c'était le calme de leur esprit délivré des folles passions et des caprices de la jeunesse. La sagesse toute seule agissait en eux, et le fruit de leur longue vertu était d'avoir si bien dompté leurs humeurs, qu'ils goûtaient sans peine le doux et noble plaisir d'écouter la raison. En les admirant, je souhaitai que ma vie pût s'accourcir pour arriver tout à coup à une si estimable vieillesse. Je trouvais la jeunesse malheureuse d'être si impétueuse et si éloignée de cette vertu si éclairée et si tranquille.

FÉNELON
Les aventures de Télémaque (Livre 5) (1699)

J'aimais à me rendre dans ce lieu où l'on jouit à la fois d'une vue immense et d'une solitude profonde. Un jour que j'étais assis au pied de ces cabanes, et que j'en considérais les ruines, un homme déjà sur l'âge vint à passer aux environs. Il était, suivant la coutume des anciens habitants, en petite veste et en long caleçon. Il marchait nu-pieds, et s'appuyait sur un bâton de bois d'ébène. Ses cheveux étaient tout blancs, et sa physionomie noble et simple. Je le saluai avec respect. Il me rendit mon salut, et m'ayant considéré un moment, il s'approcha de moi, et vint se reposer sur le tertre où j'étais assis. Excité par cette marque de confiance, je lui adressai la parole : «Mon père, lui dis-je, pourriez-vous m'apprendre à qui ont appartenu ces deux cabanes ?» Il me répondit : «Mon fils, ces masures et ce terrain inculte étaient habités, il y a environ vingt ans, par deux familles qui y avaient trouvé le bonheur. Leur histoire est touchante : mais dans cette île, située sur la route des Indes, quel Européen peut s'intéresser au sort de quelques particuliers obscurs ? qui voudrait même y vivre heureux, mais pauvre et ignoré ? Les hommes ne veulent connaître que l'histoire des grands et des rois, qui ne sert à personne. – Mon père, repris – je, il est aisé de juger à votre air et à votre discours que vous avez acquis une grande expérience. Si vous en avez le temps, racontez-moi, je vous prie, ce que vous savez des anciens habitants de ce désert, et croyez que l'homme même le plus dépravé par les préjugés du monde aime à entendre parler du bonheur que donnent la nature et la vertu.» Alors, comme quelqu'un qui cherche à se rappeler diverses circonstances, après avoir appuyé quelque temps ses mains sur son front, voici ce que ce vieillard me raconta.

Bernardin de SAINT-PIERRE
Paul et Virginie (1788)

J'ai rencontré moi-même un de ces apôtres, au milieu des solitudes américaines. Un matin que je cheminais lentement dans les forêts, j'aperçus, venant à moi, un grand vieillard à barbe blanche, vêtu d'une longue robe, lisant attentivement dans un livre, et marchant appuyé sur un bâton ; il était tout illuminé par un rayon de l'aurore, qui tombait sur lui à travers le feuillage des arbres : on eût cru voir Thermosiris, sortant du bois sacré des Muses, dans les déserts de la Haute-Egypte. C'était un missionnaire de la Louisiane ; il revenait de la Nouvelle-Orléans, et retournait aux Illinois où il dirigeait un petit troupeau de Français et de Sauvages chrétiens. Il m'accompagna pendant plusieurs jours : quelque diligent que je fusse au matin, je trouvais toujours le vieux voyageur levé avant moi, et disant son bréviaire, en se promenant dans la forêt. Ce saint homme avait beaucoup souffert ; il racontait bien les peines de sa vie ; il en parlait sans aigreur, et surtout sans plaisir, mais avec sérénité : je n'ai point vu un sourire plus paisible que le sien. Il citait agréablement et souvent des vers de Virgile et même d'Homère, qu'il appliquait aux belles scènes qui se succédaient sous nos yeux, ou aux pensées qui nous occupaient. Il me parut avoir des connaissances en tous genres, qu'il laissait à peine apercevoir sous sa simplicité évangélique ; comme ses prédécesseurs les Apôtres, sachant tout, il avait l'air de tout ignorer. Nous eûmes un jour une conversation sur la Révolution française, et nous trouvâmes quelque charme à causer des troubles des hommes, dans les lieux les plus tranquilles. Nous étions assis dans une vallée, au bord d'un fleuve dont nous ne savions pas le nom, et qui, depuis nombre de siècles, rafraîchissait de ses eaux cette rive inconnue. J'en fis faire la remarque au vieillard qui s'attendrit ; les larmes lui vinrent aux yeux, à cette image d'une vie ignorée sacrifiée dans les déserts à d'obscurs bienfaits.

CHATEAUBRIAND
Le Génie du Christianisme (IV, 4,8)

Il y a des justes dont la conscience est si tranquille, qu'on ne peut approcher d'eux sans participer à la paix qui s'exhale, pour ainsi dire, de leur cœur et de leurs discours. A mesure que le Solitaire parlait, je sentais les passions s'apaiser dans mon sein, et l'orage même dans le ciel, semblait s'éloigner à sa voix. Les nuages furent bientôt assez dispersés pour nous permettre de quitter notre retraite. Nous sortîmes de la forêt, et nous commençâmes à gravir le revers d'une haute montagne. Le chien marchait devant nous, en portant au bout d'un bâton la lanterne éteinte. Je tenais la main d'Atala, et nous suivions le missionnaire. Il se détournait souvent pour nous regarder, contemplant avec pitié nos malheurs et notre jeunesse. Un livre était suspendu à son cou ; il s'appuyait sur un bâton blanc. Sa taille était élevée, sa figure pâle et maigre, sa physionomie simple et sincère. Il n'avait pas les traits morts et effacés de l'homme né sans passions ; on voyait que ses jours avaient été mauvais, et les rides de son front montraient les

> belles cicatrices des passions guéries par la vertu et par l'amour de Dieu et des hommes. Quand il nous parlait debout et immobile, sa longue barbe, ses yeux modestement baissés, le son affectueux de sa voix, tout en lui avait quelque chose de calme et de sublime. Quiconque a vu, comme moi, le P. Aubry cheminant seul avec son bâton et son bréviaire dans le désert, a une véritable idée du voyageur chrétien sur la terre.
>
> CHATEAUBRIAND
> *Atala*

Replacée dans le cadre d'une lecture intégrale de l'œuvre, la séquence argumentative prend donc une tout autre portée : l'argumentation ne réside pas seulement dans le contenu de cette séquence, mais aussi et peut-être surtout dans la façon dont elle est mise en scène par le récit.

«ATALA» COMME TEXTE ARGUMENTATIF

Quelle que soit l'édition d'*Atala* à laquelle on a recours, le texte même est environné d'un contexte et d'un paratexte abondants. Il est en général associé à *René,* voire au *Dernier Abencerage* ; les diverses éditions prennent soin de rappeler les liens qui unissent *Atala* au *Génie du Christianisme*, mais Le livre de poche préfère reconstituer l'épopée des *Natchez* ; enfin on reproduit en général les préfaces successives des premières éditions. Autant d'environnements textuels qui orientent des lectures différentes.

Le texte et le paratexte

Nous nous intéresserons ici essentiellement à la préface de la première édition d'*Atala* (1801). On pourra la comparer aux autres préfaces reproduites dans l'édition du Livre de poche (préface de 1805 à l'édition séparée d'*Atala* et *René* ; préface des *Natchez* en 1826).

La préface de 1801 expose d'abord un objectif littéraire : «J'étais encore très jeune, lorsque je conçus l'idée de faire l'*épopée de l'homme de la nature*, ou de peindre les mœurs des Sauvages...». La suite précise : «Il n'y a point d'aventures dans *Atala*. C'est une sorte de poème, moitié descriptif, moitié dramatique...». On voit que si, dans cette préface qui revendique à plusieurs reprises «le goût antique», Chateaubriand n'hésite pas à se réclamer des modèles épique et dramatique, c'est en fait la problématique de la *description* qui revient le plus souvent : sans cesse on trouve sous la plume de Chateaubriand des termes qui appartiennent au champ lexical du tableau et de la peinture («Je m'aperçus bientôt que je manquais des vraies couleurs, et que si je voulais faire une image semblable, il fallait, à l'exemple d'Homère, visiter les peuples que je voulais peindre»).

D'autre part la même préface revendique une *moralité* : «Les moralités que j'ai voulu faire dans *Atala* étant faciles à découvrir, et se trouvant résumées dans l'épilogue, je n'en parlerai point ici.»

Le passage auquel il est fait allusion est certainement le début de l'épilogue, où le narrateur anonyme à qui est finalement parvenu le récit de Chactas commente :

«Je vis dans ce récit le tableau du peuple chasseur et du peuple laboureur, la religion, première législatrice des hommes, les dangers de l'ignorance et de l'enthousiasme religieux, opposés aux lumières, à la charité et au véritable esprit de l'Evangile, les combats des passions et des vertus dans un cœur simple, enfin le triomphe du Christianisme sur le sentiment le plus fougueux et la crainte la plus terrible, l'amour et la mort.»

Si le début de ce passage renvoie à l'action civilisatrice du père Aubry, la suite reprend littéralement les termes de la «consolation» adressée à Atala et que nous avons pris plus haut comme exemple de séquence argumentative. De même que la structure narrative d'*Atala*, le paratexte désigne donc ce passage comme la «thèse», cette fois directement assumée par Chateaubriand au terme d'une série de superpositions des voix :

(Le père Aubry/Chactas/le narrateur anonyme de l'épilogue/Chateaubriand)

Cette «moralité», pour reprendre le vocabulaire de Chateaubriand, correspond à une intention didactique qui est une prise de parti dans le débat entre nature et culture qui traverse le XVIIIème siècle[13]. Pour Chateaubriand, qui veut faire l'épopée de l'homme de la nature, mais qui se défend d'être «comme M. Rousseau, un enthousiaste des Sauvages», la nature demande à être corrigée par la religion, et la vie sauvage par la vie sociale ; mais, dans *Atala,* il s'agit de la religion du père Aubry, bien différente des excès du missionnaire confesseur de la mère d'Atala, de même qu'il s'agit de la société utopique des Laboureurs, bien différente des souffrances de la vieille Europe. Ce souci d'équilibre se retrouve bien sûr dans le personnage de Chactas, à mi-chemin entre les Indiens et la culture européenne.

Ainsi se dessine bien une thèse, dont on peut seulement se demander si la noirceur de l'épilogue ne lui confère pas un caractère illusoire : la mort tragique du père Aubry, les malheurs des Natchez, sont relayés par le pessimisme du narrateur exilé, peu compatible avec l'utopie d'une société idéale.

Le paratexte nous invite donc à lire *Atala* comme un texte argumentatif. Cette lecture ne vient pas seulement se rajouter à une approche littéraire du texte : les deux dimensions sont en fait intimement liées, au moins à deux niveaux.

D'abord, parce que la problématique de la nature est aussi pour Chateaubriand un enjeu esthétique. De même que, sur le plan de la «moralité», la nature demande à être corrigée par la religion, de même sur le plan de l'art Chateaubriand récuse tout asservissement à la nature et condamne «les détails fastidieux de mille romans où l'on décrit jusqu'au bonnet de nuit, et à la robe de chambre ; de là ces drames infâmes, qui ont succédé aux chefs-d'œuvre des Racine. Peignons la nature, mais la belle nature : l'art ne doit pas s'occuper de l'imitation des monstres.»

---

13 - Profitons-en pour rappeler, avec J. C. Berchet (voir notamment p. 581), combien Chateaubriand – et en particulier le Chateaubriand d'*Atala* – est un homme du XVIIIème siècle.

D'autre part, la problématique de la description, dont nous avons relevé le caractère très insistant tout au long de la préface de 1801, entretient une relation très étroite avec la moralité chrétienne du récit. Le livre 4 de la deuxième partie du *Génie du Christianisme,* consacrée à la «Poétique du Christianisme», définit en effet la poésie descriptive comme un genre essentiellement chrétien : la description, pour Chateaubriand, ne peut exister que dans un monde qui, au lieu de peupler la nature de divinités païennes, sait y pressentir l'existence d'un être suprême. L'existence même de la description devient ainsi, chez Chateaubriand, un enjeu argumentatif[14].

LES ENJEUX DE LA DESCRIPTION

Même si l'on peut contester la vision religieuse qui oriente l'argumentation de Chateaubriand (extrait 1), il est difficile de ne pas être frappé par la lucidité avec laquelle il relève le caractère fondamentalement moderne de la description, et plus précisément du texte descriptif en tant que tel, qu'il oppose, dans une note très suggestive du *Génie du christianisme*, aux notations descriptives qui chez les Anciens servaient à établir un décor (extrait 2).

Cette prise de conscience de l'importance des enjeux de la description va de pair avec un sentiment d'insuffisance du descripteur : «Il sort de tels bruits du fond des forêts, il se passe de telles choses aux yeux, que j'essaierais en vain de les décrire à ceux qui n'ont point parcouru ces champs primitifs de la nature.», écrit Chateaubriand à la fin de la description des rives du Meschacébé. Et l'on songe à un autre aveu d'impuissance chez Bernardin de Saint-Pierre : «L'art de rendre la nature est si nouveau que les termes mêmes n'en sont pas inventés...» (dernière lettre du *Voyage à l'île de France*).

> «Pénétrez dans ces forêts américaines aussi vieilles que le monde : quel profond silence dans ces retraites, quand les vents reposent ! quelles voix inconnues, quand les vents viennent à s'élever ! Etes-vous immobile, tout est muet : faites-vous un pas, tout soupire. La nuit s'approche, les ombres s'épaississent : on entend des troupeaux de bêtes sauvages passer dans les ténèbres ; la terre murmure sous vos pas ; quelques coups de foudre font mugir les déserts : la forêt s'agite, les arbres tombent, un fleuve inconnu coule devant vous. La lune sort enfin de l'Orient ; à mesure que vous passez au pied des arbres, elle semble errer devant vous dans leur cime, et suivre tristement vos yeux. Le voyageur s'assied sur le tronc d'un chêne, pour attendre le jour ; il regarde tour à tour l'astre des nuits, les ténèbres, le fleuve ; il se sent inquiet, agité, et dans l'attente de quelque chose d'inconnu ; un plaisir inouï, une crainte extraordinaire font palpiter son sein, comme s'il allait être admis à quelque secret de la Divinité : il est seul au fond des forêts ; mais l'esprit de l'homme remplit aisément les espaces de la nature ; et toutes les solitudes de la terre sont moins vastes qu'une seule pensée de son cœur.

14 - Voir ci-dessous p. 142.

Oui, quand l'homme renierait la Divinité, l'être pensant, sans cortège et sans spectateur, serait encore plus auguste au milieu des mondes solitaires, que s'il y apparaissait environné des petites déités de la fable ; le désert vide aurait encore quelques convenances avec l'étendue de ses idées, la tristesse de ses passions, et le dégoût même d'une vie sans illusion et sans espérance.

Il y a dans l'homme un instinct qui le met en rapport avec les scènes de la nature. Eh ! qui n'a passé des heures entières, assis sur le rivage d'un fleuve, à voir s'écouler les ondes ! Qui ne s'est plu, au bord de la mer, à regarder blanchir l'écueil éloigné ! Il faut plaindre les anciens, qui n'avaient trouvé dans l'Océan que le palais de Neptune et la grotte de Protée ; il était dur de ne voir que les aventures des Tritons et des Néréides dans cette immensité des mers, qui semble nous donner une mesure confuse de la grandeur de notre âme, dans cette immensité qui fait naître en nous un vague désir de quitter la vie, pour embrasser la nature et nous confondre avec son Auteur».

Le Génie du christianisme
(2e partie, Livre IV, chap. 1).

«Nous ne voulons qu'éclaircir ce mot *descriptif* afin qu'on ne l'interprète pas dans un sens différent de celui que nous lui donnons. Quelques personnes ont été choquées de notre assertion, faute d'avoir bien compris ce que nous voulions dire. Certainement les poètes de l'antiquité ont des morceaux *descriptifs* ; il serait absurde de le nier, surtout si l'on donne la plus grande extension à l'expression, et qu'on entende par là des descriptions de vêtements, de repas, d'armées, de cérémonies, etc., etc. ; mais ce genre de *description* est totalement différent du nôtre ; en général, les anciens ont peint les *mœurs,* nous peignons les *choses* : Virgile décrit la *maison rustique,* Théocrite les *bergers,* et Thomson les *bois* et les *déserts.* Quand les Grecs et les Latins ont dit quelques mots d'un paysage, ce n'a jamais été que pour y placer des personnages et faire rapidement un fond de tableau ; mais ils n'ont jamais représenté nûment, comme nous, les fleuves, les montagnes et les forêts : c'est tout ce que nous prétendons dire ici. Peut-être objectera-t-on que les anciens avaient raison de regarder la poésie descriptive comme l'objet *accessoire,* et non comme l'objet *principal* du tableau ; je le pense aussi, et l'on a fait de nos jours un étrange abus du genre descriptif ; mais il n'en est pas moins vrai que c'est un moyen de plus entre nos mains, et qu'il a étendu la sphère des images poétiques, sans nous priver de la peinture des mœurs et des passions, telle qu'elle existait pour les anciens».

Le Génie du christianisme
(2e partie, Livre IV, chap. 1, note XVI).

Le texte et ses contextes

Les différentes éditions d'*Atala*, dès l'origine, inscrivent le récit dans des contextes différents qui peuvent constituer autant d'horizons d'attente.

Comme le précise Chateaubriand dans la préface de la première édition, *Atala* (de même que *René*) n'était à l'origine qu'un épisode des *Natchez*, vaste fresque conçue pendant les derniers temps du XVIIIème siècle. Les rappels rapides de l'histoire de la tribu indienne auxquels Chateaubriand doit se livrer, au début et à la fin des deux récits, pour en rendre la fiction compréhensible, manifestent d'ailleurs cette origine. C'est elle qui justifie le choix fait par J. C. Berchet, dans l'édition du Livre de poche, de reconstituer, en replaçant *Atala* et *René* à leur place présumée dans *Les Natchez*, un ensemble narratif qui ne correspond à aucune édition antérieure. Du vivant de Chateaubriand, *Les Natchez* ne seront en effet publiés qu'en 1826, mais sans les deux récits qui avaient connu la carrière séparée qu'on sait.

Car *Atala* est publiée de façon autonome en 1801. Mais la préface présente alors le récit comme un fragment du *Génie du christianisme*, destiné à illustrer «Les beautés poétiques et morales de la religion chrétienne». Comme *René*, il figurera bien, par la suite, dans le *Génie*, avant que les deux récits ne soient repris séparément (voir la préface de 1805).

A noter que l'édition de 1826 associe *Atala* et *René* au *Dernier Abencerage*, ce qui justifie l'édition Folio de réunir ces trois récits dans ce que P. Moreau considère comme une trilogie de l'exil.

On peut donc lire *Atala* à la fois dans un contexte attesté, celui du *Génie*, et dans un contexte virtuel, reconstitué par J. C. Berchet, celui des *Natchez* [15].

L'insertion d'*Atala* (et de *René*) dans le *Génie* constitue un dispositif textuel qui reproduit celui par lequel Bernardin de Saint-Pierre place *Paul et Virginie* dans ses *Etudes de la nature*. Même si dans les deux cas les récits se sont très vite émancipés, en rencontrant un immense succès, de leur contexte didactique, celui-ci n'en signale pas moins l'ambition argumentative de l'ensemble. On voit ainsi s'organiser un jeu d'enchâssements plus complexe encore que celui qui a été évoqué plus haut : si le récit qu'est *Atala* contient des séquences argumentatives, il est en même temps séquence narrative («exemple», en quelque sorte) dans un ensemble argumentatif.

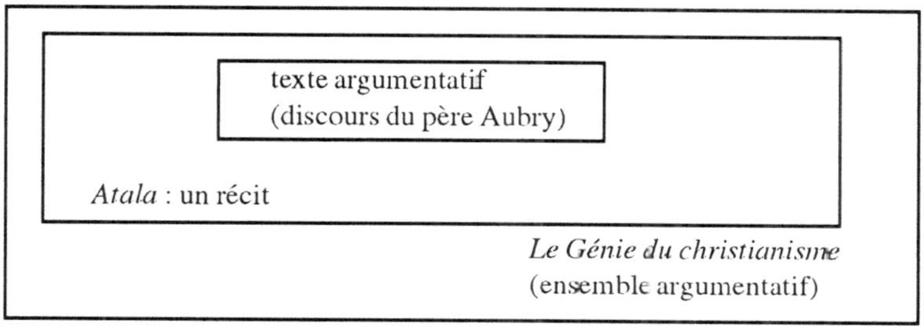

15 - L'édition conjointe d'*Atala* et *René* soulignant pour sa part les symétries entre les deux récits ; voir notamment à ce sujet les analyses de J. C. Berchet p. 569 sqq.

Si cet enchâssement argumentatif dessine avec insistance une thèse qui se veut positive, celle du catholicisme humaniste qu'inspire Fénelon et qu'incarne le père Aubry, le contexte des *Natchez* incline à une lecture différente et plus pessimiste.

Ce qui passe en effet alors au premier plan, c'est une logique narrative qui entraîne les personnages vers la mort et le déclin. Même si certains passages des *Natchez*, comme la rencontre de Chactas et de Fénelon, confortent le message du père Aubry, la ligne dominante du récit est négative : l'impuissance et le dégoût de l'existence de René envahissent le texte, Chactas le sage ne peut enrayer la mécanique fatale, les forces du mal incarnées par Ondouré l'emportent, les dernières survivantes périssent dans les eaux du fleuve et la fille de René n'échappe à la mort que pour connaître une existence infortunée et transmettre l'histoire tragique des Natchez.

Le double contexte d'*Atala* incite donc à deux lectures, dont la ligne argumentative est opposée. L'épilogue porte la marque de cette ambiguïté[16] : si son début, on l'a vu, relaie le message positif du père Aubry, la suite multiplie les images de mort et d'exil. Contradiction qui renvoie bien sûr à l'affrontement, chez Chateaubriand lui-même, entre deux lignes idéologiques : d'un côté le pessimisme historique de l'aristocrate exilé par la révolution, et, tel les Natchez, condamné à errer dans «les déserts du Nouveau-Monde» ; de l'autre, le Chateaubriand du *Génie du Christianisme*, engagé dans une entreprise de reconquête idéologique que rendent possible le Consulat et le retour en France des émigrés[17].

Texte descriptif et argumentation

L'ambiguïté argumentative qui travaille le texte d'*Atala* ne se manifeste pas seulement dans les logiques d'ensemble du récit. Repassant du niveau de la lecture globale de l'œuvre à celui de l'analyse d'un passage, nous pouvons maintenant revenir sur la célèbre description du Meschacébé qui ouvre le Prologue.

Ce passage est d'autant plus intéressant qu'il ne constitue pas le «cadre» de l'histoire racontée dans *Atala*. Même s'il participe de l'ambition picturale revendiquée par Chateaubriand dans sa préface de 1801[18], et quelles que soient les qualités esthétiques de ce qui apparaît incontestablement comme un morceau descriptif, il est donc tentant de le lire aussi dans sa dimension argumentative.

---

16 - A rapprocher de l'ambiguïté du personnage de Chactas, traversé par des références culturelles contradictoires, à la fois sauvage et européen.

17 - Le pessimisme de Chateaubriand n'est bien sûr pas seulement de nature historique ; la dimension tragique, dans les *Natchez*, tient aussi à la fascination de l'inceste et à l'obsession d'une faute originelle qui interdit le bonheur. La ligne pessimiste apparaît alors comme liée à l'interdiction qui frappe le désir, alors que la ligne optimiste du *Génie* serait un effort de la volonté ; mais ce niveau de lecture déborde le cadre d'une réflexion sur l'argumentation.

18 - Voir ci-dessus p. 137.

Prologue

La France possédait autrefois, dans l'Amérique septentrionale, un vaste empire qui s'étendait depuis le Labrador jusqu'aux Florides, et depuis les rivages de l'Atlantique jusqu'aux lacs les plus reculés du haut Canada.

Quatre grands fleuves, ayant leurs sources dans les mêmes montagnes, divisaient ces régions immenses : le fleuve Saint-Laurent qui se perd à l'est dans le golfe de son nom, la rivière de l'Ouest qui porte ses eaux à des mers inconnues, le fleuve Bourbon qui se précipite du midi au nord dans la baie d'Hudson, et le Meschacebé qui tombe du nord au midi, dans le golfe du Mexique.

Ce dernier fleuve, dans un cours de plus de mille lieues, arrose une délicieuse contrée que les habitants des Etats-Unis appellent le nouvel Eden, et à laquelle les Français ont laissé le doux nom de Louisiane. Mille autres fleuves, tributaires du Meschacebé, le Missouri, l'Illinois, l'Akanza, l'Ohio, le Wabache, le Tenase, l'engraissent de leur limon et la fertilisent de leurs eaux. Quand tous ces fleuves se sont gonflés des déluges de l'hiver, quand les tempêtes ont abattu des pans entiers de forêts, les arbres déracinés s'assemblent sur les sources. Bientôt les vases les cimentent, les lianes les enchaînent, et des plantes y prenant racine de toutes parts, achèvent de consolider ces débris. Charriés par les vagues écumantes, ils descendent au Meschacebé. Le fleuve s'en empare, les pousse au golfe Mexicain, les échoue sur des bancs de sable et accroît ainsi le nombre de ses embouchures. Par intervalle, il élève sa voix, en passant sous les monts, et répand ses eaux débordées autour des colonnades des forêts et des pyramides des tombeaux indiens ; c'est le Nil des déserts. Mais la grâce est toujours unie à la magnificence dans les scènes de la nature : tandis que le courant du milieu entraîne vers la mer les cadavres des pins et des chênes, on voit sur les deux courants latéraux remonter le long des rivages, des îles flottantes de pistia et de nénuphar, dont les roses jaunes s'élèvent comme de petits pavillons. Des serpents verts, des hérons bleus, des flamants roses, de jeunes crocodiles s'embarquent, passagers sur ces vaisseaux de fleurs, et la colonie, déployant au vent ses voiles d'or, va aborder endormie dans quelque anse retirée du fleuve.

Les deux rives du Meschacebé présentent le tableau le plus extraordinaire. Sur le bord occidental, des savanes se déroulent à perte de vue ; leurs flots de verdure, en s'éloignant, semblent monter dans l'azur du ciel où ils s'évanouissent. On voit dans ces prairies sans bornes, errer à l'aventure des troupeaux de trois ou quatre mille buffles sauvages. Quelquefois un bison chargé d'années, fendant les flots à la nage, se vient coucher parmi de hautes herbes, dans une île du Meschacebé. A son front orné de deux croissants, à sa barbe antique et limoneuse, vous le prendriez pour le dieu du fleuve, qui jette un œil satisfait sur la grandeur de ses ondes, et la sauvage abondance de ses rives.

Telle est la scène sur le bord occidental ; mais elle change sur le bord opposé, et forme avec la première un admirable contraste. Suspendus sur le cours des eaux, groupés sur les rochers et sur les montagnes, dispersés dans les vallées des arbres de toutes les formes, de toutes les couleurs, de tous les parfums, se mêlent, croissent ensemble, montent dans les airs à des hauteurs qui fatiguent les regards. Les vignes sauvages, les bignonias, les coloquintes, s'entrelacent au pied de ces arbres, escaladent leurs rameaux, grimpent à l'extrémité des branches, s'élancent de l'érable au tulipier, du tulipier à l'alcée, en formant mille grottes, mille voûtes, mille portiques. Souvent égarées d'arbre en arbre, ces lianes traversent des bras de rivières, sur lesquels elles jettent des ponts de fleurs. Du sein de ces massifs, le magnolia élève son cône immobile ; surmonté de ses larges roses blanches, il domine toute la forêt, et n'a d'autre rival que le palmier, qui balance légèrement auprès de lui ses éventails de verdure.

Une multitude d'animaux, placés dans ces retraites par la main du Créateur, y répandent l'enchantement et la vie. De l'extrémité des avenues, on aperçoit des ours enivrés de raisins, qui chancellent sur les branches des ormeaux ; des caribous se baignent dans un lac ; des écureuils noirs se jouent dans l'épaisseur des feuillages ; des oiseaux moqueurs, des colombes de Virginie de la grosseur d'un passereau, descendent sur les gazons rougis par les fraises ; des perroquets verts à tête jaune, des piverts empourprés, des cardinaux de feu, grimpent en circulant au haut des cyprès ; des colibris étincellent sur le jasmin des Florides, et des serpents-oiseleurs sifflent suspendus aux dômes des bois, en s'y balançant comme des lianes.

Si tout est silence et repos dans les savanes de l'autre côté du fleuve, tout ici, au contraire, est mouvement et murmure : des coups de bec contre le tronc des chênes, des froissements d'animaux qui marchent, broutent ou broient entre leurs dents les noyaux des fruits, des bruissements d'ondes, de faibles gémissements, de sourds meuglements, de doux roucoulements remplissent ces déserts d'une tendre et sauvage harmonie. Mais quand une brise vient à animer ces solitudes, à balancer ces corps flottants, à confondre ces masses de blanc, d'azur, de vert, de rose, à mêler toutes les couleurs, à réunir tous les murmures ; alors il sort de tels bruits du fond des forêts, il se passe de telles choses aux yeux, que j'essaierais en vain de les décrire à ceux qui n'ont point parcouru ces champs primitifs de la nature.

Si les types de textes narratif et descriptif peuvent être caractérisés de façon autonome, il n'en faut pas moins rappeler qu'aux origines de la rhétorique narration et description sont des outils de l'argumentation. La «narratio» est une partie codifiée de la «dispositio».

Quant à la description, comme le rappelle R. Barthes, elle trouve son origine dans le topos rhétorique du «locus amœnus» :

«Topos du *locus amœnus* : le paysage idéal, Elysée ou Paradis (arbres, bosquets, source et prairie) a fourni bon nombre de «descriptions» littéraires (cf. l'ekphrasis), mais l'origine en est judiciaire : toute relation démonstrative d'une cause obligeait à l'*argumentum a loco* : il fallait fonder les preuves sur la nature du lieu où s'était passée l'action ; la topographie a ensuite envahi la littérature (de Virgile à Barrès) ; une fois réifié, le *topos* a un contenu fixe, indépendant du contexte : des oliviers et des lions sont placés dans des régions nordiques : le *paysage* est détaché du *lieu,* car sa fonction est de constituer un signe universel, celui de la Nature : le paysage est le signe culturel de la Nature.»[19]

Lire le paysage des rives du Meschacébé comme «détaché du lieu», comme «signe culturel», ce sera ici tenter d'en voir la portée argumentative et de mettre en relation l'organisation de la description et les ambiguïtés idéologiques que nous avons relevées plus haut.

Quelques traits dominants se détachent alors.

---

19 - R. Barthes *L'ancienne rhétorique,* «Communications» n°16, 1970.

L'univers que Chateaubriand met en place est un monde en dispersion, pris dans un mouvement centrifuge. A preuve les quatre fleuves qui partent vers les quatre points cardinaux (deuxième paragraphe du texte), en un mouvement que le jeu des connotations colore d'inquiétude :

Le Saint-Laurent	*se perd*	*à l'est*
La rivière de l'Ouest	*porte ses eaux à des mers inconnues*	(vers l'ouest)
Le fleuve Bourbon	*se précipite*	*du midi au nord*
Le Meschacébé	*tombe*	*du nord au midi*

Mouvement de division («Quatre grands fleuves (...) *divisaient* ces régions immenses»), mouvement d'effondrement dans l'inconnu («se perd, se précipite, tombe...») qui annonce la cataracte du Niagara dans l'épilogue ou celle dans laquelle se précipitent Mila et Celuta à la fin des *Natchez* : la description met le récit sous le signe d'une origine perdue et d'une problématique de la chute. Lieu originel perdu à rapprocher du temps perdu que marque avec insistance la première ligne du texte : «La France possédait autrefois (...) un vaste empire...». Une telle représentation de l'espace a déjà, en soi, une valeur argumentative[20].

Ce mouvement pessimiste n'est toutefois pas le seul qui organise le texte, et l'on retrouve l'ambivalence argumentative d'*Atala* ; plus encore qu'un monde de la chute, c'est un monde partagé qui est décrit ici, comme Chactas est partagé entre deux cultures.

Il est habituel de commenter l'effet de contraste entre les deux rives du fleuve. D'un côté le silence et de l'autre le bruit d'une vie innombrable ; d'un côté un infini horizontal, où les «savanes se déroulent à perte de vue» ; de l'autre un infini vertical, les arbres s'élançant de tous côtés «à des hauteurs qui fatiguent les regards». Double ligne de fuite qui trouve sa synthèse dans l'évanouissement final des formes, lorsqu'au loin mouvement horizontal et mouvement vertical se confondent :

«des savanes se déroulent à perte de vue ; leurs flots de verdure, en *s'éloignant*, semblent *monter* dans l'azur du ciel où ils *s'évanouissent.*»

Prolongé à l'infini, le partage horizontal/vertical perd donc son sens pour suggérer un mouvement de disparition dans l'inconnu qui rappelle la dispersion des quatre grands fleuves.

Un autre partage, qui, lui, semble maintenu jusqu'au bout, est celui qui à propos du cours du fleuve oppose un mouvement amont et un mouvement aval.

---

20 - J. C. Berchet (p. 31) compare avec raison l'espace imaginaire de Chateaubriand et celui de Bernardin de Saint-Pierre : «Voilà que se matérialise pour la première fois, dans la littérature, un espace infini, accordé au désir. Espace nouveau, espace mental aussi qui diffère par essence de celui de *Paul et Virginie*, enfermé dans ses cercles concentriques».
Mais il n'y a pas seulement ici opposition du fini et de l'infini : avec la description du Meschacébé se met en marche un mouvement centrifuge qui s'oppose au mouvement centripète de *Paul et Virginie*.

C'est en effet encore l'ambiguïté qui caractérise le cours du fleuve. Tantôt le Meschacébé est signe de mort, ses vagues écumantes entraînant les arbres et charriant vers la mer, en un mouvement aval dominant, «les cadavres des pins et des chênes», tantôt des contre-courants dessinent un mouvement inverse de remontée vers l'amont et vers la vie : «on voit sur les deux courants latéraux remonter le long des rivages des îles flottantes de pistia et de nénuphar, dont les roses jaunes s'élèvent comme de petits pavillons. Des serpents verts, des hérons bleus, des flamants roses, de jeunes crocodiles s'embarquent, passagers sur ces vaisseaux de fleurs, et la colonie, déployant au vent ses voiles d'or, va aborder endormie dans quelque anse retirée du fleuve.»

Outre l'évocation implicite de mythes de fondation comme l'histoire de Moïse ou celle de Romulus et Remus, la métaphore de la colonisation suggère bien ici, dans un mouvement de retour, un sens positif du fleuve (mais au prix d'une navigation à contre-courant...). Et l'on peut se rappeler alors que, à la fin du prologue, c'est précisément à l'aide des contre-courants que «les pirogues remontent le Meschacébé, et entrent dans le lit de l'Ohio», vers les déserts du Kentucky où Chactas raconte ses aventures à René.

A ce mouvement vers l'amont, la fin d'*Atala* opposera la suprématie du mouvement de chute vers l'aval, avec la description des cataractes du Niagara, qui multiplie les images d'effroi et de mort : «bouche béante d'un gouffre», où «des aigles entraînés par le courant d'air, descendent en tournoyant» et où «des carcajous se suspendent par leurs queues flexibles au bout d'une branche abaissée, pour saisir dans l'abîme les cadavres brisés des élans et des ours.» Affirmation finale du pessimisme du récit, contre le message plus optimiste qu'incarnait la colonie utopique du père Aubry.[21]

Cette analyse est bien sûr partielle ; il serait notamment tentant d'évoquer aussi une autre ambiguïté, celle qui voit Chateaubriand solliciter, pour évoquer la nature sauvage, des réminiscences gréco-latines, et évoquer la «barbe antique et limoneuse» de quelque «dieu du fleuve» qu'on attendrait sur les bords du Tibre plus que sur ceux du Mississipi.

Elle laisse délibérément de côté la problématique esthétique et picturale du passage, qui proposerait d'autres pistes de lecture : notre objectif était plutôt ici de réfléchir à la façon dont une étude d'ensemble d'*Atala* comme texte argumentatif vient interférer avec la (re)lecture d'un passage descriptif (c'est-à-dire en enrichir le sens) et, en même temps, de tenter d'articuler la lecture méthodique[22] de passages du texte avec un projet d'étude de l'œuvre intégrale.

---

21 - L'invocation finale des *Natchez* confirme que le fleuve est bien à prendre comme métaphore du récit lui-même : «Puisse mon récit avoir coulé comme tes flots, ô Meschacébé !»

22 - Lecture méthodique qui a ici privilégié les outils de la typologie textuelle.

ANNEXE 1

Le texte argumentatif dans les programmes et rapports officiels

L'argumentation en tant que telle est un domaine nouveau dans l'enseignement du français :

«Non que l'on ait affaire à un savoir proprement nouveau, mais plutôt à un champ disciplinaire qui en français ne figurait pas jusque là comme tel, ou du moins pas sous cette forme et qui, sous cette étiquette particulière, paraît donc en cours d'élaboration. On a évidemment toujours formé les élèves dans le cours de français à construire des textes correctement argumentés, mais sans doute jusque-là de façon plus diffuse, plus discrète, ou plus implicite. Désormais l'argumentation apparaîtra de plus en plus comme un chapitre (c'est le cas dans un nombre croissant de manuels), voire un pôle de l'enseignement du français. L'école est peut-être, avec l'argumentation, en train de fabriquer un nouveau champ disciplinaire.»[1]

Argumentation et texte argumentatif

Cette émergence de l'argumentation se dessine dans les récentes Instructions officielles définissant les objectifs et les méthodes de l'enseignement du français (aussi bien au collège

1 - *Trois savoirs pour une discipline (Histoire littéraire, Rhétorique, Argumentation)*, sous la dir. de B. Veck, coll. «Rapports de recherches» n° 4, INRP 1990.

qu'au lycée[2]). Elle s'affirme de façon plus explicite encore dans les *Réflexions sur l'enseignement du français*[3].

On en soulignera ci-dessous quelques aspects, tout en relevant certaines ambiguïtés :

– Ces textes se réfèrent tantôt à l'argumentation, tantôt au texte argumentatif ; la référence à *l'argumentation* détermine un premier objectif : enseigner aux élèves à argumenter, ce qui suppose le maniement de certains outils logiques, une exigence de rigueur dans le raisonnement, etc. On rejoint là un souci qui n'est bien sûr pas nouveau, et qui entraîne une conception extensive de l'argumentation : à la limite, il s'agit d'enseigner à produire des énoncés justifiés et cohérents, ce qui est au demeurant un objectif disciplinaire et transdisciplinaire essentiel. On est alors plutôt dans le cadre de la *production* de textes.

– La référence au *texte argumentatif* détermine une autre approche, qui se situe plutôt sur le versant de la *réception* des textes. L'enjeu est de ce point de vue la lecture méthodique du texte argumentatif (voir les programmes de la classe de première). Le problème est alors celui de la place du texte argumentatif dans les diverses typologies envisagées, de sa définition, de l'articulation entre les typologies textuelles et les autres principes de classement des textes, la notion de genre en particulier[4]. Les Instructions officielles sont à la fois très ouvertes et un peu imprécises à ce sujet, signe d'une pensée en évolution.

Nous avons pour notre part privilégié dans cet ouvrage la seconde approche, étudiant plutôt le texte argumentatif que l'argumentation ; mais il va de soi que les deux approches sont complémentaires. L'une et l'autre sollicitent d'ailleurs l'héritage de la rhétorique, voire affirment la volonté de participer d'une «nouvelle rhétorique».

L'émergence de l'argumentation dans les textes officiels se manifeste d'autre part non seulement par des références explicites à ce domaine, mais aussi par l'attention accordée à des questions de langue qui se posent tout particulièrement dans les textes argumentatifs: maniement des connecteurs logiques, problématique de l'énonciation, du discours rapporté...

Enfin notons que la revalorisation du texte argumentatif a été rendue possible par la levée du tabou qui, dans les Instructions officielles précédentes, frappait les textes non littéraires.

---

2 - Pour les collèges, on se reportera aux *Programmes et instructions* de 1985, publiés en livre de poche par le CNDP. Pour les classes de 4° et 3° technologiques, voir le B.O. spécial du 12 Avril 1990. Les *Programmes et instructions* de 1985, plutôt succincts, ont été très considérablement précisés par des *Compléments* correspondant aux différents niveaux (6ème, 5ème, 4ème, 3ème) ainsi que par le supplément *Lire au Collège* (B.O. spécial n° 4 du 30.7.1987). Ces divers compléments contribuent fort heureusement à mettre les programmes des collèges en harmonie théorique et pédagogique avec ceux des lycées.
Pour les lycées, voir les programmes des classes de seconde, première et terminale (brochure CNDP n° 001 F6141). Les programmes de seconde datent de 1986, ceux de première de 1988. A compléter pour les baccalauréats professionnels par le programme de français défini par l'arrêté du 17 août 1987.

3 - Rapport de la commission présidée par J. C. Chevalier de 1983 à 1985. Publication CNDP.

4 - Voir notre chapitre II.

Certes il importe à ce sujet de dissiper un malentendu possible : le partage texte argumentatif/autres types de textes ne saurait recouper le partage texte littéraire/texte non littéraire[5]. De nombreux textes argumentatifs (notamment ceux que l'on qualifie d'essais) relèvent incontestablement du champ de la littérature. Et il est évident qu'inversement bien des textes narratifs ou descriptifs ne prétendent nullement être littéraires (même si l'école, ce qui est une autre histoire, choisit souvent d'étudier la narration ou la description dans un corpus d'œuvres littéraires...).

Mais il n'en reste pas moins que l'intérêt accordé depuis quelques années aux textes argumentatifs est lié à la pratique du résumé («premier sujet» du baccalauréat) et à l'ambition de constituer un modèle permettant de décrire les textes – non littéraires – proposés pour cet exercice de façon à dépasser le stade des recettes infrathéoriques.

Une réflexion qui se situe dans le cadre de la typologie textuelle ne récuse pas nécessairement l'opposition littéraire-non littéraire, mais, se situant dans une autre perspective, elle la neutralise provisoirement, quitte à la reprendre ensuite sur de nouvelles bases[6].

Les programmes et instructions des classes de collège

Il est d'autant plus important de réfléchir à la place du texte argumentatif au collège qu'un partage malsain a longtemps tendu à réserver l'argumentation, en tant que pratique supposant des capacités d'abstraction, au lycée, le collège travaillant plutôt sur les textes narratifs et descriptifs : clivage typologique éminemment contestable, car rien ne prouve que l'argumentation soit – ni doive être – seconde chronologiquement par rapport à la narration ou la description.

Les I.O. insistent au contraire sur le fait que les élèves de collège «doivent découvrir la variété des discours et des types de textes». Elles font référence à plusieurs reprises à «la diversité des types de discours».

En mettant l'accent sur la nécessité d'articuler observation de la phrase et observation du texte, elles font implicitement de la typologie textuelle, qui précisément privilégie une «grammaire textuelle», un cadre de référence théorique prioritaire.

La notion de type de texte est précisée dans la partie «Pratique raisonnée de la langue», qui prévoit pour les classes de 6° et 5° : «Aperçus sur les différents types de textes» et pour les classes de quatrième et troisième, avec une formulation un peu floue : «Les types de textes : narratif, descriptif, documentaire, argumentatif, etc.»[7].

---

5 - Partage dont on sait au demeurant combien il est fragile et contestable.

6 - C'est ce que nous avons essayé de faire dans nos chapitres V et VI en faisant intervenir notamment la notion de mise en scène énonciative.

7 - Le type documentaire renvoie sans doute à ce qu'on appelle usuellement expositif ou explicatif ; le «etc.» final peut renvoyer par exemple à l'injonctif (voir p. 36 et 37).

D'autre part les I.O. insistent sur la nécessité d'une formation au raisonnement, voire à l'argumentation, et donnent au cycle 4° - 3° un rôle important à cet égard :

«L'apprentissage du raisonnement et de l'abstraction doit tenir compte des mutations qui s'opèrent chez les adolescents et être progressif. Il semble qu'on puisse lui donner en quatrième et en troisième plus de place qu'on ne le fait généralement.(...) Le professeur contribue à la formation du jugement et de l'esprit critique, en apprenant à tirer les conséquences de ce qui a été observé et analysé, à dépasser les réactions spontanées, à fonder une appréciation, à présenter selon un ordre logique quelques arguments, à formuler une opinion.»

Les programmes des classes de quatrième et troisième technologiques, au sein d'une approche à dominante pluridisciplinaire et transversale, prévoient que l'élève sache, à l'issue de la troisième :

«– reconnaître quelques traits caractéristiques des différents types de textes (présentation matérielle, genre, ton, indices linguistiques...) ;

– (...)

– repérer quelques-uns des procédés courants de la rhétorique. (...)»

Les programmes de lycée

La publication des programmes des classes de seconde et première a marqué un progrès décisif dans le discours des Instructions officielles.

La définition de la lecture méthodique a permis de clarifier la conception de la lecture comme processus actif de construction du sens, selon une démarche qui combine l'observation méthodique du texte (à la fois du point de vue linguistique et littéraire), la formulation d'hypothèses de lecture, la vérification de ces hypothèses dans un travail d'interprétation du texte. C'est dans cette perspective que nous avons tenté de nous situer tout au long de cet ouvrage.[8]

La liste des outils proposés pour la pratique de la lecture méthodique ne mentionne pas explicitement la notion de type de texte, à moins que n'y renvoie l'expression «structures apparentes et structures profondes» à la fin du premier point.

Mais la typologie textuelle revient sans cesse dans le programme de seconde, en parallèle avec la référence aux genres, l'ensemble se rejoignant dans l'ambition très stimulante de fonder une «rhétorique moderne», et l'on trouve explicitement dans le «décalogue» des objectifs de fin de seconde : «Savoir repérer un type de texte et définir son statut».[9]

---

8 - Ce n'est pas le lieu de faire ici le point sur cette question essentielle de la lecture méthodique ; nous renvoyons le lecteur à deux publications :
La lecture méthodique, sous la dir. de M. Descotes, CRDP de Toulouse, 1989.
«Lecture(s) méthodique(s)», *Le français aujourd'hui* n° 90, 1990.

9 - Là encore la référence à la typologie textuelle fonctionne comme un horizon de travail plus que comme un cadre affermi, comme en témoigne le caractère très ouvert de la liste proposée par les I.O. de seconde : «Les types de textes : narratif, descriptif, documentaire, didactique, argumentatif, démonstratif, oratoire, polémique, etc.». Cette ouverture, stimulante au niveau de la recherche, est plus gênante au niveau pédagogique, l'efficacité de la notion de type de textes risquant d'être inversement proportionnelle au nombre de types proposés (voir p. 48).

Il paraît donc logique de trouver, dans les I.O. pour la classe de première, un paragraphe consacré à la lecture méthodique du texte argumentatif, qui vient trouver place après deux autres exemples, celui du texte de théâtre et celui du poème.

Le programme des classes préparant au baccalauréat professionnel participe du même état d'esprit. La référence au texte argumentatif y apparaît à propos de l'étude des textes ; il s'agit notamment d'apprendre aux élèves «à utiliser une typologie simple (genres littéraires, articles de presse, textes informatifs, didactiques, argumentatifs, polémiques, etc.)». Mais elle se retrouve dans la partie consacrée à l'entraînement à l'expression et à la communication écrites, où figure la consigne d'entraîner les élèves «à construire une argumentation pour démontrer, convaincre ou persuader»[10]. On notera enfin que dans la partie consacrée à l'étude de la langue beaucoup des domaines d'observation signalés renvoient implicitement à l'argumentation : l'énonciation, l'implicite, les présupposés et sous-entendus, les articulations logiques, etc. [11]

QU'EST-CE QU'UNE LECTURE MÉTHODIQUE ?

C'est une lecture réfléchie qui permet aux élèves d'élucider, de confirmer ou de corriger leurs premières réactions de lecteurs. Les différents types de textes, littéraires ou non, appellent des méthodes différentes de lecture, qui s'élaborent au cours du travail même. Les exigences d'une lecture méthodique permettent de donner plus de rigueur et plus de force à ce que l'on nomme d'habitude explication.

Ce qu'elle refuse :

1° Elle rejette la paraphrase ;
2° Elle ne mime pas, passivement, le développement linéaire du texte ;
3° Elle n'attribue pas à l'auteur, a priori, une intention ;
4° Elle ne suppose pas que le contenu et la forme puissent être dissociés ;
5° Elle ne s'enferme pas dans des préjugés esthétiques.

Ce qu'elle tend à mettre en œuvre :

1° L'observation objective, précise, nuancée des formes ou des systèmes de formes (grammaire, morphologie et syntaxe ; lexique, champ lexical, champ sémantique ; énoncé et énonciation ; images, métaphores et métonymies ; modalités d'expression, effets stylistiques ; structures apparentes et structures profondes) ;

---

10 - Sur cette distinction intéressante, voir p. 7.

11 - Preuve de cet intérêt, le sujet proposé en 1988 aux candidats des sections industrielles au baccalauréat professionnel, qui, à partir d'un texte de F. Braudel, portait explicitement sur l'argumentation. Voir M. Labroille, «S.O.S. dialogisme : vers une lecture méthodique d'un texte argumentatif en bac professionnel», in *Le français aujourd'hui* n° 90, 1990.

2° L'analyse de l'organisation de ces formes et la perception de leur dynamisme au sein du texte (convergences et divergences) ;

3° L'exploration prudente et rigoureuse de ce que ne dit pas, en clair, le texte ;

4° La construction progressive d'une signification du texte à partir d'hypothèses de lecture dont la validité est soigneusement vérifiée ;

5° La constatation, dans une synthèse, de ce qui fait l'unité complexe et profonde du texte ou de l'œuvre en question. L'on ne saurait récuser les réactions personnelles des élèves au terme d'une lecture, mais on leur apprend à motiver et à nuancer leurs jugements.

L'on veille, à chacune de ces étapes, à tenir le plus grand compte de la situation du texte dans son temps et dans son espace propres.

La lecture méthodique tend à mettre en évidence le travail constant et indissociable de la forme et du sens dans le tissu du texte. Si elle doit éviter les excès du formalisme, elle doit aussi se garder de toute imprécision : le professeur de Seconde veille à faire acquérir progressivement à ses élèves un vocabulaire exact et pertinent, outil nécessaire de l'analyse.

L'exercice ainsi conçu, qui demande du temps et qui suppose un travail de longue haleine, entraîne les élèves à une plus grande autonomie devant un texte. Le professeur peut, à l'occasion, leur demander d'examiner plus librement et plus rapidement un texte court. Il les incite alors à se poser les questions suivantes : «de quoi s'agit-il ? qui voit ? qui parle ? à qui ? où ? quand ? comment ?» Ces questions appellent des réponses précises qui s'appuient sur le texte et qui s'organisent peu à peu en vue d'une lecture cohérente. Cette lecture cohérente, en dépit de ses contraintes (temps imparti, examen d'un texte court), n'est pas différente par nature de la lecture méthodique précédemment décrite.

Les exigences d'une lecture méthodique ne doivent pas faire oublier que la rencontre avec les textes littéraires a pour fin d'aiguiser le plaisir de la lecture individuelle et de susciter chez l'élève non seulement une réflexion personnelle, mais l'envie même d'écrire.

(I.O. classe de Seconde
B.O. spécial n° 1 du 5.2.1987)

On assure la connaissance des éléments et des structures de la phrase, unité du discours, et on développe progressivement l'étude du texte commencée à l'école et au collège. On appellera texte toute production écrite ou orale qui met la langue en œuvre, c'est-à-dire toute production du discours. Le texte dépasse généralement le cadre de la phrase.

La rhétorique ancienne, qui était celle de l'orateur et de l'écrivain, distinguait, dans l'étude et la production des textes, l'invention – ou recherche des idées –, la disposition – que nous appellerions plutôt composition et plan – et l'élocution – c'est-à-dire l'expression et le style –. Cette distinction garde son intérêt. La «disposition» est très importante : saisir ou établir dans un texte ce que l'on appelle la suite des idées exige l'attention à tout ce qui le constitue (forme et sens) et cette démarche, qui répond à l'étymologie du mot «texte», a une valeur pédagogique profonde.

La rhétorique moderne renouvelle cette étude. Elle concerne à la fois l'auteur et le lecteur. Elle procède à une analyse plus systématique des moyens par lesquels s'enchaînent les phrases. Surtout elle s'interroge sur les conditions dans lesquelles un texte oral ou écrit est produit et reçu. Elle prend en considération les acteurs et les situations de l'énonciation et elle envisage les différents types de textes, qu'elle permet de mieux distinguer et définir. Elle fournit des appuis à l'étude des textes littéraires.

(I.O. classe de Seconde
B.O. spécial n° 1 du 5.2.1987)

La lecture méthodique, dont les principes ont été définis dans les instructions pour la classe de seconde, est une explication de texte consciente de ses démarches et de ses choix. Sous réserve de respecter le caractère du texte comme tissu, elle peut se présenter sous des modes variés, suivant l'ordre du texte ou selon un ordre plus synthétique. Elle adapte à chacun des genres de discours ou types de textes ses outils d'analyse. Loin de proposer une grille unique pour le déchiffrement de tous les textes, elle tient soigneusement compte de la spécificité de chacun d'eux. [...]

La lecture méthodique d'un texte argumentatif, pour prendre un dernier exemple, met en œuvre les catégories linguistiques (situation de discours, énonciation, thème/propos), rhétoriques, logiques et dialectiques appropriées. Elle ne reproduit pas des énoncés, mais elle analyse l'organisation syntaxique du texte, les modalisations du discours, les moyens rhétoriques d'un art de persuader. Elle n'hésite pas, le cas échéant, à démonter sophismes et paralogismes.

(I.O. classe de Première
Supplément au B.O. n° 22, du 9.6.1988).

Les «Réflexions sur l'enseignement du français»

On trouvera dans le rapport de la commission animée par J. C. Chevalier plusieurs passages qui mettent en évidence l'intérêt de la typologie textuelle et qui proposent des exemples de travaux et de progressions.

On pourra consulter notamment les analyses consacrées au résumé et à l'étude de la langue dans la «Réflexion sur les objectifs, contenus et méthodes de l'enseignement du français en classe de seconde», le développement sur la typologie des textes dans la partie «Lire au lycée», le chapitre «Etude et pratique de la langue concernant plus particulièrement les collèges et les L.E.P.», en particulier le point II qui aborde la typologie textuelle et les pratiques argumentatives et qui a l'intérêt d'opposer une conception trop extensive de l'argumentation et une définition du texte argumentatif[12] :

«On écartera d'emblée une définition large et lâche de l'argumentation (argumenter = interaction ou communication) qui conduit à donner – à juste raison – une dimension argumentative à tout texte produit en situation d'interlocution.

On conviendra d'appeler argumentatifs les textes qui sont destinés à changer les opinions, les croyances ou les attitudes du destinataire.

D'un point de vue global le texte argumentatif consiste à développer des arguments à partir d'une prémisse (thèse à défendre ou à contester) et orientés vers une conclusion.»

Le rapport propose ensuite trois directions pour travailler l'argumentation :

«Au total, pour entraîner les élèves à l'argumentation, on travaillera dans trois dimensions :

1- La situation d'argumentation

Pour qu'il y ait argumentation et non pas injonction ou interdiction, il faut que les participants soient autorisés (peut-on argumenter un supérieur ou un obstiné ? mes arguments sont-ils adaptés à l'auditoire ?).

2 - La macro-structure sémantique de l'argumentation

Une argumentation possédant un objet et une fin, il est nécessaire que les élèves possèdent les connaissances relatives à un sujet. D'où la nécessité de s'appuyer sur des documents au moyen d'un travail documentaire préalable.

3 - La micro-structure linguistique de l'argumentation

Toute argumentation présuppose un savoir de type langagier qui implique l'introduction et l'articulation des arguments. Pour ce faire, la langue propose des mots de liaisons (connecteurs) qu'il faut maîtriser par l'intermédiaire d'exercices appropriés.

- exercices à trous où il s'agit de trouver les connecteurs effacés.

- rédaction d'un paragraphe en utilisant différentes stratégies cognitives (association, accumulation, comparaison, opposition...)

- repérer dans un texte argumentatif les connecteurs et dégager leur valeur sémantique (opposition, concession, conséquence, hypothèse, addition...).»

Réflexions sur l'enseignement du Français
CDDP d'Angers

---

12 - Définition où persiste toutefois une ambiguïté, puisqu'elle joue à la fois sur la fonction impressive du texte argumentatif et sur ses caractéristiques rhétoriques (voir p. 36).

ANNEXE 2

Le texte argumentatif au baccalauréat

Si l'on prend la notion d'argumentation en son sens le plus large[1], il est clair que les trois types de sujets proposés à l'écrit de l'épreuve anticipée de français relèvent de l'argumentation : on attend en effet du candidat qu'il sache construire un développement organisé et justifié.

Nous nous intéresserons seulement ici au premier sujet, dont la définition renvoie explicitement, même si ce n'est pas sans ambiguïté, à la problématique du *texte argumentatif*. Ce n'est pas aussi nettement le cas, semble-t-il, du troisième sujet, que le B.O n° 27 du 7.7.1983, tout en faisant référence à «la qualité de l'expression et l'efficacité de l'argumentation», tend à présenter comme expression «sincère» d'un «sentiment personnel» plus que comme confrontation argumentée de points de vue différents.

Le «premier sujet»

Le premier sujet apparaît au contraire comme explicitement lié à un travail sur le texte argumentatif.

Cela est vrai d'abord parce que le texte proposé à *résumer* est en principe argumentatif. Les I.O. (publiées dans le B.O. n° 27 du 7.7.1983) utilisent il est vrai à ce sujet une première formulation quelque peu ambiguë pour définir le statut du texte à résumer :

«Dans le premier sujet, le texte à lire est de caractère dénotatif : il présente des informations, des arguments et des idées».

Il est évident que cette définition peut renvoyer aussi bien au texte d'exposition qu'au texte argumentatif, et c'est un fait que certains textes de résumé relèvent du type expositif - ce qui rend souvent difficile ensuite la formulation d'un sujet de discussion, ou ce qui laisse peu de prises aux élèves pour mener la dite discussion.

1 - Voir annexe 1 p. 148.

Le paragraphe qui concerne ensuite le choix du texte lève heureusement cette ambiguïté en indiquant nettement :

«Le texte doit, par la solidité de son argumentation, se prêter au travail d'examen méthodologique que nécessite un bon résumé. Par son contenu, il doit offrir à des jeunes gens d'aujourd'hui matière pour une réflexion critique».

Il nous semble donc que la logique de l'exercice incite à proposer aux élèves des textes clairement argumentatifs.

L'exercice de *discussion*, pour sa part, apparaît bien comme argumentatif ; la définition est cette fois beaucoup plus nette que pour la composition française :

«A propos du texte qu'il étudie, le candidat est invité à présenter une réflexion critique.

Le libellé formule, à partir du texte, une question. Cette question pose un problème dont le texte éclaire au moins un aspect et pour l'examen duquel il offre des éléments. On demande au candidat d'exprimer, en se référant à son expérience personnelle et à ses lectures, un avis argumenté.

Le candidat n'est aucunement jugé sur l'opinion qu'il soutient ni sur les convictions dont il peut s'inspirer. L'exercice permet d'apprécier – outre la correction de l'expression – la validité du raisonnement et l'aptitude à discuter, c'est-à-dire à comprendre et à confronter des points de vue différents.»

La dernière formule paraît particulièrement heureuse : un des enjeux essentiels du travail sur les textes argumentatifs est bien en effet l'aptitude «à comprendre et à confronter des points de vue différents».

La préparation au résumé

Nous n'aborderons pas dans le cadre de cet ouvrage la question de la discussion ; elle relève d'un entraînement à l'argumentation plus que de la lecture des textes argumentatifs, qui nous intéresse prioritairement ici[2].

En revanche la préparation au résumé renvoie à un problème didactique qui concerne bien la typologie des textes[3].

Si on laisse de côté les innombrables recueils de recettes censés aider les élèves à s'exercer au résumé, la réflexion théorique sur cet exercice apparaît en effet fortement marquée par une problématique de la réduction de l'information. Au départ cet exercice – récent, et le seul dans l'enseignement du français à ne pas provenir de la tradition universitaire – est d'ailleurs lié

---

2 - On pourra trouver une méthode d'entraînement à la production des textes argumentatifs dans A. Boissinot, M. M. Lasserre, *Techniques du français 1, Lire-Argumenter-Rédiger*, éd. Bertrand-Lacoste 1986.

3 - Et qui rejoint le flottement que nous avons signalé plus haut sur la nature des textes donnés à résumer.

aux techniques documentaires ; il s'agit de présenter l'information de façon économique, donc d'en conserver «l'essentiel»[4].

La réflexion s'organise alors autour de deux objectifs :

- éliminer tout ce qui n'est pas «essentiel» (informations secondaires, digressions, exemples, etc.) ;

- condenser ce qui reste de façon à en garder une trace abrégée.

Réduire l'information ?

Le travail d'*élimination* suppose que l'on repère des redondances ou des éléments d'information qui n'engagent pas la cohérence du texte : leur suppression paraît donc une première étape tout indiquée du résumé. C'est en ce sens que s'oriente la réflexion d'A. Petroff dans l'un des premiers articles qui se sont efforcés de dégager une théorie du résumé[5]. Il y reprend notamment la distinction établie par R. Barthes à propos du récit entre «noyaux» et «catalyses» pour tenter de fonder une hiérarchie des informations.

Dans le même esprit, D. Hadjadj, dans un article paru en 1982[6], proposait entre autres critères de hiérarchiser les contenus du texte, de façon à faire apparaître les informations de rang inférieur qui pourront éventuellement être supprimées. Nous lui empruntons l'exemple suivant :

«Soit le texte suivant : «En 1980, le Ministre de l'Education avait décidé que certaines classes qui étaient situées en milieu rural, où les communications sont difficiles, ou qui avaient un effectif insuffisant, devraient être fermées.»

On peut l'analyser ainsi :

A

En 1980, le Ministre de l'Education avait décidé
que certaines classes devraient être fermées

B — C

qui étaient situées en milieu rural — qui avaient un effectif insuffisant

D

où les communications sont difficiles

4 - Voir par exemple dans le *Complément* au programme de 3ème : «Le but de l'exercice est d'obtenir des élèves qu'ils sachent distinguer l'essentiel de l'accessoire tout en gardant le sentiment de la continuité et de la cohérence d'un ensemble».

5 - «Méthodologie de la contraction de texte», dans *Langue française* n° 25, mai 1975.

6 - «La contraction de texte. Bilan et perspectives», dans *Le français aujourd'hui* n° 60, décembre 1982.

Considérons les contenus B et C, ils peuvent entrer directement en contact avec A, nous dirons qu'ils occupent la même position hiérarchique, qu'ils sont de même rang (A information de rang 1, B et C informations de rang 2). Le contenu de D, par contre, ne peut entrer qu'indirectement en contact avec A (par l'intermédiaire de B), il est hiérarchiquement inférieur à B (rang 3)»[7].

C'est ce type d'analyse qui justifie la consigne classique de supprimer les exemples, l'exemple étant perçu comme la reprise ou le développement d'une information, à «un rang inférieur».

Le travail de *condensation*, lui, repose sur des règles de réduction de l'information qui sont supposées permettre de passer de la micro-structure du texte de base à sa macro-structure (texte résumé). Formulées à l'origine à propos du texte narratif[8], ces règles ont été largement reprises par la suite dans plusieurs travaux qui tentent de fonder sur elles une pratique du résumé[9].

Une première règle, dite d'*effacement,* renvoie en fait au travail d'élimination évoqué ci-dessus ; il s'agit de supprimer les propositions qui ne conditionnent pas la compréhension d'au moins une autre proposition du texte[10]. Ainsi dans la séquence «Marie en jouant à la balle a cassé une vitre. Sa balle était bleue.», on pourra supprimer la seconde phrase qui ne conditionne en rien la compréhension de la première.

Les règles suivantes correspondent bien à un travail de condensation :

– règle d'*intégration* : il s'agit d'intégrer une proposition dans une autre qui la présuppose. Ainsi «Pierre allume sa pipe ; Pierre fume sa pipe» pourra être condensé en «Pierre fume sa pipe», puisque pour la fumer il faut bien l'avoir préalablement allumée.

– règle de *construction* : elle est très proche de la précédente, à ceci près que la proposition englobante, au lieu d'être extraite de la micro-structure textuelle, doit être construite. Ainsi «Pierre décroche l'écouteur ; il attend la tonalité et compose le numéro» pourra être condensé en «Pierre téléphone».

– règle de *généralisation* : sur la base d'un travail lexical, elle reprend plusieurs propositions sous une forme condensée en ayant recours à des hyperonymes. Ainsi «Mon père nettoie

---

7 - La difficulté est ici de faire la part entre ce qui relève de la hiérarchie de l'information à proprement parler (et pour en décider il faudrait faire intervenir la cohérence d'ensemble du texte), et ce qui tient à un simple découpage syntaxique. C'est là, nous semble-t-il, l'une des principales difficultés que rencontrent les méthodes qui cherchent à fonder le résumé sur une réduction du texte de départ pris dans sa micro-structure textuelle.

8 - Kintsch-Van Dijk, «Comment on se rappelle et on résume des histoires», dans *Langages* n° 40, décembre 1975.

9 - Il s'agit notamment d'articles parus dans la revue *Pratiques.* L. Sprenger-Charolles, dans «Le résumé de texte» (*Pratiques* n° 26, mars 1980), donne une analyse très précise de ces règles de réduction de l'information et tente – ce qui est plus problématique – de les appliquer aux textes argumentatifs. Sa réflexion est prolongée, avec de nombreuses suggestions d'exercices, par un article de J. P. Laurent («L'apprentissage de l'acte de résumer», *Pratiques* n° 48, décembre 1985). Voir aussi dans les *Réflexions sur l'enseignement du français* (rapport de la commission J. C. Chevalier) le chapitre «Etude et pratique de la langue» (II, 2).

10 - Elles apparaissent donc comme étant «de rang inférieur». Nous empruntons les exemples suivants à l'article cité de L. Sprenger-Charolles.

la cuisine, ma mère termine son dernier livre, mon frère peint et ma soeur range sa chambre» pourra être généralisé en «Toute la famille est en train de travailler».

Ces différentes règles de réduction de l'information sont récursives, c'est-à-dire, fait remarquer L. Sprenger-Charolles, qu'on peut les appliquer plusieurs fois, jusqu'au moment où, par réductions successives, on obtient une proposition du type «Quelqu'un a fait quelque chose» qui se caractérise évidemment par une extrême pauvreté informative.

Résumé et typologie des textes

Ces différentes approches du résumé présentent l'intérêt de tenter d introduire de la rigueur dans un exercice trop souvent traité de façon très infra-théorique. Mais la logique même de réduction de l'information sur laquelle elles sont fondées pose un problème, en laissant entendre que l'on pourrait passer de façon en quelque sorte linéaire, par la mise en œuvre d'un certain nombre de techniques, du texte à résumer (T) au texte résumé (t), soit de la micro-structure à la macro-structure :

(T) ⟶ (t)

Cette façon de procéder, qui se justifie sans doute assez bien dans le cadre d'une réflexion sur les textes d'exposition, risque de devenir dangereuse si on la transpose sans précautions suffisantes dans le cadre des textes argumentatifs.

Dans un texte argumentatif, des notions comme celles de «rang d'information» ou de hiérarchie d'information ne sont guères pertinentes et risquent fort de ne concerner que la surface du texte. Les notions d'essentiel et d'accessoire, en soi, ne sont guère plus exploitables : on ne peut définir ce qui est essentiel qu'en fonction des enjeux de l argumentation.

La part considérable de l'implicite dans les textes argumentatifs est une autre source de difficultés si l'on raisonne uniquement en termes d'information.

Le dialogisme constitutif des textes argumentatifs, leur caractère «polygéré»[11], en entraînant des processus énonciatifs complexes, interdisent en fait toute tentative pour passer directement de (T) à (t).

Il nous semble donc nécessaire de prendre, pédagogiquement, deux précautions :

– articuler la pratique du résumé et la notion de type de texte : on ne résume pas un texte argumentatif comme un texte narratif ou expositif. Les éléments à conserver ne sont pas du même ordre dans chaque cas, les indices sur lesquels le travail peut prendre appui ne sont pas les mêmes. Dans le cas du premier sujet de l'épreuve anticipée de français, le flottement entre texte expositif et texte argumentatif est donc dangereux.

Dans le cas du texte argumentatif, l'essentiel à conserver dans le résumé ne peut être défini qu'à partir d'une description du circuit argumentatif, faisant apparaître les thèses en présence

---

11 - Voir p. 42.

et les différents arguments et schématisant, au terme d'une lecture méthodique, leur agencement.

– éviter de présenter le résumé (t) comme une réduction du texte de départ (T). Le résumé n'est pas un modèle réduit du texte original, mais la rédaction autonome de ce que l'on a compris de l'argumentation. Il ne peut donc être construit par une transposition linéaire du texte de départ, effectuée au moyen de «règles de réduction de l'information», mais nécessite une compréhension globale préalable de (T), à partir de laquelle – au besoin sans plus se reporter à la lettre de (T) – sera rédigé (t).

Au schéma évoqué ci-dessus

(T) ⟶ (t)

on préférera donc le schéma suivant

(compréhension du circuit argumentatif)

↗ ↘

(T) (t')

où (t') est le résultat d'un travail d'écriture et non de transposition.

C'est dans cette perspective que la consigne de «reformulation» proposée par les Instructions officielles prend tout son sens :

«(le résumé) reformule le discours du texte initial sans prendre de distance (c'est-à-dire en s'abstenant d'indications telles que : «l'auteur déclare que..., montre que...»). Il s'interdit un montage de citations : le candidat exprime dans son propre langage les assertions du texte. Il peut cependant, lorsqu'il s'agit de mots clés, qu'il serait absurde de remplacer par de mauvais équivalents, reprendre les mots du texte et, par exception, citer entre guillemets une formule particulièrement significative. (...) Un bon résumé ne saurait être le résultat d'une opération mécanique de réduction. Il implique une lecture et une analyse intelligentes. Il transmet sans le fausser le contenu du texte initial. Il met en lumière les articulations de la pensée. Sous une forme réduite, il restitue dans sa force le sens du texte.»[12]

Si en effet l'on raisonne en termes de réduction de l'information, la consigne de reformulation risque d'apparaître comme une contrainte supplémentaire et gratuite : les règles de réduction de l'information, en elles-mêmes, n'interdisent nullement – au contraire – de reprendre des expressions du texte.

Elle paraît au contraire tout à fait judicieuse si l'on considère (t') comme un texte argumentatif autonome soumis à ses propres contraintes de formulation et de cohérence textuelle, notamment celles qui tiennent à sa densité nécessairement plus grande que celle de (T).

---

12 - B.O. n° 27 du 7.7.1983.

Il paraît donc logique d'identifier deux aspects du travail de préparation au résumé d'un texte argumentatif :

– la *lecture méthodique* du texte (T), en tant qu'il relève du type de texte argumentatif: nous avons proposé une démarche possible et des exemples d'analyses dans le chapitre III.

– un travail de *production* du texte argumentatif (t'), qui relève de contraintes et d'exercices d'entraînement spécifiques[13].

Choisir les textes

Le choix des textes donnés à résumer aux élèves est un exercice délicat. Il semble que malheureusement il se fasse souvent d'après des critères thématiques plus qu'en fonction d'un examen précis et technique du texte : est-il bien argumentatif ? Quel est son degré de difficulté ? Se prête-t-il bien au résumé (exemples ou digressions à supprimer, énumérations à condenser, redondances à réduire, etc.) ? Pourra-t-on le proposer sans coupures qui en rendraient toute lecture méthodique aléatoire ?

Pour mesurer l'importance de ces questions, d'un point de vue didactique, nous proposons ci-dessous de comparer :

– d'une part, un article «authentique» de J. de Rosnay paru dans *L'Expansion* en Janvier 1985.

– d'autre part, la version «adaptée» que les candidats parisiens au baccalauréat eurent à résumer cette année-là...

Sans invoquer le respect de la pensée de l'auteur – mais le problème pourrait aussi être soulevé...–, il nous semble que l'adaptation «pédagogique» de l'article entraîne en fait deux difficultés[14] : elle transforme la nature typologique du texte, et elle le rend beaucoup plus délicat à comprendre d'abord, ensuite à résumer.

Ce que la communication va changer à l'information

«L'actualité» reflétée par nos journaux est-elle en train de devenir terne, routinière, monotone, comme son lot quotidien de faits divers, de violence ou de politique politicienne ? La lassitude qu'elle engendre peut-elle expliquer le recul de certains grands quotidiens et le succès de périodiques spécialisés ? Par contraste, certaines informations se détachent du «bruit de fond». Etonnantes, éphémères, superficielles, elles «font» souvent l'actualité. Cette différence résulterait-elle de la nature du marché de l'information ?

---

13 - Nous avons proposé une méthode de préparation conçue dans cet esprit dans A. Boissinot - M. M. Lasserre, *Techniques du français* 1. Lire-Argumenter-Rédiger, Bertrand-Lacoste 1986.

14 - On remarquera que seules certaines coupures sont signalées, selon l'usage, par (...). D'autres sont indiquées par des points de suspension ambigus, d'autres encore ne le sont pas du tout. Surtout, rien n'indique les amputations initiale et finale du texte.

Nous vivons actuellement une mutation dont les répercussions seront profondes sur nos modes de consommation de l'information : le passage d'une société d'information à une société de communication. La première débute avec l'imprimerie et se poursuit avec l'édition, les journaux et magazines, la radio, le cinéma et la télévision. Sa structure est pyramidale : l'information part du sommet pour atteindre la base, les acheteurs, qui la reçoivent de manière passive. Dans la société de communication, l'accent est mis sur les réseaux interpersonnels et l'accès sélectif aux informations. Chacun peut en être à la fois le producteur et le consommateur, grâce notamment aux nouvelles technologies. Dans la société d'information, la monotonie peut résulter de plusieurs facteurs combinés. L'information est calibrée pour la plus grande masse possible d'acheteurs, ce qui nivelle évidemment les styles et les contenus. Le caractère répétitif de l'information tient aussi aux formats déterminés des rubriques des journaux imprimés ou à la durée limitée de celles des journaux télévisés : nombre donné de lignes pour les informations étrangères, intérieures, les faits divers, les sports, la météo... A la télévision, 1 minute 30 pour une question d'actualité, 2 minutes 30 pour un sujet, 3 minutes 30 pour un dossier.

Qu'est-ce qui émerge du bruit de fond ? Dans le langage des ingénieurs des communications, l'information est un «signal» sur un bruit. Afin d'améliorer le rapport signal/bruit, on peut soit réduire le bruit de fond, ce qui est difficile, soit renforcer le signal. D'où l'importance, dans les médias, des titres, des «scoops», des «petites phrases», des controverses, des polémiques qui relancent l'information, assurent un suivi et fidélisent le lecteur.

La variété sur fond de routine est une des clés de l'actualité. Elle se nourrit à plusieurs sources et s'inspire de différents modèles. Pourquoi les enfants aiment-ils tant les «clips» publicitaires ? Parce que le message est court, clair, vivant, varié, original, souvent drôle, facile à retenir. Tous les attributs d'une bonne information. La répétition d'un même thème ajoute à l'intérêt car on s'attend à certains effets. La petite phrase, sorte de slogan politico-publicitaire «lâché» – mais parfois soigneusement préparé – par une personnalité politique, s'inscrit dans cette logique. «La chienlit», «le turlupin», «le petit télégraphiste», «le charlot», «les Tuc, c'est du toc», «ils partent, nous partons» sont traités par les journalistes comme une information majeure : elle est en effet inattendue, incongrue, impertinente. Elle se distingue du bruit de fond et possède donc, à ce titre, toutes les qualités d'une «information» au sens que lui donnent les ingénieurs de la communication.

Dans son livre *L'esprit du temps,* Edgar Morin montre comment certaines personnalités évoluant sous l'œil des médias, et qu'il appelle les «Olympiens», aident aussi à fabriquer l'actualité : vedettes du show-business, personnalités politiques ou industrielles, familles royales... L'information, pour les médias, naît du moment où un Olympien est pris en état de fait divers : un président des Etats-Unis en train de s'évanouir au cours de son jogging ou de trébucher sur l'escalier d'un avion. Un prince chutant à ski. Une princesse impliquée dans un accident d'automobile. Il suffit d'être à l'affût, comme les «paparazzi». L'actualité peut être nourrie indéfiniment par ce type d'information. Un autre moyen de créer artificiellement de la variété est représenté par le hit-parade. Hit-parade des hommes politiques, des films, des livres, des villes, des acteurs... Formule également inépuisable : faire du neuf avec du répétitif.

Mais il y a aussi, malheureusement, le sinistre attrait de la «mort en direct». Certaines photos ou séquences filmées sont assurées de «faire la une» avec la légende : «Cet homme va mourir». Otage exécuté devant les caméras ; aviateur dont le parachute ne s'ouvre pas ; personne sautant du vingtième étage d'un hôtel en feu. La répétitivité de la mort des autres est le moyen d'évacuer l'angoisse de la nôtre. Moment unique et singulier, pourtant mille fois éprouvé par personnes interposées. Comme le dit Michel Serres, il n'y a dans la vie que deux instants qui comptent : maintenant et l'instant de notre mort. Maintenant, c'est ce que l'on peut «tenir dans sa main». L'instant de sa mort, celui où le temps s'arrête. Le reste coule comme l'eau. Pour décrire un moment particulier, il faut le choisir par rapport à un système de valeurs, différent selon chacun. Pour les médias modernes, le «maintenant» c'est l'actualité la plus brûlante. L'autre temps, celui de la mort, c'est la répétition de celle des autres.

Sommes-nous toujours dupes de ces artifices ? Peut-on réduire la distorsion entre information bruit de fond et information artificielle ? Dans le contexte actuel de la société d'information, modifier un tel état de fait paraît utopique, voire naïf. Mais d'autres systèmes se mettent en place : les structures pyramidales de la société d'information sont doublées par les structures en réseaux de la société de communication. L'information n'est plus seulement «descendante», elle remonte à plusieurs niveaux, elle s'échange «horizontalement» entre créateurs et consommateurs d'information. Aidés en cela par les nouveaux moyens de communication individuels, Minitel, micro-ordinateurs et réseaux télématiques grand public ; et, bientôt, réseaux câblés en fibres optiques ; visiophones, vidéodisques, radiotéléphones cellulaires... Au lieu de l'homogène adapté au plus grand nombre, c'est à une explosion de la variété que nous allons progressivement assister. La multiplication des chaînes ou des moyens privés de stockage de l'image relève encore, quant à elle, de la logique de la société pyramidale. Mais pour tous ceux qui pratiquent déjà la télématique grand public – avec ses téléforums, ses causeries en direct, ses messageries électroniques, ses bulletins ou petites annonces personnalisées, ses enseignements télématiques, ses accès sélectifs aux banques de données –, de nouveaux espaces sont à conquérir, où idées et talents compteront bientôt plus que pouvoir ou statut social. Les créations des uns pourront être portées à la connaissance des autres. L'information mutuelle sur les sujets les plus divers, les échanges de services trouveront dans ces réseaux des bases nouvelles de développement.

Nous pouvons participer à une renaissance de l'information en favorisant l'expansion de ces nouveaux médias interpersonnels. A côté de la grande information de masse, avec sa divergence toujours accentuée entre monotonie et scoop, il y a place pour la société relationnelle. Les nouveaux médias interactifs ne sont pas un luxe inutile. On le disait de l'imprimerie, du téléphone, du cinéma parlant, de la télévision. On le dit aujourd'hui du Minitel et du visiophone. Mais ces outils dépassent de loin les buts de ceux qui les ont créés : ce sont les synapses (points de contact) de la société réticulaire (en forme de réseau). A nous d'apprendre à enrichir les circuits de notre cerveau planétaire tout neuf.

Joël de Rosnay.
L'Expansion - 11/24 janvier 1985.

L'Information changée par la communication

Nous vivons actuellement une mutation dont les répercussions seront profondes sur nos modes de consommation de l'information : le passage d'une société d'information à une société de communication. La première débute avec l'imprimerie et se poursuit avec l'édition, les journaux et magazines, la radio, le cinéma et la télévision. Sa structure est pyramidale : l'information part du sommet pour atteindre la base, les acheteurs, qui la reçoivent de manière passive. Dans la société de communication, l'accent est mis sur les réseaux interpersonnels et l'accès sélectif aux informations. Chacun peut en être à la fois le producteur et le consommateur, grâce notamment aux nouvelles technologies.

Dans la société d'information, la monotonie peut résulter de plusieurs facteurs combinés. L'information est calibrée pour la plus grande masse possible d'acheteurs, ce qui nivelle évidemment les styles et les contenus. [...] Qu'est-ce qui émerge du bruit de fond ? Dans le langage des ingénieurs des communications, l'information est un «signal» sur un bruit. Afin d'améliorer le rapport signal/bruit, on peut soit réduire le bruit de fond, ce qui est difficile, soit renforcer le signal. D'où l'importance, dans les médias, des titres, des «scoops», des «petites phrases», des controverses, des polémiques qui relancent l'information, assurent un suivi et fidélisent le lecteur.

La variété sur fond de routine est une des clés de l'actualité. Elle se nourrit à plusieurs sources et s'inspire de différents modèles. Pourquoi les enfants aiment-ils tant les «clips» publicitaires ? Parce que le message est court, clair, vivant, varié, original, souvent drôle, facile à retenir. Tous les attributs d'une bonne information. La répétition d'un même thème ajoute à l'intérêt car on s'attend à certains effets. La petite phrase, sorte de slogan politico-publicitaire «lâché» - mais parfois soigneusement préparé - par une personnalité politique, s'inscrit dans cette logique... Elle se distingue du bruit de fond, et possède donc, à ce titre, toutes les qualités d'une «information» au sens que lui donnent les ingénieurs de la communication. [...] Un autre moyen de créer artificiellement de la variété est représenté par le hit-parade. Hit-parade des hommes politiques, des films, des livres, des villes, des acteurs... Formule également inépuisable : faire du neuf avec du répétitif.

Mais il y a aussi, malheureusement, le sinistre attrait de la «mort en direct»... Otage exécuté devant les caméras ; aviateur dont le parachute ne s'ouvre pas ; personne sautant du vingtième étage d'un hôtel en feu. La répétitivité de la mort des autres est le moyen d'évacuer l'angoisse de la nôtre. Moment unique et singulier, pourtant mille fois éprouvé par personnes interposées. Comme le dit Michel Serres, il n'y a dans la vie que deux instants qui comptent : maintenant et l'instant de notre mort. Maintenant, c'est ce que l'on peut «tenir dans sa main». L'instant de sa mort, celui où le temps s'arrête. Le reste coule comme l'eau. Pour décrire un moment particulier, il faut le choisir par rapport à un système de valeurs, différent selon chacun. Pour les médias modernes, le «maintenant» c'est l'actualité la plus brûlante. L'autre temps, celui de la mort, c'est la répétition de celle des autres.

Sommes-nous toujours dupes de ces artifices ? Peut-on réduire la distorsion entre information bruit de fond et information artificielle ? Dans le contexte actuel de la société d'information, modifier un tel état de fait paraît utopique, voire naïf. Mais d'autres systèmes se mettent en place : les structures pyramidales de la société d'information sont doublées par les structures en réseaux de la société de communication. L'information n'est plus seulement «descendante», elle remonte à plusieurs niveaux, elle s'échange «horizontalement» entre créateurs et consommateurs d'information. Aidés en cela par les nouveaux moyens de communication individuels, Minitel, micro-ordinateurs et réseaux télématiques grand public ; et, bientôt, réseaux câblés en fibres optiques... Au lieu de l'homogène adapté au plus grand nombre, c'est à une explosion de la variété que nous allons progressivement assister : pour tous ceux qui pratiquent déjà la télématique grand public, de nouveaux espaces sont à conquérir, où idées et talents compteront bientôt plus que pouvoir ou statut social. Les créations des uns pourront être portées à la connaissance des autres. L'information mutuelle sur les sujets les plus divers, les échanges de services trouveront dans ces réseaux des bases nouvelles de développement.

Joël de ROSNAY.
(Académies de Paris-Versailles-Créteil
Epreuve anticipée de Français. Juin 1985. Séries A, B, C, D, E).

Les changements qui affectent le type de texte

La modification du titre par la transformation passive déplace l'équilibre entre communication et information. Elle présente comme un fait acquis ce qui était une prévision. Elle efface l'intervention de l'argumentateur et tend à neutraliser le texte.

La suppression du premier paragraphe fait disparaître les interrogations qui lançaient la réflexion. Le texte démarre désormais sur ce qui était le deuxième paragraphe de l'article, où l'on trouve une série d'assertions qui font glisser le texte du côté de l'exposition.

De même la suppression du dernier paragraphe modifie le système énonciatif. Celui-ci repose en effet sur un procédé caractéristique de l'argumentation: un *nous* insistant (on notera le caractère fortement incitatif de tournures comme «nous pouvons participer» ou «A nous d'apprendre») s'oppose à un *on* qui renvoie discrètement à la thèse refusée.

Au contraire, l'avant-dernier paragraphe se termine de façon beaucoup plus neutre par des assertions dont les sujets grammaticaux sont des termes abstraits («créations, information»).

Toutes ces coupes modifient considérablement la structure du texte et tendent, en le «neutralisant», à le faire percevoir comme un texte d'exposition plus que comme un texte argumentatif. D'autre part elles compromettent la bonne perception de la thèse proposée, qui était explicitement formulée dans le dernier paragraphe. La suppression de celui-ci oblige à déduire la thèse de l'avant-dernier paragraphe – lui-même affecté de nombreuses coupures –, où la naissance de la société de communication est présentée comme un fait plus que comme un souhait : là encore la dimension argumentative est estompée.

La technique du résumé

La technique du résumé peut faire appel à des procédés d'élimination et de condensation. Or ici, par le jeu des coupes, toute une série d'éliminations a déjà été effectuée, ce qui empêche l'élève d'avoir recours à cette première technique, la plus facile à mettre en œuvre : la difficulté de l'exercice s'accroît d'autant.

Tout au long de l'article, les coupes portent prioritairement sur les exemples et les éléments concrets qui facilitent la compréhension du texte. Des énumérations, il ne reste souvent que l'hyperonyme (par exemple «télématique» à la fin du texte), les termes qu'il reprend ayant été supprimés : outre que cela ôte toute possibilité de rattrapage du sens à qui ne connaîtrait pas le sens de l'hyperonyme, la réduction de l'information devient dès lors problématique...

Dans le huitième paragraphe, le découpage affecte non seulement des expansions concrètes comme les exemples, mais la structure même du raisonnement, en supprimant un *mais* et l'opposition entre stockage de l'image et télématique grand public.

Notons enfin que curieusement, dans le septième paragraphe, on a au contraire laissé la digression sur la mort et l'allusion à M. Serres. Or c'est là un passage difficile qu'on aurait pu à la rigueur envisager de retrancher... Il semble que les coupes aient été faites non en fonction d'une analyse en profondeur du circuit argumentatif, mais avec le souci superficiel de supprimer un peu de chaque paragraphe...

On peut penser que les effets pervers de ces manipulations prouvent a contrario l'importance d'une réflexion sur la typologie et la cohérence textuelles.

Bibliographie

Le champ de l'argumentation

On trouvera une présentation d'ensemble de la problématique de l'argumentation dans

P. Oléron, *L'argumentation*, Paris, Que sais-je ? n° 2087, 1983.

Les ouvrages de Ch. Perelman permettent de pousser plus loin la réflexion. Le plus complet est

Ch. Perelman, L. Olbrechts-Tyteca, *Traité de l'argumentation*, 1958 (3e éd. aux Editions de l'Université de Bruxelles, 1976).

On en trouve une synthèse très commode dans

Ch. Perelman, *L'empire rhétorique*, Vrin, 1977.

Le texte programmatique de Ch. Perelman et L. Olbrechts-Tyteca, *Logique et rhétorique*, 1952 a été repris avec plusieurs autres travaux de l'«Ecole de Bruxelles» dans

A. Lempereur, (sous la direction) *L'homme et la rhétorique*, Méridiens Klincksieck, 1990.

Plus difficile, et portant notamment sur la relation entre logique et langage,

M. Meyer, *Logique, langage et argumentation*, Hachette, 1982.

Sur les diverses stratégies de la persuasion – par opposition à l'argumentation comme art d'obtenir une adhésion réfléchie –, on pourra se reporter à :

L. Bellenger, *La persuasion*, Que sais-je ? n° 2238, PUF, 1985.

La rhétorique

R. Barthes, *L'ancienne rhétorique – Aide-mémoire*, «Communications» n° 16, 1970.
Etablie par R. Barthes à l'occasion de son séminaire à l'Ecole Pratique des Hautes Etudes en 1964-1965, cette synthèse est une source très précieuse d'indications et de références sur l'histoire, les outils et les enjeux de la rhétorique classique.

M. Patillon, *Eléments de rhétorique classique*, Nathan-Université 1990
fournit également une synthèse utile nourrie d'exemples empruntés aux auteurs latins et grecs. On y trouvera une description des exercices pratiqués dans les écoles de rhétorique.

O. Reboul, *La rhétorique*, Que sais-je ? n° 2133, PUF, 1984.
Une présentation d'ensemble conforme aux usages de la collection qui a notamment l'intérêt de proposer de nombreux exemples contemporains témoignant d'une permanence de la rhétorique.

J. Senger, *L'art oratoire,* Que sais-je ? n° 544, PUF, 1952.
Plus ancien, cet ouvrage donne de nombreux aperçus sur l'enseignement de la rhétorique de la période classique jusqu'au début du siècle.

T. Todorov, *Théories du symbole,* Ed. du Seuil, 1977.
Un ouvrage très précieux pour aborder l'histoire de la rhétorique depuis le célèbre *Dialogue des orateurs* de Tacite, et suivre les déplacements de champ entre rhétorique et poétique, éloquence et esthétique, souci de la parole efficace et recherche de la beauté gratuite et intransitive. La «crise romantique» marque d'une certaine façon la fin de la rhétorique.

G. Genette, «Rhétorique et enseignement», in *Figures II,* Ed. du Seuil, 1969.

G. Genette «La rhétorique restreinte» in *Figures III*, Ed. du Seuil, 1972.
Deux articles essentiels pour comprendre le discrédit théorique et pédagogique dans lequel est tombée peu à peu la rhétorique.

A. Kibedi Varga, *Rhétorique et littérature - Etudes de structures classiques*, Didier, 1970.
Le grand intérêt de cet ouvrage est de montrer, analyses de textes classiques à l'appui, que la rhétorique n'est pas seulement l'art de l'éloquence, mais aussi celui du texte littéraire en général, y compris de la poésie qui fut définie aux XVème et XVIème siècles comme «Seconde Rhétorique». On y trouve également de nombreux renseignements sur la rhétorique classique.

L'argumentation dans la langue

On se reportera au besoin aux *Essais de linguistique générale* de R. Jakobson, et notamment à la partie «Linguistique et poétique» (1960) qui présente le célèbre schéma de la communication et développe les notions de paradigme et de syntagme.

Pour aborder la problématique de l'énonciation :

E. Benveniste, *Problèmes de linguistique générale 1,* Gallimard, coll. TEL.
études publiées de 1939 à 1964 ; voir notamment la 2e partie sur «La communication» et la 5e sur «L'homme dans la langue».

E. Benveniste, *Problèmes de linguistique générale 2,* Gallimard coll. TEL.
études parues de 1965 à 1972 ; voir notamment la 2e partie sur «La communication».

On pourra se reporter ensuite à un ouvrage de synthèse essentiel :

C. Kerbrat-Orecchioni, *L'énonciation - De la subjectivité dans le langage,* Colin, 1980.
Partant d'une analyse critique du schéma de Jakobson, l'auteur analyse et classe les traits de subjectivité qui se marquent dans le langage, puis articule cette réflexion avec le problème de la typologie des discours. De nombreuses analyses de textes (notamment de G. Perec) suggérent des possibilités d'exercices.

Sur la question de l'implicite, de son rôle argumentatif et de ses formes (présupposés et sous-entendus):

C. Kerbrat-Orecchioni, *L'implicite*, Colin, 1986

Parmi les ouvrages d'O. Ducrot :

J. C. Anscombre, O. Ducrot, *L'argumentation dans la langue*, Mardaga, 1983
permet une approche d'ensemble de la problématique.

O. Ducrot et al., *Les mots du discours*, Ed. de Minuit, 1980
propose de nombreuses analyses de connecteurs argumentatifs et esquisse la théorie polyphonique de l'énonciation ; on en trouvera le prolongement dans :

O. Ducrot, *Le dire et le dit*, Ed.de Minuit, 1984
(voir en particulier le chap. VIII «Esquisse d'une théorie polyphonique de l'énonciation»).

Les ouvrages de D. Maingueneau sont très utiles pour aborder la lecture des textes dans la perspective de l'énonciation :

D. Maingueneau, *Approche de l'énonciation en linguistique française*, Hachette, 1981
(notamment sur le système temporel et le discours rapporté)

D. Maingueneau, *Eléments de linguistique pour le texte littéraire*, Bordas, 1986

D. Maingueneau, *Pragmatique pour le discours littéraire*, Bordas, 1990
Ces deux livres de synthèse destinés aux étudiants permettent, à qui n'aurait pas le temps de consulter les ouvrages de recherche évoqués ci-dessus, de s'initier à des méthodes de lecture des textes qui s'inscrivent dans la perspective d'une linguistique de l'énonciation et de la pragmatique. Même si l'accent est délibérément mis sur les textes littéraires, on y trouvera de nombreux outils pour l'étude des textes argumentatifs (notamment ce qui concerne l'implicite ou les connecteurs). La théorie est toujours accompagnée d'analyses d'exemples très suggestives.

Classer les textes

Sur la question des genres littéraires, on trouvera plusieurs textes fondamentaux dans le recueil

Théorie des genres, coll. «Points», éd. du Seuil, 1986.
Voir notamment G. Genette, *Introduction à l'architexte*, 1979 qui retrace l'histoire de la réflexion sur les genres depuis Platon et Aristote et qui en situe les enjeux. Autre article capital, celui de H. R. Jauss, *Littérature médiévale et théorie des genres*, 1970, qui explicite la notion d'horizon d'attente essentielle pour une «esthétique de la réception».

J. M. Schaeffer, *Qu'est-ce qu'un genre littéraire ?* Ed. du Seuil, 1989.
L'étude de J. M. Schaeffer analyse les difficultés liées à la fois à la complexité de la notion de genre et à la multiplicité des principes de classement générique.

La question des genres est également discutée dans :

O. Ducrot, T. Todorov, *Dictionnaire encyclopédique des sciences du langage*, Ed. du Seuil, 1972

T. Todorov, *Introduction à la littérature fantastique*, Ed. du Seuil, 1970.
(à propos des problèmes que pose la définition du fantastique)

T. TODOROV, *Les genres du discours*, Ed. du Seuil, 1978.
Todorov y élargit la question en passant de la réflexion sur les genres à une typologie des discours en général et propose des analyses, par exemple sur le poème en prose, qui montrent le rôle de la notion de genre dans la production du sens.

PH. LEJEUNE, *Le pacte autobiographique*, Ed. du Seuil, 1975.
Le terme de «pacte» renvoie à la notion de «contrat de lecture» qui, comme le souligne l'esthétique de la réception, indique bien que le genre est ce qui s'inscrit dans un certain horizon d'attente. Voir notamment la première partie, qui définit le genre autobiographique, et la troisième, qui discute le problème de l'historicité des genres.

Sur la typologie des textes, on pourra se reporter à plusieurs numéros de revues qui tentent de faire le point sur la question et où l'on trouvera des indications bibliographiques complémentaires :

Le français aujourd'hui, n° 79, 1987, «Classes de textes / textes en classe»

Langue française, n° 74, 1987 «La typologie des discours»

Pratiques, n° 56, 1987, «Les types de textes»
(voir en particulier, dans ce numéro, les articles de B. Combettes, «Types de textes et faits de langue» et de J. M. Adam, «Types de séquences élémentaires»).

On trouvera aussi une brève présentation d'ensemble de la question dans :

J. M. ADAM, «Quels types de textes ?», *Le français dans le monde*, n° 192, 1985.

Un ouvrage qui relève de la didactique du français langue étrangère propose de nombreuses pistes de travail inspirées de la typologie des textes :

G. VIGNER, *Ecrire - Eléments pour une pédagogie de la production écrite*, Clé international - Nathan 1982.

Un manuel précurseur fonde l'approche des textes sur l'étude des différents types :

B. COMBETTES, J. FRESSON, R. TOMASSONE, *De la phrase au texte* (classe de 3e), Delagrave, 1980
(consulter aussi le guide pédagogique correspondant)

Plusieurs numéros de la revue *Pratiques* ont développé des approches à la fois théoriques et didactiques des différents types de textes. Voir notamment le n° 34 (1982) «Raconter et décrire» sur les textes narratifs et descriptifs, le n° 51 (1986) sur «Les textes explicatifs», le n° 55 (1987) sur «Les textes descriptifs», le n°59 (1988) sur «Les genres du récit».

Une autre typologie, fondée sur l'énonciation, est décrite dans :

J. P. BRONCKART et al., *Le fonctionnement des discours*, Delachaux et Niestlé, 1985.
Les auteurs, à partir de l'analyse d'un abondant corpus, identifient trois pôles principaux (discours en situation, discours théorique, narration) caractérisés par divers traits linguistiques ; ils envisagent ensuite le cas des «types intermédiaires».

Argumentation et texte argumentatif

La réflexion porte souvent plus sur l'argumentation que sur l'analyse des textes argumentatifs.

Pratiques, n° 28, 1980 «Argumenter»

H. PORTINE, *L'argumentation écrite - Expression et communication*, BELC - Hachette / Larousse, 1983.
Dans l'esprit de l'enseignement du français langue étrangère, cet ouvrage présente de nombreux outils d'analyse et des suggestions d'exercices pour une pédagogie des écrits argumentatifs.

C. PLANTIN, *Argumenter - De la langue de l'argumentation au discours argumenté*, CNDP, 1989.
Trente fiches pour un enseignement pratique de l'argumentation.

B. VECK ET AL., *Trois savoirs pour une discipline (Histoire littéraire, rhétorique, argumentation)*, INRP, 1990
Une partie de ce rapport étudie la présentation de l'argumentation dans quelques manuels scolaires.

Un manuel d'entraînement pratique à l'argumentation :

L. BELLENGER, *L'argumentation, principes et méthodes*, ESF, 1984.

La revue *Recherches* (revue régionale de l'Association Française des Enseignants de Français de Lille) a consacré deux numéros à l'argumentation : n° 9 (1988) «Argumenter» et n° 14 (1991) «Situations d'argumentation».

Nous avons organisé autour de la notion de texte argumentatif un manuel destiné aux élèves de second cycle :

A. BOISSINOT, M. M. LASSERRE, *Techniques du français 1 - Lire, argumenter, rédiger*, Bertrand-Lacoste, 1986
(travailler la langue, préparer la lecture méthodique des textes argumentatifs, le résumé, la discussion).

Lire les textes argumentatifs

L'approche que nous proposons s'inscrit dans la perspective de ce que les Instructions officielles appellent «lecture méthodique». Nous renvoyons à ce sujet à :

«Lecture(s) méthodique(s)», *Le français aujourd'hui*, n° 90, 1990.

M. DESCOTES (sous la direction de), *La lecture méthodique*, CRDP de Toulouse, 1989
On trouvera dans ces deux publications des indications et des références bibliographiques sur les travaux d'ordre divers (linguistique et psycholinguistique, études littéraires, didactique du français langue étrangère) qui fondent la notion de lecture méthodique, ainsi que de nombreux exemples de travaux menés à différents niveaux du système scolaire.

A. PAGÈS, «A propos de la lecture méthodique», *L'école des lettres*, n° 4 et 8, 1989-1990.

Lecture méthodique (Collège-Lycée), CNDP/CRDP de Versailles, 1990
Un recueil de lectures méthodiques menées en parallèle autour de quelques textes de genres divers.

De nombreuses indications théoriques et pédagogiques dans :
G. VIGNER, *Lire : du texte au sens*, Clé international - Nathan, 1979.

Texte argumentatif et travail sur la langue

M. CHAROLLES, «Introduction aux problèmes de la cohérence des textes», *Langue française*, n° 38, 1978
(un article qui pose très clairement dans une perspective pédagogique la question de la cohérence textuelle).

H. Rück, *Linguistique textuelle et enseignement du français*, Crédif -Hatier, 1980.

B. Combettes, *Pour une grammaire textuelle*, De Boeck - Duculot, 1983.
Un ouvrage essentiel qui présente le domaine de la grammaire textuelle et qui étudie notamment les diverses formes de progression thématique.

On trouvera des précisions et des exemples de démarches dans :
«Quelle grammaire pour les textes ?» *Le français aujourd'hui*, n° 86, 1989.

Voir aussi le n° 83 du *Français aujourd'hui*, «Les difficultés grammaticales» (1988), et le n° 69, «Apprendre/enseigner le français aujourd'hui» (1985).

Le résumé

(voir ci-dessus Annexe 2)

A. Petroff, «Méthodologie de la contraction de texte», *Langue française*, n° 26, 1975.

L. Sprenger-Charolles, «Le résumé de texte», *Pratiques*, n° 26, 1980.

D. Hadjadj, «La contraction de texte. Bilan et perspectives», *Le français aujourd'hui*, n° 60, 1982.

M. Fayol, «Analyser et résumer des textes : une revue des études développementales», *Etudes de linguistique appliquée*, n° 59, 1985.

J. P. Laurent, «L'apprentissage de l'acte de résumer», *Pratiques*, n° 48, 1985.

Table des matières

Achevé d'imprimer
sur les presses du
CRDP de l'Académie de Toulouse
3, rue Roquelaine
31069 Toulouse cedex

Dépôt légal 1er trimestre 1992